Beck'sche Reihe
Denker
BsR 527

W0074167

Stellt man sich unter einem Philosophen einen umfassend gebildeten Denker vor, der die Probleme der Einzeldisziplinen
versteht und über die Grenzen der Wissenschaften hinausblickt,
so ist Ernst Cassirer einer der letzten. In Logik, Mathematik,
Physik, Psychologie, Anthropologie, Sprachwissenschaft, Geschichte, Literatur und Kunst gleichermaßen bewandert, nahm
er mannigfache Anregungen der Einzeldisziplinen auf und be-
reicherte seinerseits viele Wissenschaften. Dies geschah in der
Philosophie der symbolischen Formen mit der These, daß sämtliche Weisen der Welterfassung als Weisen symbolischer Vermittlung zu verstehen seien. Sprache, Mythos und Religion,
Kunst, Technik und Wissenschaft erschließen je eigene Zugänge
zur Wirklichkeit und eröffnen uns je eigentümliche Welten. Auf
diese Weise stellt sich uns wie in Hegels *Phänomenologie des
Geistes* eine Art System der Kulturentwicklung dar, das zugleich
als Hypothese über sämtliche Formen des Wissens aufzufassen
wäre. Wichtig ist die *Philosophie der symbolischen Formen* auch
deshalb, weil sie, wie Cassirer in seinem Spätwerk *An Essay on
Man* zu zeigen versucht, den Menschen mit seinem Denken
konfrontiert und so zu einem besseren Verständnis seiner selbst
beiträgt.

Andreas Graeser, geboren 1942, ist Professor der Philosophie an
der Universität Bern mit Arbeitsschwerpunkten in der Sprachphilosophie, philosophischen Hermeneutik und Ästhetik und
breitem Interesse an der Geschichte der Philosophie. Er war
zweimal Mitglied des Institute for Advanced Study, Princeton,
N. J., und wirkte als Gastprofessor u. a. an der University of
Texas-at-Austin und an der Columbia University in New York
City.

ANDREAS GRAESER

Ernst Cassirer

VERLAG C. H. BECK MÜNCHEN

Mit 5 Abbildungen

Für Eva

Die Deutsche Bibliothek – CIP-Einheitsaufnahme

Graeser, Andreas:
Ernst Cassirer / Andreas Graeser. – Orig.-Ausg. –
München : Beck, 1994
   (Beck'sche Reihe ; 527 : Denker)
   ISBN 3 406 34639 1
NE: GT

Originalausgabe
ISBN 3 406 34639 1

Einbandentwurf: Uwe Göbel, München
Umschlagbild: Ullstein Bilderdienst, Berlin
© C. H. Beck'sche Verlagsbuchhandlung (Oscar Beck), München 1994
Gesamtherstellung: Appl, Wemding
Gedruckt auf säurefreiem, aus chlorfrei gebleichtem
Zellstoff hergestelltem Papier
Printed in Germany

Inhalt

V. Die Theorie des Begriffs

VI. Das Symbolische

VII. Wahrheit, Wirklichkeit und Wissenschaft

VIII. Rückblick 184

IX. Ausblick 189

Anhang

Vorwort

Cassirers *Philosophie der symbolischen Formen* gehört zu den großen denkerischen Leistungen dieses Jahrhunderts. Diese Einsicht mag durch bestimmte Umstände, wie etwa die Dominanz des Interesses an Heideggers Philosophie, oder durch die Frage, ob Cassirer Neukantianer war, zeitweise verdunkelt oder gar versperrt worden sein. Sie gewinnt aber in dem Maße Gewicht, wie die Frage der Beziehung zwischen Sprache und Wirklichkeit, Welt und Weltversion, Wirklichkeit und Interpretation auch in unserem Sprachraum auf Interesse stößt und sogar als Teil der universalen hermeneutischen Fragestellung erkannt wird. Insofern scheint es angezeigt, Cassirers Denken hier schwerpunktmäßig im Horizont jener Leistungen darzustellen, die zu einem Dialog mit den Interessen der Gegenwartsphilosophie einladen, und historische Bezüge in den Hintergrund treten zu lassen.

Cassirer selbst hätte dieses Vorgehen wohl nicht gebilligt. Dazu sind Historie und Systematik in seinem Denken zu eng verwoben. Auch hätte er sich selber eher als Teil der Zivilisation denn als Denker in eigenem Recht und Titel gesehen. Umso wichtiger ist es nun, Cassirer aus dem Schatten des Historischen herauszuheben und ihn im Lichte heutigen Denkens zu würdigen. Daß er seine Leserinnen und Leser z. T. vor schwierige Aufgaben stellt, macht dieses Unterfangen nicht einfach. Im Blick auf divergierende Interessen unterschiedlicher Leserkreise habe ich mich entschlossen, in einem ersten Schritt das Grundgerüst seines Denkens und den thematischen Horizont der *Philosophie der symbolischen Formen* zu skizzieren und so zunächst den Kern seiner Philosophie vorzustellen (Kapitel I–III). Auf diesem Hintergrund soll dann ein weniger bekannter Anwendungsfall seines philosophischen Ansatzes zur Sprache kommen, der die Brücke zur Hermeneutik-Diskussion unserer Tage schlagen kann und zugleich etwas von der Komplexität der Cassirerschen Annahmen hervortreten läßt (Kapitel IV). Dieser Punkt leitet zu einer Reihe von Fragen über, die die Voraussetzungen seines Ansatzes angehen und über das bereits in der *Einleitung* Gesagte hinaus nun näherer Betrachtung bedürfen (Kapitel V–VI). Schließlich werde ich einige Thematiken an Cassirer herantragen, die er selber anspricht, aber nicht ausführt (Kapitel VII). Diese Erörterungen bilden zugleich eine systematische Abrundung der Darstellung.

An dieser Stelle möchte ich Herrn Prof. Otfried Höffe danken, dem Herausgeber dieser Reihe, und Herrn Dr. Günther Schiwy im Verlag. Beide haben wertvolle Ratschläge und Verbesserungsvorschläge beigesteuert und über die Jahre viel Geduld aufgebracht, als ich an anderen Projekten arbeitete. Danken möchte ich hier unbekannterweise auch Herrn Dr. John Michael Krois, dessen Arbeiten wesentlich dazu beigetragen haben, daß Cassirer wieder Interesse findet und sein Werk nun besser erschlossen ist, sowie einer Reihe von Studierenden am Institut für Philosophie der Universität Bern, mit denen ich viele Fragen diskutieren konnte: Tanja Baumann, Sabine Beyeler, Michael Brändle, Urs Bruderer, Philipp Dubach, Martin Flügel, Thomas Gfeller, Sonja Ochsener, Martin Oehler, Andrea Pluess, Numa F. Tétaz und Ursula Thomet. Von ihren Beiträgen habe ich sehr profitiert. Anne Zesiger schrieb große Teile des Manuskriptes, Martin Flügel half während der Endphase bei der Redaktion, und Klaus Petrus machte viele Verbesserungsvorschläge. Ihnen danke ich besonders herzlich, desgleichen der Fakultät des Institute for Advanced Study und Dr. Phillip A. Griffiths, seinem Direktor, für die Einladung, hier zu arbeiten.

Princeton, N.J., im Frühjahr 1994   A.G.

Abkürzungen

1. Schriften Cassirers

AH	Axel Hägerström [1939]
EM/VM	An Essay on Man [1944] / Versuch über den Menschen [1990]
EP	Das Erkenntnisproblem in der Philosophie und Wissenschaft [1906–1957], Nachdr. d. 3. Aufl. 1974
EBK	Erkenntnis, Begriff, Kultur [1993]
FuF	Freiheit und Form. Studien zur deutschen Geistesgeschichte [1916], 4. Aufl. 1975
GuL	Geist und Leben. Schriften [1993]
IG	Idee und Gestalt. Fünf Aufsätze [1921], Nachdr. d. 2. Aufl. 1971
LKW	Zur Logik der Kulturwissenschaften [1942], 4. unv. Aufl. 1980
MS/MdS	The Myth of the State [1946] / Der Mythos des Staates [1985]
PEW	Philosophie und exakte Wissenschaft. Kleine Schriften [1969]
PSF	Philosophie der symbolischen Formen [1923/1925/1929], 7. Aufl. 1977
SuF	Substanzbegriff und Funktionsbegriff [1910], 5. Aufl. 1980
SMC	Symbol, Myth, and Culture: Essays and Lectures of Ernst Cassirer 1935–1945 [1979]
STS	Symbol, Technik, Sprache. Aufsätze aus den Jahren 1927–1933 [1985]
WWS	Wesen und Wirkung des Symbolbegriffs [1956], 5. Aufl. 1977
ZMP	Zum Wesen der modernen Physik [1921/1936], Neudr. in ein. Bd. 1957

2. Anderes

TC	Toni Cassirer, Mein Leben mit Ernst Cassirer [1981]
PEC	The Philosophy of Ernst Cassirer [1948], 3. Aufl. 1969
ELN	Erkenntnistheorie und Logik im Neukantianismus. Texte von Cohen, Natorp, Cassirer, Windelband, Rickert, Lask, Bauch [1980]
NK	Neukantianismus. Texte der Marburger und der Südwestdeutschen Schule, ihrer Vorläufer und Kritiker [1982]

I. Einleitung

1. Leben und Werk

Auf die Vorstellung symbolischer Formen soll Cassirer 1917 in einer Berliner Straßenbahn gekommen sein; und damit sei ihm auch jenes Gedankengebäude vor Augen getreten, das später in dem dreibändigen Werk *Philosophie der symbolischen Formen* Ausdruck finden würde. Ob dieser Bericht, der auf Cassirers ehemaligen Studenten Dimitry Gawronsky[1] zurückgeht, korrekt ist, muß dahingestellt bleiben. Denn der Ausdruck „forme symbolique" findet sich ja in Pierre Duhems Studie *La Théorie physique, son objet et sa structure,* die 1906 als Buch erschienen war und von Cassirer 1910 in seinem Buch *Substanzbegriff und Funktionsbegriff* ausführlich gewürdigt wurde. Außerdem hatte Cassirer den Ausdruck „symbolische Form" seinerseits 1904 im ersten Band seiner Leibniz-Ausgabe verwendet. Mithin dürfte der von Gawronsky angesprochene Sachverhalt eher die systematische Dimension des Gedankens angehen. Dafür scheint zu sprechen, daß die terminologische Verwendung des Ausdrucks „symbolische Form" im Cassirerschen Schrifttum erstmals 1921 auftaucht, nämlich in der Studie *Zur Einsteinschen Relativitätstheorie.* Insofern dürfte der zeitliche Hinweis stimmen. Cassirer war damals 43 Jahre alt und wirkte als Privatdozent an der Humboldt-Universität; insbesondere aber führte er ein Gelehrtendasein und arbeitete an verschiedenen Projekten. Möglich war ihm dies nicht zuletzt deshalb, weil er einer begüterten Familie entstammte. Er wurde am 28. Juli 1874 – dies ist das Erscheinungsjahr des ersten Bandes von Franz Brentanos *Psychologie vom empirischen Standpunkt* – als viertes Kind jüdischer Eltern in Breslau geboren. Offensichtlich hochtalentiert und vielseitig interessiert, absolvierte er das Gymnasium mit Auszeichnung und immatrikulierte sich an der Berliner Universität, um dort auf väterlichen Wunsch hin Jurisprudenz zu studieren. Doch wandte er sich bald der Philosophie und Literatur zu, belegte aber auch Geschichte und Kunstwissenschaft.

Cassirer wechselte nach Leipzig, von dort nach Heidelberg und schließlich wieder nach Berlin, wo er 1894 auch eine Kant-Veranstaltung Georg Simmels besuchte. Simmels Hinweis auf maßgebliche, aber extrem schwierige Publikationen zu Kant aus der Feder Hermann Cohens war schließlich auch dafür verantwortlich, daß sich der zwanzigjährige Student nicht nur intensiv mit Cohens Arbeiten beschäftigte und alle Texte las, die Kant seinerseits vor Augen gestanden hatten, sondern im Frühjahr 1896 nach Marburg umsiedelte, um bei Cohen zu hören. Cohen war nicht nur ein bedeutender Kant-Forscher, sondern auch ein markanter Vertreter jener Denkrichtung, die gemeinhin als Neukantianismus gilt.[2] Sie entstand auf dem Hintergrund des Zusammenbruches der großen spekulativen idealistischen Systeme und dokumentiert den Versuch, die philosophische Diskussion im Horizont neuer wissenschaftlicher Entwicklungen zu führen und diese Entwicklungen philosophisch verstehbar zu machen. Zu diesem Zweck glaubte man, systematisch bei Kant ansetzen zu müssen, freilich ohne die Annahme eines außerhalb der Erkenntnisbeziehung befindlichen Dinges-an-sich.

Cohen erkannte Cassirers Können bereits in der ersten Seminar-Sitzung und forderte ihn zur Promotion auf. Cassirer doktorierte drei Jahre später mit einer Dissertation über *Descartes' Kritik der mathematischen und naturwissenschaftlichen Erkenntnis*. Nach der Promotion kehrte er nach Berlin zurück, wohin seine Eltern in der Zwischenzeit übergesiedelt waren, und umgab sich mit neuer Arbeit. 1902 erschien sein erstes Buch, *Leibniz' System in seinen wissenschaftlichen Grundlagen*. Im selben Jahr heiratete er seine Cousine Toni Mondy. Beide lebten für ein Jahr in München, dann zogen sie nach Berlin um. Hier bestanden familiäre Beziehungen, weite Kontakte und kulturelle Interessen, nicht zuletzt schätzte Ernst Cassirer die guten Bibliotheksverhältnisse. Damals arbeitete er an der Darstellung des Erkenntnisproblems in der Philosophie der Neuzeit; ein erster Band erschien 1906, ein weiterer 1908 (1923 folgte ein dritter Band, der die nachkantischen Ausprägungen des Problems behandelt. Im schwedischen Exil entstanden Skizzen zu einem vierten Band, der die Entwicklung der Diskussion bis zum 20. Jahrhundert darstellen sollte. Eine englische Fassung erschien dann 1950, die deutsche 1957).

Cassirer war in der akademischen Welt bereits ein Begriff, und Cohen drängte ihn, sich nun zu habilitieren. Doch forcierte Cassirer nichts. Er wußte stets, wer er war. Auch schätzte er die Realitäten richtig ein. Da er den latenten Antisemitismus der kleinen Universitätsstädte fürchtete, wollte er unter allen Umständen in Berlin bleiben. So gelangte er schließlich an die Berliner Fakultät, wohl wissend, daß er sich auch hier einem Risiko aussetzen würde. Als Habilitationsschrift legte er das Manuskript zum ersten Band des Erkenntnisproblems vor. Diese Arbeit wurde alsbald angenommen und ihr Verfasser zum Habilitationskolloquium eingeladen. Daß das Verfahren glückte, ist keinem anderen als Wilhelm Dilthey zu verdanken, der als Emeritus dem Kolloquium beiwohnte und sich vor der Fakultät nachdrücklich für diese Habilitation einsetzte. Wäre es nach Stumpf und Riehl gegangen, so wäre Cassirer wohl nicht habilitiert worden.

Cassirers Lehrtätigkeit entwickelte sich erfolgreich, aber auch seine Forschungen florierten. 1910 erschien sein erstes großes systematisches Werk *Substanzbegriff und Funktionsbegriff*, das nach einiger Zeit auch in andere Sprachen übersetzt werden sollte und wohl den Anlaß zu einer Einladung gab, die die Harvard University an Cassirer aussprach. (Aus wenig erklärlichen Gründen zog Cassirer diese Einladung als Gastprofessor nicht ernsthaft in Betracht; als er später vor der Emigration stand und Kontakte in den USA geknüpft werden mußten, dauerte ihn die Ablehnung sehr.) In diesem Buch untersuchte er die Begriffsbildung in naturwissenschaftlichem Denken; und im Rahmen dieser Untersuchungen gewinnt auch die Einsicht Platz, daß Tatsachen (oder das, was wir dafür halten) theorieabhängig sind, also weniger echte Segmente der einen bewußtseinsunabhängigen Wirklichkeit als vielmehr Bestandteile von Theorien, in deren Licht wir über die Wirklichkeit nachdenken:

„Die ‚Realitäten', die die Physik setzt und behauptet, reichen über diesen Sinn der Ordnungsbegriffe nicht hinaus." (*SuF* S. 423) Diese Einsicht, die ihm durch die Beschäftigung mit Duhem und anderen Autoren vermittelt wurde, läßt sich zugleich als Vorwegwiderlegung des empiristischen Begründungsideals des Logischen Positivismus der zwanziger Jahre betrachten. Die auf Heidegger (*Sein und Zeit* § 32) zurückgreifenden antipositivistischen Argumente der hermeneutischen Philosophie und die entsprechenden Argumente für die Theoriegeladenheit der Beobachtung in der analytischen Philosophie (Norwood R. Hanson, Thomas S. Kuhn, Paul K. Feyerabend u. a.) lassen sich bereits bei Cassirer finden. Dies hier eigens zu betonen, ist vielleicht nicht unwichtig. Denn beide Schulen reklamierten diese Einsichten als ureigene Bastionen. Dies zumindest war lange der vorherrschende Eindruck. So wurde innerhalb der hermeneutischen Philosophie ebenso wie im Lager dialektischer Philosophen auch geflissentlich übersehen, daß die entscheidende Attacke auf das positivistische Begründungsideal sozusagen von innen geführt worden ist, nämlich 1934 von Karl R. Popper in seinem Buch *Logik der Forschung*.

1916 erschien *Freiheit und Form. Studien zur deutschen Geistesgeschichte*, eine komparatistisch ausgerichtete Monographie, der 1921 die Studien *Idee und Gestalt* zur Seite treten sollten. In *Freiheit und Form* würdigt Cassirer Luthers Leistung bei der Transformation der mittelalterlichen Gebundenheit menschlichen Daseins zur modernen, aufgeklärten Existenz des Individuums. Doch erscheint Luther hier als Moment der europäischen Renaissance. Dieser Punkt ist auffällig. Denn Cassirer schreibt sinngemäß gegen die vorherrschende Tendenz nationalistischer Aufteilungen und Bewertungen. Auch die Renaissance selber sieht er – dies wird insbesondere in dem späteren Buch *Kosmos und Individuum* deutlich (s. S. 18) – als *eine* Kultur. Diese Betrachtungsweise war alles andere als selbstverständlich; und so ist es nicht verwunderlich, daß Cassirer diffamiert wird. Noch 1919 moniert kein Geringerer als Ernst Tröltsch, daß Cassirer mit seiner wissenschaftlich-begrifflichen Einstellung dem Denken der französisch-englischen Welt Tribut zolle. Vorhaltungen solcher Art haben zwar nichts mit Philosophie zu tun, doch entfalten sie – man denke an Martin Heideggers Einlassungen gegen Rudolf Carnap und die ideologische Charakterisierung der analytischen Philosophie durch die Frankfurter Schule – eine beträchtliche Suggestion.

Daß Cassirer lange auf einen Ruf warten mußte – Cohen war seinerzeit wohl der einzige jüdische Ordinarius im Fach – und erst 1919 zum ordentlichen Professor avancierte, spricht Bände; und es war wohl kein Zufall, daß ihn die nach dem Ersten Weltkrieg gegründete Universität des liberalen Hamburg berief – auch Frankfurt, wie Hamburg eine Neugründung, wollte ihn gewinnen. Hamburg erwies sich für Cassirer als Glücksfall. Er fand dort geistvolle und auch charakterlich ebenbürtige Kollegen wie den Gräzisten Bruno Snell und den Kunstwissenschaftler Erwin Panowsky. 1929 wurde er Rektor und damit der erste jüdische Rektor einer deutschen Universität überhaupt. Dies dokumentiert das hohe Ansehen, das er dort als Gelehrter und als Person genoß, aber auch das Niveau dieser Universität.

Als buchstäblicher Glücksfall für seine eigene Arbeit erwies sich die Tatsache, daß Aby Warburg in Hamburg eine privat finanzierte Bibliothek und Sammlung wichtiger Bücher und Materialien im Umfeld von Philosophie, Astrologie, Magie, Kunst und Literatur aufgebaut hatte. Als Cassirer 1920 diese Bibliothek kennenlernte, die ganz auf Interdisziplinarität und Komparatistik hin angelegt war, glaubte er seinen Augen nicht zu trauen: Es war ihm, als hätte Warburg während dreißig Jahren genau auf das Projekt der Philosophie der symbolischen Formen hingearbeitet.[3] Tatsächlich interessierte sich Warburg, inspiriert von Friedrich Theodor Vischer, für die symbolischen Ausdrucksformen der Kunst; und seine Erfahrungen mit den Künsten und Riten der Zunis in Neu Mexiko bestärkten ihn in der Annahme, daß sich Phänomene wie der symbolische Ausdruck in der Kunst nicht unabhängig von Religion, Magie, Sprache und Wissenschaft untersuchen lassen. Cassirer erblickte in dieser Einsicht eine große Geistesverwandtschaft und wurde, wie Franz Saxl, der amtierende Leiter der Bibliothek, zu berichten weiß, ein eifriger Leser und Benutzer. Cassirer seiner-

Abb. 1: Ernst Cassirer in seiner Hamburger Wohnung

seits weist auf die Hilfe, die Saxl ihm damals gewährte, im Vorwort zum zweiten Band der *Philosophie der symbolischen Formen* hin.

Der erste Band dieses großen Projekts erschien 1923, der zweite 1925 und der dritte 1929. Im Ausgang von Überlegungen, die in der Studie *Substanzbegriff und Funktionsbegriff* wirksam wurden, versucht Cassirer nun, den gesamten Erfahrungsbereich der Menschen als Weise symbolischer Vermittlungen zu verstehen. Mit der Überzeugung, daß die Gesamtheit unserer Erfahrungswelt symbolischer Natur sei, verbindet sich für Cassirer die Vorstellung, daß sämtliche Bereiche geistiger Schöpfungen und kultureller Leistungen Ausprägungen einer symbolbildenden Kraft des menschlichen Geistes seien. Wenn wir Wesen und Funktion des Symbolischen angemessen verstehen und bestimmen wollen, so müssen wir uns nach Cassirer der Frage zuwenden, wie diese Erfahrungsbereiche und Erfahrungswelten zustande kommen. In diesem Sinn handelte es sich bei der dreibändigen *Philosophie der symbolischen Formen* in seinen Augen weniger um die Lösung einer Frage denn um die Skizze eines Projekts, das weiterer Ausarbeitung bedurfte. So hat er einzelne Aspekte in Aufsätzen vertieft oder präzisiert und weitere Thematiken ins Auge gefaßt, an denen sich sein Ansatz erst noch bewähren mußte. Ein Problembereich eigener Art scheint hier durch das Phänomen der Kunst angezeigt. Dieser Bereich wird in dem, was Cassirer damals publizierte, vielleicht noch zu wenig transparent. So ist es nicht erstaunlich, daß Cassirer in der späten Darstellung seines Denkens, *An Essay on Man*, diesem Phänomen ein eigenes Kapitel widmete.

Die vierzehn Jahre, die Cassirer in Hamburg verbrachte, waren gute Jahre. Innerhalb und außerhalb der Universität entwickelten sich zahlreiche Kontakte und Freundschaften; und obschon Cassirer stets konzentriert arbeitete, blieben die Abende stets der Familie reserviert. Cassirer interessierte sich für vieles, insbesondere aber für Opernmusik. Dem Vernehmen nach kannte er buchstäblich jede Melodie und jeden Text, dies sogar in verschiedenen Sprachen.

Es entstanden weitere Bücher: *Individuum und Kosmos in der Philosophie der Renaissance* erschien 1927. In dieser umfangreichen Studie orientiert sich Cassirer an Überlegungen, die auch Jacob Burckhardts Forschungen leiteten. Dies ist erstens der Gesichtspunkt, daß die moderne Welt in der italienischen Renaissance Gestalt gewonnen habe, und zweitens die These, daß das Bekenntnis zur Autonomie des Individuums als das eigentliche Merkmal der Renaissance anzusehen sei. Nur hatte Burckhardt die Rolle der Philosophie unterschätzt. Hier nun erweist sich Cassirers Buch, das den Weg von Nikolaus von Kues bis zu Galileo nachzeichnet, als die erste umfassende Studie zur Philosophie und Wissenschaft jener Zeit. Dies gilt um so mehr, als Cassirer, wie schon erwähnt (s. S. 14), eine kosmopolitische Sichtweise eröffnet und sich damit über die Beschränkungen der damaligen Ideengeschichte im deutschsprachigen Raum hinwegsetzt.

Die Bücher *Die platonische Renaissance in England* und *Philosophie der Aufklärung* 1932 waren die letzten Werke, die Cassirer in Deutschland publizierte. Dabei kann das Buch über die Aufklärung auch durchaus als politische Stellungnahme verstanden werden. Denn einmal mehr klingt der Gedanke an, daß das Denken der Aufklärung in der Renaissance begründet liege und diese sozusagen vervollständige; und einmal mehr betont Cassirer die tragende Rolle der Vernunft. So wie er im Buch über die Renaissance-Philosophie Denker verschiedener Nationen als Angehörige *einer* philosophischen Kultur behandelte, so diskutiert er in diesem Werk Descartes, Leibniz, Locke, Hume usw. unter dem Aspekt der einen, gemeinsamen Zielsetzung, die sie philosophisch verbindet und bestimmt.

Zwar hatten die Vorboten des Nationalsozialismus die Universität Hamburgs vergleichsweise spät erreicht. Doch ließen sich die Zeichen der Zeit nicht verleugnen. Für einen deutschen Philosophen – wer hätte denn überhaupt mehr zur Erforschung der deutschen Geistesgeschichte und idealistischen Philosophie beigetragen als Ernst Cassirer – war dies eine Herausforderung besonderer Art. 1928 befand er sich auf dem Höhepunkt akademischer Anerkennung. Die Universität Frankfurt bemühte

Abb. 2: Ernst Cassirer und Martin Heidegger auf
den Davoser Hochschulkursen 1929

sich um ihn; man legte dort Wert auf die Feststellung, daß *er* der
herausragende Fachvertreter sei, auf den man bauen wollte und
von dessen Wirken man sich eine entscheidende Stärkung der
Universität verspreche. Doch Cassirer blieb in Hamburg; er
absolvierte ein erfolgreiches Rektorat und erwarb weiteres Ansehen. Doch war dies nur die Ruhe vor dem Sturm. Davon zeugt
auch das legendäre Zusammentreffen mit Heidegger anläßlich
der Davoser Hochschulkurse im Jahre 1929.

Heidegger ging ein schillernder Ruf voraus. Mit seiner Veröffentlichung von *Sein und Zeit* hatte er die Fachwelt verblüfft,

und unter den Studierenden hatte sich herumgesprochen, wie sehr seine Vorlesungen faszinierten. Aus allem, was man lesen und hören konnte, ging klar hervor, daß Heidegger nicht nur gegen die vertrauten Kategorien der akademischen Philosophie wirkte, sondern diese auch gründlich zu entwurzeln trachtete. Zu diesem Zweck bediente er sich einer besonderen Sprache. Sie verhieß mehr als sie hielt; aber sie entbehrte nicht einer gewissen Suggestion und bannt noch heute viele Leser. Rückblickend scheint klar, daß Heidegger, der aus kleinen und beengten Verhältnissen stammte, von dem Wunsch beseelt war, es den großen, weltläufigen Figuren wie Cassirer einmal zu zeigen.[4] Offenbar verstand er es, seinen sehr persönlichen Bedürfnissen so etwas wie eine objektive Gestalt zu geben und auf diese Weise den Eindruck zu erwecken, daß es wirklich um Großes gehe. Daß die Cassirers der Begegnung in Davos mit gemischten Gefühlen entgegensahen, mag auch – dies geht aus Toni Cassirers Aufzeichnungen hervor – damit zusammengehangen haben, daß Heidegger als Antisemit galt und insbesondere auch Hermann Cohen gegenüber geradezu feindliche Gefühle entwickelt haben soll. Um so erleichterter schien Frau Cassirer, als sich der sagenumwobene Martin Heidegger als gänzlich unscheinbare Figur entpuppte, dies offenbar in denkbarem Gegensatz zu ihrem Gatten, der bereits zu Studentenzeiten als Olympier empfunden und gelegentlich Apoll genannt wurde.

Daß Cassirer bei den Davoser Gesprächen blaß blieb[5] und Heidegger im Urteil der interessierten Studierenden als Sieger hervorging,[6] sei am Rande erwähnt. Ernst Cassirer scheint von seiner Begegnung mit Heidegger eher angenehm überrascht worden zu sein und weiß auch von späteren Zusammentreffen eigentlich nur Positives zu berichten. Selbst kurz vor seinem Tode, im Buch *Der Mythos des Staates,* äußert sich Cassirer nobel und keinesfalls unversöhnlich: „Ich will nicht sagen, daß diese philosophischen Lehren einen direkten Einfluß auf die Entwicklung der politischen Ideen in Deutschland hatten. Die meisten dieser Ideen entsprangen aus ganz anderer Quelle. Sie hatten einen sehr ‚realistischen‘, keinen ‚spekulativen‘ Gehalt. Aber [. . .] eine solche Philosophie verzichtet auf ihre eigenen grundsätzlichen thematischen und ethischen Ideale. Sie kann dann als geschmeidiges Instrument in der Hand der politischen Führer gebraucht werden." (S. 383–384/*MS* S. 293, vgl. *SMC* S. 229–230) Toni Cassirer sah die Dinge weniger distanziert: „Und es war nicht schwer zu erkennen, welchen Weg dieser Mann wies [. . .] er war gefährlicher als irgendeiner der anderen Mitläufer. Für mich war sein tödlicher Ernst und seine völlige Humorlosigkeit das Bedenklichste." (*TC* S. 183)

Als sich die politische Lage zuspitzte, entschloß sich Cassirer, Deutschland zu verlassen. Am 5. April 1933 bat er den Rektor um Beurlaubung: Cassirer verließ Deutschland, und Heidegger wurde in Freiburg Rektor. Im September trafen die Cassirers in England ein, um einer Einladung des College *All Souls* in Oxford zu folgen. Die Hoffnung, in Oxford bleiben zu können, erfüllte sich nicht. Die dort ansässigen Gelehrten waren jedoch sicher, daß Oxford ein ausgezeichnetes Sprungbrett sei (*TC* S. 208). Immerhin verbesserte sich die Situation insofern, als Cassirer eine Vorlesungsreihe in Uppsala angeboten wurde. Zur selben Zeit erfuhr er, daß zu seinem 60. Geburtstag eine Festschrift geplant war, die von der Clarendon Press in Oxford publiziert werden würde. Diese Nachricht erfüllte ihn mit Rührung: „Es ist ja klar, daß diese Festschrift nicht eigentlich mir gilt, der sie nicht verdient haben kann. Aber sie hat eine viel wichtigere Bedeutung – die Verurteilung dessen, was in Deutschland geschieht. Als solche nehme ich sie voller Dankbarkeit entgegen." (*TC* S. 221)

1934 traf Cassirer in Uppsala ein. Hier zeichnete sich alsbald die Möglichkeit einer persönlichen Professur in Göteborg ab. So übersiedelten die Cassirers schließlich 1935 nach Schweden, wo sie bis zum Mai 1941 bleiben sollten. Schweden bedeutete für Cassirer auch akademisch gesehen eine Herausforderung. Zwar wurde er hier von Anfang an von Malte Jacobsson unterstützt, der seinerzeit noch in Berlin bei ihm studiert und Cassirers Berufung in die Wege geleitet hatte. Doch wurde das philosophische Denken in weitem Maße von Axel Hägerström (1868–1939) dominiert, der erst kürzlich von seinem Lehramt in Uppsala zurückgetreten war. Hägerström war der Sohn eines orthodoxen Pfarrers der lutherischen Kirche und hatte über die

Abb. 3: Toni Cassirer mit Enkelsohn Peter, Göteborg 1935

Abb. 4: Ernst Cassirer mit seinen Enkelkindern Irene und Peter, Göteborg 1938

Jahre einen dezidiert antimetaphysischen Standpunkt entwikkelt. Namentlich in Belangen der Wert-Theorie gelangte er um 1910 zu einer Position, die der des späteren Logischen Positivismus vergleichbar ist. So deutete Hägerström Sätze wie ,Lügen ist schlecht' als Ausdruck von Emotionen und bestritt, daß derartige Urteile über einen Wahrheitswert verfügen können.

Diese Auffassung entspricht im wesentlichen jener Position, die Alfred J. Ayer 1936 als noch ganz junger Mann in seinem einflußreichen Buch *Language, Truth and Logic* im Blick auf den Logischen Positivismus mitteilte und als Emotivismus bezeichnete.[7] Hägerström weitete seine Theorie des Wert-Nihilismus auch auf die Rechts-Theorie aus, wovon er sich eine weitere Liberalisierung und Humanisierung der Gesellschaft erhoffte.[8]

Cassirer scheute sich nicht, Hägerströms Arbeiten zu studieren und dem Denken dieses bedeutenden Mannes eine eigene Abhandlung zu widmen. Überhaupt wandte sich Cassirer nun vermehrt den Belangen der praktischen Philosophie zu. Äußerer Anlaß waren die Nachrichten von der Judenverfolgung in Deutschland, die Cassirer bereits zu Oxforder Zeit beunruhigten und von ihm klarsichtig als Beginn einer vollständigen Vernichtung jüdischen Lebens überhaupt erkannt wurden. Wichtig war für ihn aber auch die Begegnung mit Albert Schweitzer geworden, der in Oxford Vorträge hielt und die Cassirers auch im persönlichen Gespräch beeindruckte. Die größte und wohl wichtigste Veröffentlichung Cassirers während dieser Jahre war die Monographie *Descartes. Lehre, Persönlichkeit, Wirkung,* die 1939 erschien und alsbald auch Übersetzungen ins Schwedische und Französische erfuhr. Für schwedische Leser war das dritte Kapitel ‚Descartes und die Königin von Schweden. Eine Studie zur Geistesgeschichte des 17. Jahrhunderts' von besonderem Interesse. Denn hier geht Cassirer auch der Frage nach, weshalb Christina den Thron aufgab.

Cassirer hatte die schwedische Nationalität angenommen und wurde mit Erreichung der Altersgrenze pensioniert. Zwar hielt er auf Wunsch der Universitätsleitung im Rahmen der literaturwissenschaftlichen Abteilung noch zweimal wöchentlich Vorlesungen über Goethe und erfüllte sich damit einen großen Traum. (Nur am Rande erwähnt sei hier, daß der polnische Philosoph und Ästhetiker Roman Ingarden, Verfasser von u. a. *Das literarische Kunstwerk,* seinerzeit verpflichtet wurde, über Literatur zu lesen.) Doch wollte er in seinem Fach tätig bleiben und zog auch eine Übersiedlung in die USA in Betracht. Daß die

Yale University in New Haven, Connecticut, ihn für zwei Jahre als Gastprofessor einlud, erwies sich alsbald als glücklicher Umstand. Denn Schweden war militärisch eingekreist, und die Furcht vor der deutschen Invasion griff um sich. Cassirer und seine Angehörigen schifften sich unter dramatischen Umständen nach New York ein, wo sie am 4. Juni 1941 eintrafen.

Cassirer war buchstäblich elektrisiert. In Princeton besuchte er sogleich Albert Einstein, den er 1921 in Hamburg auch persönlich kennengelernt hatte, sowie den Mathematiker Hermann Weyl und den Kunsthistoriker Erwin Panofsky; auch sonst traf man viele alte Bekannte. An der Yale University fühlte sich Cassirer gut aufgenommen. Dabei bedeutete der Unterricht, der an den amerikanischen Universitäten gepflegt wurde und in seiner Art noch heute sehr von dem verschieden ist, wie im deutschsprachigen Raum gelehrt wird, für Cassirer eine neue Herausforderung. Denn die Studierenden sind dort sehr viel stärker in den Unterricht einbezogen und werden stets dazu angehalten, sich mit den Lehrenden argumentativ über die Sache auseinanderzusetzen. Dies bedeutete, zumal auf der Graduierten-Stufe, die der Ausbildung des akademischen Nachwuchses dient, einen eher informellen, kollegialen Umgang miteinander. Hier zählen im Ernstfall nicht etwa Würde und Autorität, sondern das bessere Argument. Cassirer hatte offenbar wenig Mühe, auch hier Boden zu gewinnen. Zwar konnte er dem eher schulmäßig organisierten Betrieb – Leselisten mit entsprechenden Examenskontrollen – keinerlei Sympathie abgewinnen. Doch lernte er die engere Beziehung zu den Studierenden sehr wohl zu schätzen und war bald von der Wichtigkeit dieses Aspekts des akademischen Lebens überzeugt.

Eine Herausforderung gänzlich anderer Art stellte sich Cassirer bei seinem Versuch, seine Arbeiten nun unmittelbar in der englischen Sprache abzufassen. Hier kam er erstmals mit der akademischen Gepflogenheit in Berührung, Manuskripte im Licht der Kritik von Kollegen zu revidieren und umzuschreiben. Als er für ein größeres Publikum die Essenz seiner *Philosophie der symbolischen Formen* in Taschenbuchformat präsentieren sollte – dieses Buch erschien 1944 unter dem Titel

An Essay on Man, die neuerliche deutsche Übersetzung trägt den Titel *Versuch über den Menschen* –, las Charles Hendel, der damals der Abteilung für Philosophie vorstand und Cassirer für Yale gewonnen hatte, jedes Kapitel mehrfach und versah das Manuskript mit zahlreichen Bemerkungen. Dieses Vorgehen nervte Cassirer ungemein. Er war es gewohnt, seine Dinge so in den Satz zu geben, wie er sie eben geschrieben hatte, und meist war er in Gedanken bereits ganz woanders. Doch wußte er Hendels große Mühe auch zu schätzen. Denn offensichtlich ging es Hendel darum, Cassirer so etwas wie ein Entree in die amerikanische Universitätswelt zu verschaffen; und dazu bedurfte es eines Buches, das seinen Weg zu größeren Leserkreisen finden würde. Tatsächlich konnte Cassirer eigentlich nur profitieren. Denn seine Art zu schreiben – dies empfindet der heutige Leser der größeren Werke wohl sehr stark – ist weitflächig und bedächtig. Diese Eigenart teilte er wohl mit vielen Autoren seiner Generation.

Ursprünglich planten die Cassirers, nach dem zweijährigen Aufenthalt in den USA wieder nach Schweden heimzukehren. Doch war der Krieg voll entbrannt und an eine Rückkehr nicht zu denken. Charles Hendel, der sich auch für die Verbreitung von Cassirers Schriften in den USA enorm einsetzte, gelang es sicherzustellen, daß Cassirer ein weiteres Jahr am Department arbeiten konnte. Sicher wäre Cassirer gern geblieben. Offensichtlich wurde er von den Studierenden aller Altersstufen geschätzt und sogar geliebt. Schließlich konnte er u. a. und fast nebenbei Kurse geben, die, wie Griechische Philosophie, niemand so recht in petto hatte. Auch fühlte er sich im Department sehr wohl, das ihm interessante Kontakte bot. Unter den jungen Kollegen befanden sich damals Leute wie Monroe C. Beardsley, eine später führende Gestalt in der philosophischen Ästhetik, und Charles L. Stevenson. Letzterer hatte 1937 in der Zeitschrift *Mind* einen epochalen Aufsatz über die emotive Bedeutung ethischer Ausdrücke veröffentlicht und 1942 eine noch heute klassische Abhandlung über George E. Moores Argumente gegen bestimmte Formen des ethischen Naturalismus publiziert. 1944 machte er mit seinem Buch *Ethics and Language* Furore,

Abb. 5: Ernst Cassirer, 1874–1945

das als nihilistisch empfunden wurde und ihn seine Stelle in Yale kosten sollte. Mit diesen beiden Kollegen hielt Cassirer auch gemeinsame Seminare. Doch konnte oder wollte ihn die Universitätsleitung nicht halten; und Cassirer mußte froh sein, daß ihm die Columbia University in New York City eine einjährige Gastprofessur anbot.

Zu jener Zeit arbeitete Cassirer übrigens an seiner letzten großen Veröffentlichung, *The Myth of the State.* Auch dieses Projekt brachte Cassirer mit eher ungewohnten, aber durchaus erfreulichen Seiten des amerikanischen Lebens in Berührung. Das *Fortune Magazine* wünschte sich von Cassirer einen philosophischen Artikel, für den es ein beträchtliches Honorar in Aussicht stellte. Cassirer sandte mehr als einen Artikel, nämlich ein Buchmanuskript. Als der Artikel schließlich erschien, traute Cassirer zunächst seinen Augen nicht. Offensichtlich handelte es sich um das Buchmanuskript – nur war es von dem philo-

27

sophisch gebildeten Lektor so kunstvoll zusammengestrichen worden, daß buchstäblich kein Wort geändert werden mußte. Das eigentliche Buch, das Cassirer als wichtige Aufgabe empfand, erschien posthum im Jahre 1946. – Als die Cassirers nach New York City umsiedelten, war Cassirer eben 70 Jahre alt geworden. Er schien guter Dinge zu sein – immerhin war sein Buch *An Essay on Man* sehr erfolgreich und hatte bald nach seinem Erscheinen eine zweite Auflage erlangt – und trug sich mit allerlei Plänen. Auch Columbia bot ihm interessante Kontakte und Anregungen – Leute wie John Randall, Humanist wie er selber, oder Ernest Nagel, der Wissenschaftsphilosoph, waren natürlich erstklassige Denker. Zu den jüngeren Mitgliedern der Abteilung für Philosophie gehörte Paul Oskar Kristeller, der später als *die* Autorität im Bereich der Renaissance-Philosophie hervortreten sollte. Wie Cassirer hatte Kristeller zweimal emigrieren müssen, zunächst nach Italien und von dort in die USA. Sicher wäre Cassirer gern geblieben, zumal die Kollegen ihn offenbar sehr schätzten. Nur traf die Universitätsleitung keine Anstalten, die Einladung zu verlängern. Daran änderte sich auch dann nichts, als ihm die University of California in Los Angeles eine einjährige Gastprofessur anbot. Ein neuerlicher Umzug blieb dem fast 71jährigen jedoch erspart. Am 13. April starb er auf dem Campus der Columbia Universität an einem Herzversagen.

2. Ansatz

Wie die Kritische Philosophie Kants von der Frage nach der Bedingung der Möglichkeit von Erfahrung bestimmt wird und die Philosophische Hermeneutik unserer Tage die Frage zu beantworten sucht, wie Verstehen möglich sei,[1] so läßt sich auch Cassirers philosophisches Projekt in Begriffen einer transzendentalen Fragerichtung charakterisieren: Er interessiert sich für die Bedingung der Möglichkeit von Bedeutung. Dies so zu betonen, scheint schon deshalb angezeigt, weil Cassirers Ansatz vielfach nur als Ausweitung oder Erweiterung der erkenntnistheoretischen Frage auf andere Bereiche wie Sprache, Mythos usw. beschrieben wird. Diese Charakterisierung ist jedoch irreführend. Denn Cassirer selbst betont, „daß jenes Gebiet theoretischen Sinnes, das wir mit dem Namen ‚Erkenntnis‘ und ‚Wahrheit‘ bezeichnen, nur *eine*, wie immer bedeutsame und fundamentale Sinnschicht darstellt. Um sie zu verstehen, um sie in ihrer Struktur zu durchschauen, müssen wir diese Schicht anderen Sinn-Dimensionen gegenüberstellen und entgegenhalten, müssen wir, mit anderen Worten, das Erkenntnisproblem und das Wahrheitsproblem als Sonderfälle des allgemeinen *Bedeutungsproblems* begreifen“ (*GuL* S. 81). In diesem Sinn ist klar, daß die erkenntnistheoretische Problematik von Cassirer als Teil einer umfassenden Problematik gesehen wird: „Die Frage nach der ‚Objektivität‘ der Dinge gliedert sich diesem Problem ein: sie ist, näher betrachtet, nichts anderes als ein Korollar zu der systematisch viel umfassenderen Frage nach der Objektivität der ‚Bedeutung‘.“ (*EBK* S. 136) Es ist diese umfassendere Fragestellung,[2] die Cassirer zur Untersuchung verschiedener Kulturformen veranlaßt und ihn in der Vision einer „allgemeinen Charakteristik“ bestärkt – einer „Art Grammatik der symbolischen Funktion als solcher, durch welche deren besondere Ausdrücke und Idiome, wie wir sie in der Sprache und in der Kunst, im Mythos und in der Religion vor uns sehen, umfaßt und generell mitbestimmt würden“ (*PSF* I, S. 19).

Die Art der Fragerichtung, die hier im Raum steht, erläuterte Cassirer anläßlich seiner Davoser Disputationen mit Heidegger ganz im Sinne Cohens als „Anfangen mit einem Faktum, um nach der Möglichkeit dieses Faktums zu fragen“.[3] Was als Faktum vorausgesetzt wird und in seiner Möglichkeit ergründet werden soll – Bedeutung bzw. Bedeutungshaftigkeit –, ist zwar in besonderem Maße etwas Sprachliches; und so sagt Cassirer anläßlich seiner Disputation mit Heidegger auch, daß er nach der Möglichkeit des Faktums Sprache frage: „Wie kommt es, daß wir uns von Dasein zu Dasein in diesem Medium verstehen können?“ (S. 267) Doch ist es nicht auf Sprache eingeschränkt, es weist vielmehr über den Bereich von Sprache hinaus: „Wie ist es möglich, daß wir ein Kunstwerk als ein objektiv Bestimmtes, als objektiv Seiendes, als dieses Sinnvolle und in seiner Ganzheit nun überhaupt sehen können?" Entsprechend ist hier auch die Verwendung des Terminus „Bedeutung" nicht auf den Bereich sprachlicher Bedeutung eingeschränkt. Träger von Bedeutung im weitesten Sinn ist „das Sein, das von einer Mannigfaltigkeit von funktionellen Bestimmungen und Bedeutungen ausgeht" (S. 266). Bedeutungshaft im hier relevanten Sinn kann alles sein, was etwas ausdrückt oder darstellt (*PSF* III, S. 311).

Dieser Bereich von Bedeutung scheint, zusammen mit dem Bereich von Bedeutung im engeren Sinn, die gesamte Domäne von Bedeutungshaftigkeit überhaupt auszumachen und gilt zugleich als der Bereich des Symbolischen. Für die Untersuchung dieses Bereiches sind vier Schlüsselbegriffe leitend: symbolische Prägnanz, Symbol und symbolische Form sowie Bewußtseinsfunktion.

a) Symbolische Prägnanz

Wie Kant und die heutigen Anti-Realisten hält Cassirer dafür, daß wir nicht „die Gegenstände" erkennen, „als wären sie schon zuvor und unabhängig als Gegenstände bestimmt und gegeben – sondern wir erkennen *gegenständlich,* indem wir innerhalb des gleichförmigen Ablaufs der Erfahrungsinhalte bestimmte Abgrenzungen schaffen und Verknüpfungszusammenhänge fixieren" (*SuF* S. 403). Doch macht er in pointierten Wendungen sowohl gegen Kant als auch Husserl geltend, daß alles Sinnliche bereits sinnhaft sei. An Kant und Husserl kritisiert er, daß sie die sinnlichen Daten sozusagen immer noch zu intellektualistisch als *Hyle* deuten, als Stoff nämlich, der erst der Formung *(Morphe)* bedürfe, während die Formung und Sinngebung doch – wie Cassirer aristotelisierend sagt – das *proteron physei* sei, was die Präsenz eines Inhaltes erst ausmache (*PSF* III, S. 198–199). Mit den in verschiedenen Variationen wiederkehrenden Worten „alles Sinnliche ist sinnhaft" will Cassirer unterstreichen, daß die in der traditionellen Erkenntnistheorie geläufige Isolierung roher, sozusagen ganz und gar alogischer Daten eine fachwissenschaftliche Idealisierung sei, der in der Realität unserer

Erfahrung phänomenologisch nichts entspreche. Denn auch die vermeintlich rohen Daten seien in Wirklichkeit bereits mit Sinn und Bedeutung durchtränkt. Insofern werden wir – so meint Cassirer – der Realität unserer Erfahrung nur dann gerecht, wenn wir das Sinnliche in all seinen Manifestationen nie nur als Eindruck, sondern immer auch als Ausdruck betrachten. Genauer meint Cassirer also, daß die beiden Momente Stoff und Form eine reale Einheit bilden, dergestalt, daß das als Stoff Präsente immer zugleich mit einer Repräsentation gegeben sei. Insbesondere meint Cassirer jedoch, daß der Stoff durch die Form seine jeweilige Bestimmtheit erhalte und in diesem Sinn der *proteron physei*-These also eine variable Größe sei.

Zur Illustration dieses Gedankens mag folgendes Beispiel dienen, das Cassirer mehr als einmal anführt (S. 233–234, *WWS* S. 211, *STS* S. 5): Ein optisches Gebilde von der Art eines einfachen Linienzuges kann je nach Veränderung der Sicht durchaus verschieden aufgefaßt werden, als mythisches Zeichen etwa, oder als ästhetisches Ornament oder auch als geometrische Figur. Mit diesem Beispiel möchte Cassirer zeigen, wie in der Art der Wahrnehmung selbst immer schon eine besondere Sinn-Form wirksam wird, dergestalt, daß in der Linie etwa „ihr stetes und ruhiges Dahingleiten oder ihr unvermitteltes Abbrechen, ihre Rundung und Geschlossenheit oder ihre Sprunghaftigkeit, ihre Härte oder Weichheit [...] an ihr selbst, als Bestimmung ihres eigenen Seins, ihrer objektiven Natur heraus [tritt]" (S. 233); oder „dem mathematischen Geist wird der Linienzug zu nichts anderem als zum anschaulichen Repräsentanten eines bestimmten Funktionsverlaufes [...] wo die ästhetische Richtung der Betrachtung vielleicht eine Hogarthsche Schönheitslinie vor sich sah – da sieht der Blick des Mathematikers das Bild einer bestimmten trigonometrischen Figur, etwa das Bild einer Sinuskurve vor sich, während der mathematische Physiker in eben dieser Kurve vielleicht das Gesetz für eine periodische Schwingung erkennt." (*STS* S. 7, *WWS* S. 211–212)

Nun zeigt das Beispiel aber auch eine typische und prinzipielle Schwierigkeit auf. Cassirer will sagen, daß die sog. Empfindungsmaterie durch die Art ihrer Auffassung geformt und inhaltlich geprägt sei – hier als mythisches Zeichen, da als ästhetisches Ornament und dort als geometrische Figur. Tatsächlich sagt er jedoch – oder legt dies zumindest nahe –, daß ein und dieselbe Sache verschieden wahrgenommen bzw. aufgefaßt werde. Damit gefährdet er jedoch seine These von der Einheit des hyletischen Momentes mit dem noetischen Moment. Denn auch der einfache Linienzug ist, *qua* einfacher Linienzug, etwas, was unter einer bestimmten Beschreibung steht (,einfacher Linienzug') und somit genau genommen nicht mehr bloß *Hyle* bzw. Stoff für etwas anderes bzw. von etwas anderem sein kann. Offenbar unter dem Eindruck der Kritik Konrad Marc-Wogaus,[4] der Cassirer hier einen Rückfall in den Sensualismus vorwarf, änderte dieser die sprachliche Bezugnahme auf den Wahrnehmungsinhalt: „Wir können eine Zeichnung, die wir vor uns haben, als einfachen Linienzug auffassen [...]" (*WWS* S. 211) Doch würde die Ersetzung von „Linienzug" durch „Zeichnung" das Problem natürlich nicht lösen.

Mit diesen Überlegungen zum Phänomen der sinnhaften Befrachtung des Gegebenen – Cassirer spricht dann auch von „symbolischer Prägnanz": „Unter ,Symbolischer Prägnanz' soll also die Art verstanden werden, in der ein Wahrnehmungserlebnis als ,sinnliches' Erlebnis, zugleich einen bestimmten nichtanschaulichen ,Sinn' in sich faßt und ihn zur unmittelbaren konkreten Darstellung bringt" (*PSF* III, S. 235)[5] – befinden wir uns bereits im Zentrum des Cassirerschen Denkens. Denn die These, daß nicht etwa Empfindungsdaten als einzelne Elemente, sondern stets Anschauungen als gestaltete Ganzheiten die „einzigen Daten des Bewußtseins [bilden]" (S. 269), wirft natürlich die Frage auf, wie die Bildung derartiger Ganzheiten bzw. Gestaltungen näherhin vorzustellen sei. Cassirers Antwort ist unmißverständlich, wenn auch im Detail schwierig: Die Bildung oder Gestaltung solcher anschaulicher Ganzheiten ist eine spezifische Leistung des Geistes. Aber diese Leistungen bzw. Prozesse sind ihrerseits nicht etwa reproduktiver oder intellektueller Art (S. 274 f.). Vielmehr denkt Cassirer hier an ein „,echtes Apriori', als wesensmäßig-Erstes" (S. 236). Die geistige Funktion erschöpft sich also nicht in der erkennenden Betrachtung dessen, was ist und von uns gemeinhin als Wirklichkeit angesehen wird. Sie erweist sich vielmehr da als spezifisch wirksam, wo ein Ganzes der Erscheinung erst gestaltet wird: Wo der Geist – sei es im Mythos, in der Sprache, in der wissenschaftlichen Erkenntnis oder (wie Cassirer später hinzufügt [EM/VM]) in Kunst und Religion, Weltbilder oder Weltversionen schafft. In diesem Zusammenhang werden zwei Begriffe thematisch, die für Cassirers philosophische Position eine tragende Rolle spielen, nämlich der Begriff des Symbols einerseits und der Begriff der symbolischen Form andererseits.

b) Symbol und symbolische Form

Der Symbolbegriff soll bei Cassirer „das Ganze jener Phänomene umfassen, in denen überhaupt eine wie immer geartete Sinnerfüllung des Sinnlichen sich darstellt – in denen ein Sinnliches in der Art seines Daseins und Soseins sich zugleich als Besonderung und Verkörperung, als Manifestation und Inkarnation eines Sinnes darstellt" (PSF III, S. 109). Unter „Symbol" versteht Cassirer – darin weicht er vom vertrauten Wortgebrauch ab – mithin alles Sinnliche, das als Zeichen für etwas fungiert. Zwar ist die Verwendung von „sinnlich" bei Cassirer vielleicht nicht immer eindeutig; doch geht es in der Regel wohl um den Inhalt bzw. Gehalt der äußeren Wahrnehmung, und nicht etwa um das, was diese Wahrnehmung verursacht. Unter „symbolischer Form" – ein Ausdruck, den er in voller terminologischer Bedeutung erstmals in der 1920 abgeschlossenen Studie zur Relativitätstheorie Einsteins (ZMP S. 110) verwendet – versteht Cassirer „jene Energie des Geistes, durch welche ein geistiger Bedeutungsgehalt an ein konkretes sinnliches Zeichen geknüpft und diesem Zeichen innerlich zugeeignet wird" (WWS S. 175).

Es ist schon hier wichtig zu sehen, daß sich Cassirers Verständnis des Symbolischen darin vom eher geläufigen Verständnis des Begriffes abhebt, daß das Symbolische bei ihm keinen Gegensatz etwa zum Buchstäblichen bzw. bloß Buchstäblichen indiziert. Denn für Cassirer gibt es keinen eigentlich symbolfreien Bereich, mithin auch kein Buchstäbliches, geschweige denn irgendeinen Bereich, der nicht seinerseits symbolisch vermittelt und somit nicht auch selbst Produkt einer symbolischen Formung wäre: „Die Zweiteilung: Symbol *oder* Gegenstand erweist sich [...] als unmöglich", weil „eben die *Funktion* des Symbolischen es ist, die die Vorbedingung für alles Erfassen von ‚Gegenständen' oder ‚Sachverhalten' ist." (*LKW* S. 31, s. u. Kapitel VI) Insofern ist die Unterscheidung zwischen „symbolisch" und „nicht-symbolisch", die der Kunstwissenschaftler verwendet, eine Unterscheidung, die, vom Standpunkt der *Philosophie der symbolischen Formen* aus betrachtet, innersymbolischen Charakter hat.

Des weiteren gilt es zu sehen, daß Cassirer bei seiner Formulierung des Symbolbegriffs bzw. des Begriffs der symbolischen Form an zwei Traditionen anknüpft und diese zu vermitteln sucht. Beide sieht er der Sache nach in Platons Ideenlehre – „*eidos*" heißt ja eigentlich „sichtbare Gestalt" – präfiguriert. Die eine Tradition ist die der Wissenschaft, die andere die der Ästhetik. Was die Wissenschaft angeht, so verweist Cassirer mehr als einmal auf die wissenschaftstheoretisch relevanten Prolegomena des sehr jung verstorbenen Physikers Heinrich Hertz (*PSF* I, S. 6; *STS* S. 4; *EP* IV, S. 115–118). In seinem 1894 posthum veröffentlichten Buch *Prinzipien der Mechanik* stellt Hertz in Abrede, daß die Naturwissenschaften mit vorgegebenen Größen operieren (S. 1 ff.). Hertz meint, daß wir uns im Gegenteil „innere Scheinbilder" und „Symbole" der äußeren Dinge machen. Diese Bilder passen sich weniger den äußeren Gegenständen an als der Art von Fragen, die wir an sie richten. In diesem Sinne gewinnen Begriffe wie Masse und Kraft ihre Bedeutung genaugenommen nur durch den funktionalen Wert, den sie für die Erkenntnis haben. In dieser Orientierung an Hertz spiegelt sich das erkenntnistheoretische Interesse Cassirers, für den ja die welterschließende Funktion der symbolischen Form als Grund und Möglichkeitsbedingung eines bestimmten Gegenstandsbezuges gilt.

Ganz anders verhält es sich mit der anderen Tradition, an die Cassirer anknüpft, um sie, im Hegelschen Sinn des Wortes

34

„aufheben", produktiv weiterzuentwickeln. Sie ist durch Namen wie Goethe, Schelling und Vischer bestimmt (*WWS* S. 175). An Goethe interessiert Cassirer insbesondere das, was er dessen individuell geprägten Platonismus nennt, nämlich die Verlagerung der transzendenten Form aus dem überhimmlischen Ort in die Wirklichkeit, wo die Form nunmehr zu einem Allgemeinen wird, das „nur in seinen Besonderungen ist und lebt" (*IG* S. 171). Es ist diese Goethesche Verwebung von Allgemeinem und Besonderem in der Gestalt, die Cassirer vielleicht vorschwebt, wenn er in anderem Zusammenhang, nämlich anläßlich der Erörterung des Status des Zeichens in der Mathematik, betont, daß das Symbolische „niemals dem ‚Diesseits' oder ‚Jenseits', dem Gebiet der ‚Immanenz' oder ‚Transzendenz' an[gehört], sondern [. . .] eben darin [besteht], daß es diese Gegensätze, die einer metaphysischen Zweiweltenlehre entstammen, überwindet. Es ist nicht das Eine oder das Andere, sondern es stellt das Eine im Anderen und das Andere im einen dar" (*PSF* III, S. 447).

In der Entwicklung des Deutschen Idealismus sieht Cassirer Goethes Interesse am Symbolischen bewährt und gefestigt. So verweist Cassirer in seinem nachgelassenen Manuskript „Language and Art", das er 1942 an der Cornell Universität vortrug (*SMC* S. 155), speziell auf Schellings Äußerung über den Charakter des Kunstprodukts in der Schrift *System des transzendentalen Idealismus* von 1800. Hier spricht Schelling von Schönheit als „das Unendliche endlich dargestellt".[6] Cassirer zeigt jedoch auch die Kehrseite der Einschätzung der Kunst im Deutschen Idealismus auf und verweist zu diesem Zweck auf Hegels Worte in der Einleitung zur *Ästhetik*. Hegel sieht hier die Werke der schönen Kunst als „das erste versöhnende Mittelglied zwischen dem bloß Äußerlichen, Sinnlichen und Vergänglichen in dem reinen Gedanken, zwischen Natur und endlicher Wirklichkeit und der unendlichen Freiheit des begreifenden Denkens".[7] Aber dies bedeutet auch, „daß die Kunst weder dem Inhalte noch der Form nach die höchste und absolute Weise [darstellt], dem Geist seine wahrhaften Interessen zum Bewußtsein zu bringen" (S. 23). So liegt es dann in der Konsequenz des Hegelschen Ansatzes, daß „uns [i. e. der Philosophie des Idealismus, A. G.] die Kunst nicht mehr als die höchste Weise" gilt, „in welcher die Wahrheit sich Existenz verschafft" (S. 141).[8]

Hier, in der Destruktion des Bildlichen und Anschaulichen im Namen des absoluten Wissens, sieht Cassirer dann die eigentliche Gefahr des Hegelschen Ansatzes; und es erstaunt nicht, daß Cassirer – der immerhin seinerseits im Denken anschauungsfreier, reiner Bedeutungen den letzten Schritt der Selbstbefreiung des Geistes aus den Fängen animistischer Verwicklung sah – Hegels Konstruktion tadelt: sie bedeute den Tod der Kunst: „[...] not believe in images, in concrete intuition, does not mean the philosophical interpretation or legitimization of art; it means the death of art" (*SMC* S. 155–156). Analoge Probleme hat wohl auch der Hegelianer Vischer empfunden, der für Cassirers Verständnis des Symbolischen eine wichtige Rolle spielte (*WWS* S. 175; *STS* S. 1).

In seinem Hauptwerk *Ästhetik oder Wissenschaft vom Schönen,* das 1846 erstmals veröffentlicht wurde, betrachtete Vischer ähnlich wie Hegel das Symbol noch als geschichtlich unausgereifte Ausdrucksform.[9] In seinen epikritischen Schriften gibt Vischer jedoch zu verstehen, daß er Wesen und vor allem Funktion des Symbolischen nunmehr anders einschätze. Tatsächlich erkennen wir bei Vischer in seinen Schriften nach 1857 die Tendenz, das Symbolische mit der Beschaffenheit der menschlichen Seite in Verbindung zu bringen, die sich dieses Ausdrucksmittels bediene. Dabei unterscheidet Vischer drei Stufen in der Entwicklung von Symbolisierungen. Die erste Stufe ist das Mythische, das sich für Vischer in den Naturreligionen und im Christentum manifestiert und auf der Identifikation oder Verwechslung von Bild und Bedeutung beruht. Als zweite Stufe erkennt Vischer das Allegorische. Hier wird die Beziehung zwischen Zeichen und Begriff logisch erschlossen. Eine dritte Stufe und die im eigentlichen Sinn symbolische Anschauungsform findet Vischer in der griechischen Mythologie und im Erlebnis der Natur. In beiden Fällen handelt es sich um Manifestationen dessen, was Vischer „leihenden Akt" der Menschenseele nennt. So wie Dichter in der Lage sind, „die nicht wirklich geglaubten Gestalten des historischen Mythos noch einmal zu beleben, den schon vollzogenen Akt ihrer Schöpfung zu wiederholen",[10] so ist es im Erlebnis der Natur „die unwillkürliche und dennoch freie, unbewußte und in gewissem Sinn doch bewußte Naturbeseelung, der leihende Akt, wodurch nur dem Unbeseelten unsere Seele und ihre Bestimmungen unterlagen".[11]

Wir sehen nun, in welchem Sinn beide Traditionen für Cassirers *Philosophie der symbolischen Formen* wichtig waren und in seinem Ansatz zusammenfinden: Vischers Auffassung des Symbolischen als seelischer Projektion und Beseelung des Unbeseelten wird von Cassirer auf den gesamten Bereich der Kultur ausgedehnt; Hertz' Auffassung wissenschaftlicher Begriffe als Symbole und innere Scheinbilder in den Dienst der Ausweitung der kantischen Kritik der Vernunft zu einer Kritik der Kultur gestellt.

Von hier aus wird auch verständlich, daß Cassirer dem Symbolischen einen ungewöhnlich weiten Umfang zuerkennt. Wir sahen, daß Cassirer das Symbol als sinnliches Zeichen für etwas charakterisiert. Dabei gilt es zu bedenken, daß Cassirer „Zeichen" in einem engen Sinn versteht. In Anlehnung an Husserl sagt er: „Nicht allen Zeichen wohnt Bedeutung in dem Sinne ein, in welchem wir z. B. ein Wort als Träger einer Bedeutung denken. Auch im Kreise des natürlichen Daseins oder Geschehens kann ein Ding oder ein Ereignis zum Zeichen für etwas anderes werden, sobald es mit ihm durch eine konstante empirische Beziehung, insbesondere durch die Beziehung von ‚Ursache' und ‚Wirkung' verbunden ist. In dieser Weise kann etwa der Rauch das Feuer, der Donner den Blitz bezeichnen. Aber derartige Zeichen drücken, wie Husserl hervorhebt, nichts aus, es sei denn, daß sie neben der Funktion des Anzeigens noch eine Bedeutungsfunktion erfüllen." (*PSF* III, S. 377, vgl. *EM* S. 32/*VM* S. 58) Wenn Cassirer in dieser Weise das Wort „Symbol" auf alles Sinnliche anwendet, das als bedeutungsvolles Zeichen funktioniert, und andererseits behauptet, alles Sinnliche sei sinnhaft, so ist alles Sinnliche per definitionem Symbol bzw. symbolisch.

Dieser Punkt ist vielleicht geeignet, diejenigen Leser zu irritieren, die etwa aus der Perspektive der Kunst, Literatur oder Religionswissenschaft her denkend eine solch weite Verwendung des Ausdrucks als inflationär und entsprechend nichtssagend betrachten. Tatsächlich wurden Cassirer 1927 anläßlich der Diskussion seines Vortrags „Das Symbolproblem und seine Stellung im System der Philosophie" beim Dritten Kongreß für Ästhetik und allgemeine Kunstwissenschaft derartige Überlegungen in vorsichtiger Form entgegengehalten (*STS* S. 22 ff.). Dabei äußert sich in solchen Vorbehalten offensichtlich der Wunsch, das Symbolische etwa vom rein Buchstäblichen oder Profan-Klaren getrennt zu wissen und jedenfalls in einem Gegensatz zu Rationalem zu sehen. Sicher sind derartige Wünsche verständlich und entsprechende Normierungsvorschläge aus der Sicht der Einzelwissenschaften schon auf Grund pragmatischer Erwägungen gerechtfertigt. Aber gelingt es dem Kunst- oder Religionswissenschaftler, eine Unterscheidung zwischen ‚Symbolisch' und ‚Nicht-Symbolisch' plausibel zu machen? Was aus der Sicht der Philosophie wohl gegen eine solch starre Fixierung sprechen muß, war in Cassirers Augen sicher die Beobachtung, daß selbst innerhalb der Ästhetik das Verständnis des Symbolischen außerordentliche Veränderungen erfahren hat. Schon von daher scheint der Versuch einer überzeitlichen Grenzziehung und Demarkierung eigenständiger Bereiche unangemessen. Um so begreiflicher erscheint daher das philosophische Anliegen Cassirers, die bloße Tatsache der Veränderungen und Veränderlichkeit unserer Sichtweisen zu ergründen und – wie er hoffte – einer Erklärung näherzubringen. Doch ist klar, daß Cassirer seinerseits, hätte er eine eigene kunstphilosophische Studie verfaßt, zwischen verschiedenen Verwendungen von „Symbol" hätte unterscheiden müssen.

Wo liegt dann das gemeinsame Band so verschiedener kultureller Dimensionen wie Sprache, Mythos, Kunst, Religion und wissenschaftlicher Erkenntnis? Wo liegt der Kern des Phänomens selbst? Die Antwort, die Cassirer in seinem späten Buch *An Essay on Man* gleichsam plakativ entwickelt, lautet, daß der Mensch mit solchen Charakterisierungen wie „animal rationale" nicht spezifisch genau bestimmt sei und besser als „animal symbolicum" verstanden werde (*EM* S. 26/*VM* S. 51) – genauer vielleicht, wie wir hinzufügen wollen, als „animal symbola formans", ein Wesen, welches Symbole bildet und – wie Cassirer betont – der Symbole bedarf (*EM* S. 57/*VS* S. 93).

Damit kommen wir nun zum zweiten Punkt, nämlich der Charakterisierung der symbolischen Form als „jene Energie des Geistes, durch welche ein geistiger Bedeutungsgehalt an ein konkretes sinnliches Zeichen geknüpft und diesem innerlich zugeeignet wird" (s. S. 33). Diese Charakterisierung ist zumindest in einem Punkt mißverständlich. Wenn Cassirer davon spricht, daß ein Gehalt in ein Zeichen gelegt oder an ein Zeichen geknüpft werde, so legt er die Vorstellung nahe, daß etwas als Zeichen existiere und einen Gehalt aufnehme. Doch kann dies nicht seine Auffassung sein. Was er meint oder meinen müßte, ist, daß etwas dadurch zu einem Zeichen wird, daß es einen solchen geistigen Gehalt aufnimmt und *ipso facto* als Sinn-Träger fungiert. So betrachtet ist Cassirers Beschreibung ein wenig locker und, wie schon im Zusammenhang des Beispiels vom Linienzug, irreführend. Hingegen ist Cassirers Verwendung des Terminus „symbolische Form" hier wohl bewußt unspezifisch. Auf der einen Seite hat er Typen symbolischer Gestaltungsweisen wie Sprache als Sprache und Mythos als Mythos vor Augen; auf der anderen Seite denkt er sicher auch an jeweils einzelne Weisen von Sinngebung, wie sie sich innerhalb solcher Typen bzw. Orientierungen vollziehen.

Der Ausdruck „Energie", der mit Aristoteles' Begriff *energeia* Eingang in die Philosophie fand, weist hier wohl wie auch in anderen Zusammenhängen auf Wilhelm v. Humboldts Auffassung der Sprache zurück. Humboldt sagt in der Einleitung zum Kavi-Werk, an dem er seit 1830 arbeitete, daß die Sprache „selbst kein Werk *(ergon)*, sondern eine Tätigkeit *(energeia)*"[12] sei, weshalb ihre Definition auch nur eine genetische sein könne.[13] Diese Auffassung der Sprache als produktiver Tätigkeit mit ihr eigenen Bildungsgesetzen dient Cassirer als Paradigma seiner Vorstellung, „daß der Geist verschiedene Systeme von Symbolen nicht einfach entwirft, um eine gegebene Wirklichkeit

abzubilden, sondern um die Gestaltung von Wirklichkeit zu er-
möglichen".[14] In diesem Sinne handelt es sich bei den als *Energeiai* begriffenen symbolischen Formen um fundamentale Gestaltungen von Wirklichkeit überhaupt. Wir haben die Bilder des Mythos, wir haben die Zeichen der Sprache und wir haben die Zeichen wissenschaftlicher Erkenntnis. In seinem *Essay on Man* fügt Cassirer mit Religion und Kunst zwei weitere Bereiche hinzu. Auch Technik gilt als symbolische Form.

Um ein mögliches Mißverständnis abzuwenden, sollten wir festhalten, daß es sich bei den mit den Titeln ,Sprache', ,Kunst', ,Mythos', ,Religion', ,Erkenntnis' usw. angezeigten Bereichen in Cassirers Augen keineswegs um eine erschöpfende Klassifizierung symbolischer Formen oder Weltbilder handelt. Cassirer würde allenfalls darauf beharren, daß die eben genannten Bereiche in dem Sinn als fundamental gelten müssen, daß sie irreduzibel seien. So spricht Cassirer von den symbolischen Formen auch als „wahrhaften Urphänomenen des Geistes, die sich zwar als solche aufweisen lassen, an denen sich aber nichts mehr ,erklären', d. h. auf ein anderes zurückführen läßt" (*WWS* S. 82). Auch dürfen wir Cassirer sicher nicht unterstellen, daß sich diese Bereiche etwa so voneinander trennen ließen, daß im Mythos keine Form von Erkenntnis involviert sei oder Erkenntnis nicht ihrerseits sprachlich artikulierbar sei. Eine solche Annahme wäre nicht nur für unsere Begriffe inkorrekt. Sie würde auch den Intentionen Cassirers ganz und gar zuwiderlaufen. Denn Cassirer beabsichtigt, die Regionen geistiger Gestaltungen, d. h. die Regionen der Objektivierungen des Geistes zu untersuchen, um so „durch rückschließende und rekonstruierende Betrachtung den Zugang zum Bereich der Subjektivität zu gewinnen" (*PSF* III, S. 78).

c) *Bewußtseinsfunktionen*

Ort der Subjektivität ist das Bewußtsein. Um hier nicht in die Irre zu gehen, ist es wichtig zu sehen, daß Cassirer unter „Bewußtsein" nicht ein Ding oder eine Sache versteht, die irgendwo lokalisierbar wäre und im Gegensatz zu etwas anderem be-

stünde. Vielmehr betont er – im Anschluß an William James'
Essays in Radical Empiricism aus dem Jahre 1912 –, daß man an
eine rein funktionelle Bedeutung des Terminus zu denken habe
(*LKW* S. 49). Daß sich Cassirer gelegentlich so ausdrückt, als tue
oder mache das Bewußtsein etwas, soll dem nicht wider-
sprechen; bis zu einem gewissen Grad sind derartige Rede-
weisen wohl auch unvermeidlich. Bei der Analyse dessen, was
als Leistungen der Subjektivität anzusprechen wäre, schälen sich
drei geistige Grundfunktionen heraus: Die Ausdrucksfunktion,
die Darstellungsfunktion und die Bedeutungsfunktion (*STS*
S. 11, *PSF* III, S. 53 ff.). An dieser Terminologie – sie ist wenigstens zum Teil von der Begrifflichkeit Karl Bühlers inspiriert,
der den Ausdruck „Darstellungsfunktion" verwendete (*PSF* III,
S. 128 Anm. 3), und ersetzt wohl die Verwendung der Termini
„mimisch", „analogisch" und „rein symbolisch" (siehe jedoch
PSF III, S. 526 ff.) – ist auffällig, daß Cassirer nur im letzten Fall
von Bedeutung spricht. Dies steht im Gegensatz zu der Tatsache, daß seiner Grundüberzeugung nach auch in solchen Fällen Bedeutung vorliegt, wo etwas etwas ausdrückt oder etwas
etwas darstellt. Doch liegt hier wohl keine echte Diskrepanz
vor. Vielmehr dürfte es sich hier um eine ähnliche terminologische Vagheit handeln wie in *An Essay on Man*, wo er den
Ausdruck „symbolisch" gelegentlich im Sinne von „rein symbolisch" verwendet. Was Cassirer hier mit dem Begriff der Bedeutungshaftigkeit verbunden wissen will, ist die Vorstellung,
daß ein sinnliches Zeichen für abstrakte Gebilde steht und keine
anschaulichen Gehalte bedeutet.

Näherhin geht es bei der begrifflichen Dreigliederung um
eine Unterscheidung verschiedener Weisen, in denen ein Symbol Symbol sein kann. Manche Symbole drücken nur etwas aus
und weisen also nicht oder kaum über sich selber hinaus, andere
stellen etwas anschaulich dar und wieder andere stehen für rein
abstrakte Dinge oder Beziehungen. Doch ist die Art und Weise,
wie Dinge im weitesten Sinne *qua* Symbole funktionieren bzw.
als Symbole inszeniert werden, offensichtlich mit bestimmten
Leistungen auf der Seite dessen verwoben, der sich der Wirklichkeit zuwendet. Hier können wir zwischen jener Funktion

des Bewußtseins unterscheiden, die ein sinnliches Zeichen etwa von der Art des oben erwähnten Linienzuges als Ausdruck versteht, jener Funktion, die einen sinnlichen Gehalt als Darstellung auffaßt, und schließlich jener Funktion, die ein sinnliches Zeichen als Träger einer reinen, d. h. gegebenenfalls gänzlich abstrakten Bedeutung erfaßt und versteht. Im Detail stellen sich hier manche Fragen. Dies gilt um so mehr, als Cassirer im Blick auf diese Grundfunktionen auch von „Richtungen" und „Dimensionen", „Sphären", „Welten" und „Stadien" spricht (*STS* S. 8 ff.) und damit eigentlich unterschiedliche Probleme anspricht.[15] Indes scheint diese Art der großflächigen Verknüpfung wichtiger Thematiken für Cassirers Denkstil recht typisch und auch der Sache der *Philosophie der symbolischen Formen* angemessen. Von Richtungen oder Dimensionen zu sprechen, scheint insofern passend, als Symbolisierungsleistungen der einen oder anderen Art tatsächlich jeweils verschiedene Zusammenhänge stiften und uns diese Zusammenhänge sinngemäß mit verschiedenen Universen oder Welten konfrontieren, die als Sphären beschrieben werden können. Auf der anderen Seite hat Cassirer natürlich auch wie Platon, Lukrez und Hegel vor ihm vor Augen, daß sich der Mensch von den jeweiligen Begrenzungen befreit und neue Horizonte gewinnt.

Mit dieser Unterscheidung unterschiedlicher Arten von Symbolisierungen haben wir bereits den Ansatz zu einer Theorie der Kulturentwicklung, die auf einer Hierarchie der Symbolisierungsleistungen beruht. Die sog. Ausdrucksfunktion schließt jenes primäre Wirklichkeitsbewußtsein (*PSF* III, S. 125) in sich, welches, wie Cassirer meint, die charakteristische Enge und Geschlossenheit der tierischen Welt (*STS* S. 101) zu durchbrechen beginnt. In der Ausdrucksfunktion des Bewußtseins besteht auch die Realität des mythischen Weltbildes. Diese Ebene ist im Vergleich zu dem pointiert reflexiven Charakter der Weltvorstellungen des wissenschaftlichen Denkens noch durch eine besondere Unmittelbarkeit gekennzeichnet, von einer Undistanziertheit von Innen und Außen geprägt. In Cassirers Sicht der Dinge stellt sich dieser Sachverhalt insbesondere auch darin dar, daß das, was wir ‚Bild' einerseits und ‚Sache' andererseits nennen, im mythischen Denken noch identifiziert werde (*PSF* II, S. 50 ff.). Anders als in der Realität der Darstellungsfunktion, wo das jeweils Präsente bereits Repräsentant für alles andere ist und mithin auch als Symbol verstanden wird, ahmt auf der Ebene des primären Wirklichkeitsbewußtseins etwa „der Tänzer, der in der Maske des Gottes oder Dämons erscheint [...] nicht nur den Gott oder Dämon nach, sondern nimmt seine Natur an" (S. 285). Entsprechend müßte gelten, daß das mythische Bewußtsein im Tänzer nicht den Gott oder im gegenwärtigen Bild nicht den abwesenden Feind sieht. Vielmehr sieht man den Tänzer/Gott bzw. den abwesenden Feind.

Entsprechende Überlegungen stellt Cassirer u. a. bezüglich der Kategorie der Kausalität im mythischen Denken an. So meint er, daß die Schematisierung der Kategorie der Kausalität im mythischen Denken ihre besondere Tonalität darin habe, daß Dinge oder Vorfälle allein deswegen in einer kausalen Beziehung zueinander gesehen werden, weil sie wahrnehmungshaft assoziiert erscheinen (S. 58). „Handelt es sich bei ,post hoc, ergo propter hoc' und ,juxta hoc, ergo propter hoc' im wissenschaftlich distanzierten Denken um Fehlschlüsse, die wir zu vermeiden trachten, so spielen sie im primären Wirklichkeitsbewußtsein noch die Rolle von Regeln, an denen man sich orientiert." (S. 59–60)

Nun mag man sich fragen, ob Cassirers Annahmen bezüglich der Symbolisierungsleistungen der Ausdrucksform tatsächlich ausreichen, um auch jene Aktivitäten des Denkens zu beschreiben, die nichts oder wenig mit der spezifischen Wirklichkeitskonzeption des primitiven Denkens zu tun haben, sondern sich im Handeln und Tun des täglichen Lebens manifestieren. So verfügt nach Bronislav Malinowski jede primitive Gemeinschaft über ein beträchtliches Maß an Wissen, das – wie etwa der Akkerbau und die Herstellung von Schiffen – regelgeleitet ist, eine vernünftige Struktur aufweist und auf Erfahrung beruht.[16] Es wäre interessant zu wissen, wie Cassirer diese Phänomene adäquat beschrieben und erklärt hätte. Eine andere Schwierigkeit ist grundsätzlicher Art und letzten Endes ein Problem der Übersetzung. Wie können wir wissen, was andere Menschen tatsächlich sehen? Wilfrid Sellars hat in seiner wichtigen Arbeit „Philosophy and the Scientific Image of Man"[17] betont, daß der primitive Mensch nicht etwa glaube, der Baum vor ihm sei eine Person, als ob er meinte, das Ding sei ein Baum und zusätzlich eine Person, so wie ich meinen könnte, der Stein vor mir sei eine Türschwelle. Wenn dem so wäre, so würde der primitive Mensch auch dann, wenn er seine Meinung bezüglich der Bäume als Personen hinter sich gelassen hätte, über denselben Begriff von Baum verfügen. Nur hätten sich seine Auffassungen über den Baum geändert. Dies scheint aber nicht plausibel. Vielmehr ist wahrscheinlich, daß Baum-Sein ursprünglich eine Art von Person-Sein war, vielleicht in dem Sinne, wie Dreiecke Flächen sind. Nun können wir aber genaugenommen nicht von irgend jemandem sagen, er *meine,* daß Dreiecke Flächen seien; denn sie *sind* Flächen. Mit anderen Worten: Was sich im Bewußtsein des primitiven Menschen ereignet, wenn er aufhört, das als Personen zu betrachten, was wir Baum nennen, ist mehr als nur ein Wandel im Dafürhalten, es ist ein Wandel im Kategorien-System.[18]

Dieses Beispiel mag – durchaus unabhängig von der Frage der Plausibilität dessen, was behauptet wurde – einen Eindruck von den Schwierigkeiten vermitteln, Erlebnisformen entfernter Kulturen zu beschreiben. Insbesondere aber begegnen wir der Schwierigkeit, mit unserer Reflexion auf mutmaßliche Phänomene der oben angedeuteten Art Unterscheidungen thematisch machen zu müssen, von denen wir annehmen, es habe sie nicht gegeben. Wie aber können wir dann sinnvoll von einer Identität etwa von Bild und Sache sprechen? Nun wäre es müßig und gedankenlos, hier eine besondere Schwäche der Überlegungen Cassirers ausmachen zu wollen. Denn das Problem selbst überschattet jeden Versuch, fremde Kulturen zu verstehen; und es zeigt auch seine Zähne, wo wir es mit Belangen der Ideen- und Philosophiegeschichte zu tun haben.

Freilich befinden wir uns hier schon auf festerem Boden. Denn wenn sich – um in Cassirers Sicht der Dinge zu bleiben (*STS* S. 123) – der bloße Aktionsraum einmal zum Gesichtskreis öffnet und sich der Handlungsraum zum Bildraum erweitert, die Magie der Unmittelbarkeit einer zunehmenden Distanzierung von Innen und Außen weicht, so benutzen wir Symbole nicht nur, sondern wir merken auch, daß Worte Symbole sind. Damit befinden wir uns auf der Ebene der Darstellungsfunktion des Bewußtseins. Sie liegt im Kern dem natürlichen Weltverständnis des common sense zugrunde und ermöglicht uns mithin jene Art der begrifflichen Gliederung der Realität, die uns vertraut ist. Was die Philosophie angeht, handelt es sich um jene Form des Denkens, welches in der prädikativen Struktur der Sprache zugleich auch die Struktur der Realität selbst zu finden meint – Dinge, Eigenschaften und Sachverhalte.

Cassirers Darlegungen zur Symbolisierungsleistung der Darstellungsfunktion sind, namentlich was Sprache und Erkenntnis angeht, von großer Bedeutung. Interessant und aufschlußreich ist für ihn hierbei der Befund der Sprachpathologie (*PSF* III, S. 238 ff.). Insbesondere die Forschungen Henry Heads und John Jacksons zum Phänomen der Aphasie haben Cassirer in seiner Auffassung bezüglich der Art der Beziehung bestärkt, welche zwischen „der sprachlichen Form der ‚Aussage' und einer im weiteren Sinn logisch-gegenständlichen Richtung unseres Denkens besteht" (*STS* S. 132). Da, wo die Sprache wie im Fall von Aphasie versagt, zeigen sich z. B. charakteristische Defekte der Raum-Auffassung, so daß wir ein Rückfallen in den bloßen Aktions- oder Verhaltensraum registrieren können und von einer Veränderung des Weltbildes sprechen müssen: „Die Gegenständlichkeit erhält durch sie [i. e. die Änderung des Weltbildes als Ganzes, A. G.] gewissermaßen ein anderes ‚Gesicht'. Sie rückt – um es der Kürze halber in den charakteristischen Termini Heideggers zu bezeichnen – von der Sphäre der ‚Vorhandenheit' in die Dimension der ‚Zuhandenheit' zurück." (S. 133, s. u. S. 79)

Wie die sprachliche Form die logisch-gegenständliche Richtung unseres Denkens prägt und damit im Sinne Wilhelm v. Humboldts nicht nur Gegenständlichkeit überhaupt, sondern Weltsichten ermöglicht, so beeinflußt die Sprache als Energie auch den Aufbau wissenschaftlicher Begriffswelten. Diese Thematik hat Cassirer über das in *PSF* I Gesagte hinaus 1942 in seinem Aufsatz „The Influence of Language upon the Development of Scientific Thought" eindrücklich gezeigt.[19] Hier setzt sich Cassirer auch mit dem in der Geschichte der Philosophie immer wieder erhobenen Vorwurf auseinander, daß wir uns beim Versuch, „über die Wirklichkeit nachzudenken, von der Sprache selbst irreführen lassen". Seine Antwort auf dieses Problem lautet, daß die Wunden, die die Sprache dem Denken zufügt, nur durch die Sprache selber geheilt werden können (S. 327/*GuL* S. 315). Damit befinden wir uns nun allerdings bereits an den Pforten zur reinen Bedeutungsfunktion. Hier schafft das Denken Symbole, die dem Bereich der Anschaulichkeit weitgehend entrückt sind und vor allem in der Mathematik und in der sog. symbolischen Logik als Zeichen für durchaus abstrakte Beziehungen verstanden werden. Auch diese Stufe bzw. dieser Übergang erweist sich – wie Cassirer emphatisch sagt – als „neuer Weltentag" (*PSF* III, S. 131) – nämlich als weiterer Schritt weg von der Ebene des Reflexes zu dem der Reflexion.

Nun ist Cassirer zwar durchaus der Meinung, daß sich der Mensch neue Gesichtskreise eröffnet und Beschränkungen früherer Bewußtseinsstrukturen hinter sich läßt. Doch sieht er diesen Prozeß als organische Entfaltung der funktionalen Möglichkeiten. Frühere Formen bzw. Schematisierungen werden demnach nur als Begrenzungen überwunden; sie bleiben aufgehoben und bewahrt. In diesem Sinn wird z. B. die Ausdrucksfunktion als Basis künstlerischen Tuns bewahrt. Doch handelt es sich dabei natürlich nicht um jene Form des Ausdruckserlebnisses, das dem primären Wirklichkeitsbewußtsein zugrunde liegt. Vielmehr handelt es sich beim Kunstschaffen um Weisen des schöpferischen Ausdrucks, wie Cassirer in seinem Ästhetikseminar an der Yale University darzulegen versucht (*SMC* S. 208). Entsprechend gilt, daß auch die Bande zwischen reiner Bedeutung und Anschaulichkeit nicht zerschnitten werden. Wenn wir in der natürlichen Sprache von logischen Beziehungen sprechen, so verwenden wir offenbar Ausdrücke wie „umfassen", die im mythischen Denken noch den welteinkreisenden Lauf des Okeanos bezeichneten oder in der Kosmologie der frühen Denker das Umgebensein der Welt von Luft. Entsprechend haben auch solche logischen Fachausdrücke wie „involve", „implizieren" oder „entail" (wörtl. einschwänzeln) einen konkreten anschaulichen Gehalt, der von früheren Ebenen auf höhere Ebenen übertragen wurde.

3. Vorgehen

Methodisch gesehen orientiert sich die Philosophie der symbolischen Formen an der transzendentalen Fragerichtung (s. S. 28). Diese Orientierung schließt zwar empirische und naturalistische Untersuchungen nicht aus. Doch mißt sie ihnen nur eine beschränkte Bedeutung bei: „Denn wie die reine Erkenntniskritik im besonderen, so fragt die Philosophie der symbolischen Formen im Ganzen nicht nach dieser empirischen Herkunft des Bewußtseins, sondern nach seinem reinen Bestand. Statt seinen zeitlichen Entstehungsursachen nachzugehen, richtet sie sich lediglich auf das, was ‚in ihm liegt'." (*PSF* III, S. 58) Genauer gesagt stehen wir „im Kreise der allgemeinen ‚transzendentalen' Frage: im Kreise derjenigen Methodik, die das ‚quid facti' der einzelnen Bewußtseinsformen nur zum Ausgangspunkt nimmt, um nach ihrer Bedeutung, um nach ihrem ‚quid juris' zu fragen"; und das heißt konkret: „Wir gehen vielmehr von den Problemen des ‚objektiven Geistes', von den Gestalten, in denen er besteht und da ist, aus; aber wir bleiben bei ihnen nicht als bloßem Faktum stehen, sondern versuchen, durch eine rekonstruktive Analyse zu ihren elementaren Voraussetzungen, zu den ‚Bedingungen ihrer Möglichkeit', zurückzudringen." (*PSF* III, S. 67) Sicher gestattet die Frage nach der Bedingung der Möglichkeit von Bedeutung bzw. Bedeutsamkeit keine direkte oder einfache Antwort. Sie bedarf einer Reihe von Klärungen etwa hinsichtlich der Probleme des objektiven Geistes und Vorüberlegungen bezüglich des Gegenstandsbereiches, der als Faktum anzunehmen ist; und der Erfolg des philosophischen Projektes hängt z. T. davon ab, ob Cassirers Überlegungen zur Art seines Projektes plausibel erscheinen.

Da ist zunächst einmal die Voraussetzung, daß die Domäne von Bedeutung – Kultur in den Ausprägungen von Sprache, wissenschaftlicher Erkenntnis, Mythos, Kunst und Religion (*PSF* I, S. 12) – als *ein* Bereich zu verstehen sei. Sicher gilt, daß die einzelnen Gebiete jeweils in ihrer Eigenart erfaßt und voneinander unterschieden werden sollen. Doch müssen sie, wenn immer möglich, auch in ihrer inneren Einheit und Verbundenheit begreifbar werden (S. 16; *EM* S. 222/*VM* S. 336). Diese Verbundenheit zeige sich, wie Cassirer meint, in dem gemeinsamen Ziel, nämlich die bloß „passive Welt der bloßen Eindrücke, in denen der Geist zunächst befangen scheint, zu einer Welt des reinen geistigen Ausdrucks umzubilden" (S. 12). Daran ist auffällig, daß die These selbst offenbar im Lichte von Annahmen begründet wird, die bei der Charakterisierung der Bewußtseinsfunktionen eine Rolle spielen und auch in diesem Kontext beheimatet sind.

Des weiteren ist die Voraussetzung im Spiel, daß die Domäne von Bedeutung, d. h. die Bereiche von Kultur überhaupt – Cassirer spricht hegelianisch vom konkreten Ganzen (S. 15) und von der echten, konkreten Totalität des Geistes (S. 10) – so etwas wie ein „System der mannigfachen Äußerungen des Geistes" (S. 21) sei und füglich in Begriffen der Funktionsweise(n) des Geistes erklärt werden müsse.

Damit wird nun bereits etwas von der methodischen Problematik sichtbar, die Cassirers Unterfangen – nämlich die Ausweitung der Vernunftkritik Kants zu einer Kritik der Kultur – begleitet. Denn die in Rede stehenden Leistungen und Funktionen des Geistes lassen sich jeweils nur auf dem Umweg über kulturelle Gestaltungen ergründen. Nur der Blick auf solche Gestaltungen ermöglicht auch die Klärung der Frage, wie sich derartige Gebilde konstituieren und Realität gewinnen. Doch werden diese Gebilde ihrerseits nur als Leistungen des Geistes hinreichend verständlich: „Der Inhalt eines Kulturbegriffes läßt sich von den Grundformen und Grundrichtungen des geistigen Produzierens nicht loslösen", und in terminologischer Anlehnung an Fichte und Schelling fährt Cassirer fort: „das ‚Sein' ist hier nirgends anders als in ‚Tun' erfahrbar." (S. 11)

Diese Situation hinterläßt einen zwiespältigen Eindruck. Denn um in irgendeiner Weise als „System" oder „organisches Ganzes" (*EM* S. 222/*VM* S. 336) in den Blick geraten zu können, das Rückschlüsse auf notwendige Leistungen des Bewußtseins nahelegt und so auch die Einheit der Erfahrung verständlich macht (*PSF* I, S. 7), muß Kultur ihrerseits in Begriffen eben jener Leistungen beschrieben sein, die erst erklärt werden sollen. Dies weckt Zweifel an der Wirksamkeit der philosophischen Strategie, die ja von der Richtung der transzendentalen Fragestellung her bestimmt ist.[1] Diese Art von Fragestellung kann eigentlich nur da greifen, wo wir es mit unbestreitbaren Zügen der Erfahrung zu tun haben. Nun scheint ja das Erleben von Sinn ein unbezweifelbarer Zug der Erfahrung zu sein. Aber verfügen wir über eine hinreichend exakte Beschreibung solchen Erlebens, um die ‚quid juris'-Frage ansetzen zu können? Wie würden sich Kunst, Mythos, Sprache usw. in ein derartiges Bild einfügen? Ist es nicht eine Sache, etwa die faktische Moral in ihrer Entwicklung zu beschreiben, und eine andere, die Entwicklung moralphilosophischer Konzeptionen nachzuzeichnen? Und käme es nicht darauf an, Kunst als Kunst von Auffassungen über Kunst zu unterscheiden und so auch z. B. Aussagen von Künstlern über ihre Kunst nicht für das zu nehmen, was ihre Kunst ist? Hier zeichnen sich viele Probleme ab, die das Projekt der *Philosophie der symbolischen Formen* belasten und als extrem schwieriges Unterfangen erscheinen lassen. Jedenfalls legt Cassirers Einsatz der transzendentalen Fragerichtung ein eher lockeres Verständnis der von Kant ererbten Methode nahe.[2] Nun war sich Cassirer des hypothetischen Charakters seines Tuns bewußt (*EM* S. 222/ *VM* S. 336) und sah wohl auch die Unabwendbarkeit des hermeneutischen Zirkels. Doch ist es nicht der hermeneutische Zirkel als Spezies der hypothetisch-deduktiven Methode, der hier skeptisch stimmen muß, sondern die Zirkularität in der Begründung. Denn das Faktum selbst (s. S. 29, 47), das erklärt werden soll, steht unter einer Beschreibung, deren Elemente Teil der Beschreibung des Explanans sind und von diesem her gewonnen werden.[3]

Cassirer hätte diese Vorbehalte wohl nicht als wirkliche Schwäche seines Vorgehens angesehen. Wahrscheinlich hätte er geltend gemacht, daß die Natur des Gegenstandsbereiches kaum ein anderes Vorgehen gestatte als die von ihm gewählte Methode. Denn wenn wahr ist, „daß alle Objektivität, alles, was wir gegenständliches Anschauen oder Wissen nennen, uns immer nur in bestimmten Formen gegeben und nur durch diese zugänglich ist, so können wir aus dem Umkreis dieser Formen niemals heraustreten – so ist jeder Versuch, sie gewissermaßen ‚von außen' zu betrachten, von Anfang an hoffnungslos. Wir können nur *in* diesen Formen anschauen, erfahren, vorstellen und denken; wir sind an ihre rein *immanente* Bedeutung und Leistung gebunden" (*WWS* S. 209). Er hätte insbesondere wohl auch geltend gemacht, daß es für den philosophischen Betrachter selbst keinen Standpunkt gebe, der eine klare Trennung zwischen den hier relevanten Ebenen eröffnet.

II. Grundlegende Formen:
Sprache, Mythos und Erkenntnis

1. Allgemeines zur Systematik und Architektonik

Symbolische Formen im oben erwähnten Sinn (s. S. 33) sind nicht etwa „verschiedene Weisen, in denen sich ein an sich Wirkliches dem Geiste offenbart, sondern sie sind die Wege, die der Geist in seiner Objektivierung, d. h. in seiner Selbstoffenbarung verfolgt" (*PSF* I, S. 9). Diese und andere Charakterisierungen sind nicht nur deshalb interessant, weil sie die Frage aufwerfen, ob Cassirer die Wege des Geistes im heutigen Sinn als Weisen der Welterzeugung verstanden wissen wollte und wo genau sein Ansatz im Spektrum der gegenwärtigen Diskussion von Realismus und Anti-Realismus angesiedelt ist (s. S. 172). Sie sind auch insofern wichtig, als der Hinweis auf *die* Wege zugleich die Frage nach Systematik und Architektonik der symbolischen Formen provoziert. Handelt es sich um eine klar bestimmte Anzahl? Sind die Formen im Prinzip gleich wichtig? Besteht ein Verhältnis der Unter- bzw. Überordnung?

Cassirer nennt Sprache, Mythos, Kunst, Religion, Erkenntnis, Technik, Recht, Sitte und einmal auch Wirtschaft. Doch spricht er nicht von einer bestimmten Anzahl. Andererseits gibt es auch Äußerungen, die – wie z. B. diese: „Die verschiedenen Erzeugnisse der geistigen Kultur, die Sprache, die wissenschaftliche Erkenntnis, der Mythos, die Kunst, die Religion werden . . ." (S. 12) – gewisse Einschränkungen nahezulegen scheinen oder geradezu eine generelle Offenheit bedeuten könnten: „Es ist ein gemeinsames Charakteristikum aller symbolischen Formen, daß sie auf jeden beliebigen Gegenstand angewendet werden können." (*MdS* S. 49/ *MS* S. 34)[1] Im einen Fall mag die Verwendung des Ausdrucks „geistige Kultur" eine Qualifikation dergestalt bedeuten, daß an einen bestimmten

Bereich der Kultur gedacht ist. Im anderen Fall scheint impliziert, daß Objekte bzw. Gegenstände überhaupt in beliebiger Weise Gegenstände symbolischer Formung sein können. Dieser Gedanke wäre allerdings kaum zu verstehen. Als Gegenstände irgendeiner Weise von Erfahrung sind Gegenstände bzw. Sachverhalte *ipso facto* das Produkt symbolischer Formung (*LKW* S. 31; s. oben, S. 34); und wenn es, wie im Falle des Beispiels des Linienzugs, korrekt wäre, zu sagen, ein und derselbe Gegenstand fungiere in verschiedener Weise als Zeichen und sei mithin in unterschiedlicher Weise symbolisch geformt, so würde dies noch nicht die Folgerung gestatten, daß sämtliche Dinge auf sämtliche Weise geformt werden oder geformt werden können.

Nun handelt es sich bei den symbolischen Formen um je eigene Weisen von Weltverstehen. Doch kann dies wohl nicht bedeuten, daß sich symbolische Formen nicht auch wechselseitig durchdringen. Cassirer selbst spricht gelegentlich, in Anlehnung an Platons *Sophistes,* von einer Ideen- bzw. Formen-Gemeinschaft (*koinônia tôn eidôn*). Namentlich der Sprache scheint hier ja eine besonders weitgehende Funktion zuzukommen. Insofern ist es vielleicht nicht einmal leicht zu verstehen, daß Sprache – in zeitgenössischer Sicht gilt sie als Horizont und Medium der hermeneutischen Erfahrung überhaupt – nur eine unter den symbolischen Formen sein soll.[2] Nun geht es Cassirer bei dieser Einschätzung von Sprache weder darum, den Einzugsbereich dieser symbolischen Form zu schmälern noch ihre gestalterische Kraft einzuschränken. Vielmehr liegt ihm daran, hier, wie in anderen Fällen, den *sui generis*-Charakter einer jeden symbolischen Form herauszustellen. Was er sagen will, ist nichts anderes, als daß die in Rede stehenden Formen irreduzibel seien. Das schließt aber nicht aus, daß einige symbolische Formen in anderer Hinsicht fundamental sind. So handelt es sich beim Mythos offenbar um jene Weise von Wirklichkeitsverständnis, die den Anfang bildet und den Ausgangspunkt weiterer Entwicklungen darstellt. Dies hängt damit zusammen, daß der Mythos im besonderen Maße als Gestaltung des Ausdrucksbewußtseins in Erscheinung tritt und in dieser Hinsicht als Wiege aller weiteren Entwicklungen angesehen werden muß.

Doch wollte Cassirer dies wohl nicht so verstanden wissen, daß wir es hier mit einer Gestalt zu tun hätten, die ohne Beteiligung anderer Formen Realität gewönne oder als isoliertes Gebilde aufträte. Diese Vorstellung wäre wohl schon deshalb zurückzuweisen, weil auch das mythische Denken sprachlich geprägt ist und Weisen der Erkenntnis herausbildet. Insofern scheint die Annahme unabweisbar, daß auch diese spezifische Weise von Weltverstehen – Cassirer spricht auch von Richtungen des Weltverstehens (*PSF* III, S. 16) – als komplexe Gestalt erscheint. Cassirer selber gibt dieser Überlegung in der Weise Ausdruck, daß er sogar von einem „Gesetz" spricht, „das für alle symbolischen Formen in gleicher Weise gilt und das ihre Entwicklung wesentlich bestimmt. Sie alle treten nicht sogleich als gesonderte, für sich seiende und für sich erkennbare Gestaltungen hervor, sondern sie lösen sich erst ganz allmählich von dem gemeinsamen Mutterboden des Mythos los. Alle Inhalte des Geistes, so sehr wir ihnen systematisch ein eigenes autonomes ‚Prinzip' zugrunde legen müssen, sind uns rein tatsächlich zunächst nur in dieser Verflechtung gegeben" (*WWS* S. 112).

In diesem Sinne also gilt der Mythos als fundamental. Innerhalb dieses Bereiches bildet sich auch die Technik als Verstehensweise aus, die zum Selbstverständnis des Menschen beiträgt: „So bewährt sich immer wieder, daß der Mensch sein eigenes Sein nur so weit erfaßt und erkennt, als er es sich im Bilde seiner Götter sichtbar zu machen vermag. Wie er dadurch, daß er werkzeugbildend und werkbildend wird, das Gefüge seines Lebens und seiner Gliedmaßen zu verstehen lernt, so entnimmt er seinen geistigen Bildungen, der Sprache und der Kunst die objektiven Maße, an denen er sich mißt und durch die er sich als einen selbständigen Kosmos mit eigentümlichen Strukturgesetzen begreift." (*PSF* II, S. 260 f.) Die Rolle des Werkes gewinnt offenbar in den nachgelassenen Entwürfen zum IV. Band der *PSF* besonderes Gewicht. So gilt, daß das Werk im gewissen Sinn als Teil des Ichs zu verstehen sei und daß das Ich überhaupt erst in seinen Werken entsteht.[3] Auf dieser Ebene kristallisiert sich auch Sprache heraus. Sie liegt ihrerseits den Gestaltungen von Dichtung und Erkenntnis zugrunde. Daß Cassirer seine

Darstellung der *Philosophie der symbolischen Formen* mit der Erörterung von Sprache beginnt, dokumentiert die Bedeutung, die er dieser symbolischen Form beimaß. Doch trägt dieses Vorgehen wohl auch der Tatsache Rechnung, daß die Welt der Erfahrung sprachlich vermittelt ist und so auch in ihrer Struktur nur im Blick auf die Sprache verständlich wird, in der sie sich spiegelt. In diesem Sinne steht Cassirers Ansatz bereits im Schatten der sprachlichen Wende, die die Philosophie in diesem Jahrhundert genommen hat.

2. Sprache

Sprache kann in unterschiedlicher Weise Gegenstand philosophischer Erörterung werden. So ist es eine Sache zu fragen, was wir tun, wenn wir Sprache verwenden: Drücken wir Gefühle aus? Versuchen wir, Dinge zu empfehlen und andere Sprachbenutzer zu beeinflussen? Beschreiben wir Dinge? Eine andere Sache ist es, nach der logischen Form von Sätzen zu fragen und die Kategorien der vertrauten Grammatik mit den Unterscheidungen der Logik zu konfrontieren. Wiederum eine andere Sache ist es, die Frage aufzuwerfen, inwieweit das Haben einer bestimmten Sprache möglicherweise das Denken beeinflußt, oder zu fragen, ob und wie philosophische Annahmen bestimmter Art Rückschlüsse bezüglich bestimmter Auffassungen über Referenz und Bedeutung von Ausdrücken erlauben und unter Berücksichtigung solcher Auffassungen besser verständlich werden.

Viele dieser Diskussionen sind erst in der Nachkriegszeit voll entbrannt und entscheidend vorangetrieben worden. Deshalb wäre es sicher übertrieben zu sagen, daß Cassirer alle diese Fragen bereits klar vor Augen standen. Doch kannte er zumindest die *Grundlagen der Arithmetik* von Gottlob Frege, der als Großvater der analytischen Philosophie gilt und in einer der ersten Arbeiten Heideggers lobend Erwähnung fand. Auch kannte er das logische Grundlagenwerk Bertrand Russells, des – wie Michael Dummett es sieht – Onkels der Analytischen Philosophie. In späteren Jahren lernte er Roman Jacobsons linguistische Theorien und Charles Morris' Zeichentheorie kennen und den sog. Neo-Humboldtianismus von Edgar Sapir und dessen Schülern. Insbesondere verfügte Cassirer über unvergleichlich gute Kenntnisse sprachwissenschaftlicher Forschung und klassischer Werke der Sprachphilosophie. All diese Interessen konvergieren in dem Unterfangen, den Erkenntniswert von Sprache zu ergründen (*PSF* I, S. 1 ff.).

Um was es sich bei diesem Unterfangen genau handelt, ist allerdings nicht leicht zu verstehen. Dies mag mit einer gewissen Unklarheit des Ausdrucks „Erkenntniswert" zu tun haben. Offensichtlich meint Cassirer nicht das Phänomen, daß sich in jeder Sprache bestimmte Einsichten oder Weisheiten niederschlagen. Auch interessiert er sich hier nicht für die Vorstellung, daß ein Studium der Wortbedeutungen Aufschluß über das Wesen der Dinge erbringe. Schließlich sollten wir uns durch die Verwendung des Ausdrucks „Erkenntniswert" auch nicht zu der Annahme verführen lassen, daß es hier mittelbar und unmittelbar um die Frage gehe, ob wir durch das Studium von Sprache zu wahren Sätzen über die Wirklichkeit gelangen. Diese Annahme muß schon deshalb fernbleiben, weil Sprache, als symbolische Form, unter dem Gesichtspunkt des Weltverstehens thematisch wird und erklärtermaßen in transzendentaler Absicht untersucht werden soll. Dies heißt nicht mehr und nicht weniger, als daß Sprache daraufhin zu untersuchen sei, wie sich Wirklichkeit in ihr artikuliert, und mithin gefragt werden muß, was sie an sich hat, um die Objektivierungsleistungen erbringen zu können, die sie erbringt.

In diesem Sinn scheint die Ausrichtung der Fragestellung Cassirers besonders gut in dem Titel eines Aufsatzes aus dem Jahre 1932 Ausdruck zu finden: „Die Sprache und der Aufbau der Gegenstandswelt" (*STS* S. 121–151). Zwar bedeutet diese Fragestellung eine gewisse Einengung des Spektrums möglicher Fragen. Dies wird deutlich, wenn wir etwa mit Charles Taylor die Funktion von Sprache generell darin sehen, „Artikulationen zu treffen, um ausdrückliches Bewußtsein hervorzubringen, Dinge in einen öffentlichen Raum zu stellen und diesen dabei zu schaffen, und Unterscheidungen zu treffen, die für menschliche Anliegen wichtig sind und uns dadurch diesem Anliegen zu öffnen."[1] Immerhin werden manche dieser Fragen von Cassirer aufgeworfen, und sei es auch nur im Dienst der leitenden Fragestellung. So diskutiert Cassirer nicht nur die, wie er meint, für den Aufbau der Gegenstandswelt wichtigen Formen von Raum, Zeit und Zahl; er erörtert auch die entsprechenden Ich-Bestimmungen: „Denn in Wahrheit handelt es sich hier um korrelative Anschauungskreise, die sich wechselseitig ihre Grenzen bestimmen. Jede neue Gestalt des Objektiven, wie z.B. seine räumliche, seine zeitliche, seine zahlenmäßige Erfassung und Sonderung ergab zugleich ein verändertes Bild der subjektiven Wirklichkeit und schloß auch an dieser rein ‚inneren' Welt neue Züge auf." (*PSF* I, S. 213) Diese Erörterungen – „Die Phasen des Ichbegriffs" (S. 212 ff.) – sind enorm interessant und faszinieren ganz unabhängig von der übergeordneten Fragestellung.

Hinsichtlich der Sprachentwicklung unterscheidet Cassirer drei Phasen: Sprache in der Phase des sinnlichen Ausdrucks (S. 124 ff.), Sprache in der Phase des anschaulichen Ausdrucks und Sprache in der Phase des begrifflichen Denkens (S. 249 ff.).[2] Diese Phasen lassen sich auch als „dreifache Stufenfolge" charakterisieren, nämlich als Stufen des „mimetischen, der analogischen und des eigentlich symbolischen Ausdrucks" (S. 139). Dabei steht für Cassirer der Gedanke im Vordergrund, daß gesprochene Worte zunächst das sind, worin sich Gefühle äußern. In diesem Sinn ist anzunehmen, daß der „seelische Inhalt und sein sinnlicher Ausdruck" hier „derart in einsgesetzt" erscheinen, „daß jeder nicht schlechthin vor dem anderen als Selbständiges und Selbstgenügsames besteht" (S. 125). Doch anders als im Fall der sog. Tiersprachen, die von Wolfgang Köhler untersucht wurden, gilt im Blick auf menschliche Sprachen, daß Worte hier keineswegs als Interjektion fungieren, sondern eine designative Rolle wahrnehmen. Nur dadurch, daß Worte Bezug auf Dinge haben, ist gewährleistet, daß Sprache den subjektiven Bereich überschreitet und den Blick auf die Welt eröffnet (*EM* S. 116/*VM* S. 181, vgl. *EM* S. 29/*VM* S. 55, vgl. *GuL* S. 284).

Somit scheint klar, daß der Charakter des Mimetischen, den Cassirer hier anzusprechen sucht, genaugenommen zwei Dimensionen hat. Mimetisch können Worte in dem Sinne sein, daß sie innere Zuständlichkeiten zum Ausdruck bringen und verdeutlichen bzw. abbilden; mimetisch können Worte aber offenbar auch in dem Sinne sein, daß sie Gegenständlichkeiten der sog. bewußtseinsunabhängigen Welt z.B. klanglich abbilden und so auf sie verweisen. Daß der Bezug auf Gegenständlichkeiten der äußeren Welt ursprünglich in mimetischer Weise erfolgte, schließt Cassirer aus der Tatsache, daß es in den Gebärdensprachen der Kulturvölker eine Fülle von symbolischen Gebärden gibt, „die den Gegenstand oder die Tätigkeit, die ausgedrückt werden soll, nicht direkt abbilden, sondern ihn nur mittelbar bezeichnen" (*PSF* I, S. 130) und dabei die sprachliche Bezugnahme unterstützen.

Doch bleibt hier eine Unklarheit. Es wird nicht recht deutlich, wie der mimetische Charakter sprachlicher Referenz auf der Basis einer Annahme gewährleistet sein kann, die von einer ursprünglichen Einheit von seelischem Inhalt und sinnlichem Ausdruck (s. S. 56) ausgeht. Inwiefern läßt sich die zweite Dimension des Mimetischen mit der ersten zusammenbringen oder gar als Fall der ersteren plausibel machen? Hier ist wohl an jene Überlegungen zum Wesen der Repräsentation zu denken, die sich am Ende der *Einleitung* zu *PSF* I finden. Danach gilt, daß jede Empfindung die Erinnerung an andere, ähnliche Empfindungen wachruft: wenn jemand schließlich den Klang sprachlich artikuliert, werden mit dem Wort diese und andere Erfahrungen gebündelt und so ein fester Punkt im Strom des Bewußtseins fixiert. In diesem Sinn meinte Cassirer, daß die Worte, die auf Gegenständlichkeiten verweisen und dies in mimetischer Weise tun, gleichwohl ‚seelische Inhalte' ausdrükken und verdeutlichen. Dies tun sie, indem wahrgenommene Eigenschaften des Gegenstandes als Wahrgenommenes abgebildet und verdeutlicht werden. Indem also Wahrgenommenes zum Ausdruck gelangt, diese seelischen Inhalte aber eine Beziehung auf diejenigen Gegenstände aufweisen, die der Wahrnehmung zugrunde liegen, gewinnen die Worte, die den seelischen Inhalten Ausdruck verleihen, *ipso facto* auch mimetischen Bezug.

Nun ist Cassirer wohl nicht der Meinung, daß sprachliche Bezugnahme in der Phase des mimetischen Ausdrucks (s. S. 56) buchstäblich als getreue Abbildung wahrnehmbarer bzw. wahrgenommener Eigenschaften der in Frage stehenden Gegenständlichkeit aufzufassen sei. Denn Wahrnehmung ist nicht nur *per se* selektiv, sondern insbesondere auch durch die Art der Zuwendung auf die Welt bestimmt. Dies bedeutet, daß – worauf die amerikanischen Pragmatisten und später auch Heidegger aufmerksam machten – die jeweilige Erkenntnissituation, in der sich der Mensch befindet, von Interessen, Wünschen usw. geprägt ist; und dies wiederum heißt, daß sich der Mensch genaugenommen nie in einer Situation befindet, die auf eine Abbildung von Gegenständen hin angelegt wäre. Insofern ist anzunehmen, daß „Abbildung" zumindest tendenziell im Sinne von „Gestaltung" verstanden werden müßte.

Dieser Punkt scheint Cassirer da vor Augen zu stehen, wo er den tieferen Facetten des griechischen Begriffes der *mimêsis* nachspürt und jenen Sinnaspekt akzentuiert, der *mimêsis* als Basis künstlerischen Tuns verständlich werden läßt: „die μίμησις gehört, in dieser Art verstanden, selbst bereits dem Gebiet der ποίησις, der schaffenden und gestaltenden Tätigkeit an. Es handelt sich in ihr nicht mehr um die bloße Wiederholung eines äußerlich Gegebenen, sondern um einen freien geistigen Entwurf: das scheinbare ‚Nachbilden' hat in Wahrheit ein inneres ‚Vorbilden' zur Voraussetzung." (S. 131) Es ist dieser Zug, der seiner Meinung nach „bis in die elementaren Anfänge jener scheinbar rein passiven Nachbildung herabreicht" und somit also auch auf der Ebene des sinnlichen Ausdrucks wirksam wird und die elementare Wahrnehmung durchdringt: „Denn auch diese besteht ja niemals darin, einen bestimmten Wirklichkeitsinhalt Zug für Zug bloß nachzuzeichnen, sondern an ihm ein prägnantes Moment herauszunehmen und damit einen charakteristischen ‚Umriß' seiner Gestalt zu gewinnen. Damit aber befindet sich die Nachahmung selbst bereits auf dem Wege zur Darstellung, in welcher die Objekte nicht mehr einfach in ihrer fertigen Bildung hingenommen, sondern in der sie vom Bewußtsein nach ihrem Konstitutivum aufgebaut werden."

Diese Äußerung ist in mehr als einer Hinsicht aufschlußreich. Erstens zeigt sie, daß Cassirer die Phasen, die von den symbolischen Formen durchlaufen werden, ebenso wie die symbolischen Formen selber als „Richtungen" verstanden wissen wollte. Sie markieren nicht Zustände und somit nicht Statisches. Insofern müssen auch die Beschreibungen, die hier im Raum stehen, unter dem Vorbehalt gelesen werden, daß das Beschriebene seinerseits bereits Züge zu erkennen gibt, die über den eigentlichen Beschreibungshorizont hinausweisen und diesen in gewissem Sinn also auch dementieren. Die Komplexität der Situation tritt darin hervor, daß Cassirer seinerseits auch immer wieder die Platonische Charakterisierung des Werdens zum Sein (γένεσις εἰς οὐσίαν) bemüht.[3] Damit gibt er zu verstehen, daß die Rede von den „Wegen" der Selbstoffenbarung des Geistes (s. S. 51) auch in diesem Sinn interpretiert werden müsse. – Zweitens wird etwas von dem deutlich, was Cassirers antirealistische Grundhaltung ausmacht. Der Geist bildet nicht etwa vorgegebene Strukturen ab, sondern bildet Strukturen aus: „Einen Gegenstand in diesem Sinne nachbilden heißt, ihn nicht bloß aus seinen einzelnen sinnlichen Merkmalen zusammenzusetzen, sondern ihn nach seinen Strukturverhältnissen erfassen, die sich nur dadurch wahrhaft verstehen lassen, daß das Bewußtsein sie konstruktiv erzeugt." (S. 132)

Die Ebene der Darstellung ist dann erreicht, wenn der ursprünglich onomatopoetische bzw. mimetische Bezug einer anderen Form von Referenz gewichen ist. Wenn Cassirer hier von einer Stufe des analogischen Ausdrucks spricht, so heißt das: „Hier ist es nicht mehr irgendeine einzelne objektive Qualität des Gegenstandes, die im Laut festgehalten und nachgebildet wird, sondern hier geht die Beziehung, die zwischen Laut und Bedeutung festgehalten wird, durch die Subjektivität des Denkens und Fühlens hindurch. Es besteht keine sachlich aufzeigbare Ähnlichkeit mehr zwischen dem Laut und dem, was er bezeichnet." (WWS S. 180) Zwar zeigt sich, „wie die Sprache auch nachdem sie sich von der bloß onomatopoetischen Art des

Ausdrucks befreit hat, noch immer bestrebt ist, sich dem Bedeutungsgehalt anzugleichen, ihm gleichsam tastend nachzugehen" (S. 182). Doch erscheint, wie Cassirer sagt, auf der höchsten Stufe ihrer Entwicklung dieser Zusammenhang gelöst: „Auf jede Form der wirklichen Nachahmung wird nun verzichtet, statt dessen tritt die Funktion der Bedeutung in seiner Selbständigkeit hervor" (S. 183) und kann die „Gestaltung der Eindrücke zu Vorstellungen" (*PSF* I, S. 150) als vollzogen gelten.

Maßgeblichen Anteil an dieser Entwicklung hat hier die Ausgestaltung der Raumvorstellung. Wie tiefgreifend gerade Elemente der Raumvorstellung auf die Bezeichnung geistiger Prozesse Einfluß genommen haben, zeigt Cassirer am Beispiel solcher Begriffe wie des Begründens und Erörterns, des Vorstellens und Verstehens. Daß sich derartige Prozesse überhaupt in Richtung einer „Gestaltung der Eindrücke zu Vorstellungen" vollziehen können, hat mit der Gestaltung der Demonstrativ-Pronomina zu tun. Sie schaffen die Differenzierung zwischen Inhalten wie Ich, Du und Er auf der einen, und solchen wie der physischen Objektkreise auf der anderen Seite (S. 155). Nur indem „ein Inhalt räumlich bestimmt, indem er durch feste Grenzsetzung aus der unterschiedslosen Gesamtheit des Raumes herausgehoben wird, gewinnt er erst eine eigene Seinsgestalt: der Akt des ‚Heraus-Stellens' und Absonderns, des *existere*, gibt ihm erst die Form selbständiger Existenz" (S. 156).[4] So zeigt sich insbesondere an der Ausbildung des bestimmten Artikels aus der Der-Deixis, daß die Sprache mit der Kraft der Substantivierung auch die Substanzvorstellung fördert und jene Weisen der Objektivierung begünstigt, die für unser Sprechen über die Wirklichkeit charakteristisch ist und im übrigen auch Philosophen in der Annahme bestärkte, die Wirklichkeit gliedere sich in Dinge und Eigenschaften. Diese Konstellation läßt sich mit Alfred J. Ayer folgendermaßen beschreiben: „Es ist nun einmal so, daß wir uns in unserer Sprache nicht auf die wahrnehmbaren Eigenschaften eines Dinges beziehen können, ohne ein Wort oder eine Wendung einzuführen, die offenbar für das Ding selbst steht, als dem entgegengesetzt, was von ihm ausgesagt wird. Demzufolge nehmen diejenigen, die durch den primitiven Aberglauben infiziert sind, daß jedem Namen ein und ein einziges wirkliches Seiendes entsprechen müsse, an, es sei notwendig, logisch zu unterscheiden zwischen dem Ding selbst und einigen – oder allen – von seinen wahrnehmbaren Eigenschaften."[5]

Ähnlich wie die Raumbezeichnungen spielen auch die Unterscheidung zeitlicher Verhältnisse und die sprachliche Entwicklung des Zeitbegriffes eine wichtige Rolle. Cassirer weist darauf hin, daß der Weg zur Ausbildung der Zeit-Partikel Züge des Unmerklichen an sich hat: Weder ist die Grenze zwischen örtlichen Bestimmungen und zeitlichen Bestimmungen je wirklich deutlich, noch scheint das Bewußtsein gegenüber den „spezifischen Unterschieden der Raum- und Zeitform als solchen" empfindlich (S. 171). Insbesondere betont Cassirer, daß die Ausbildung von zeitlichen Bestimmungen zunächst in der Weise Gestalt gewinne, daß Handlungen z. B. als plötzlich einsetzend, sich sprunghaft vollziehend usw. empfunden werden und daß die Sprache diesen Wahrnehmungen durch die Unterscheidungen von Aktionsarten Rechnung trage (S. 180–181). Erst später scheint sich die Unterscheidung von Tempora herausgebildet zu haben und damit auch die Möglichkeit, eigentliche Relationsstufen zu differenzieren. Weitergehende zeitliche Bestimmungen, die Zeit als, wie Cassirer sagt, „bestimmten Größenwert" (S. 183) fassen, setzen freilich die Entwicklung von Zahlworten voraus.

Hier macht Cassirer geltend, daß Zahlbegriffe, „ehe sie zu Wortbegriffen werden, reine mimetische Handbegriffe oder sonstige Körperbegriffe" (S. 187) seien. In den Akten des Zählens bilden sich Schemata der Sukzession heraus, wobei anfangs zwischen „den gezählten Objekten und den Teilen des menschlichen Körpers, die als Zahlausdrücke fungieren," zwar eine bestimmte Zuordnung stattfindet (S. 190). Doch entbehrt dies noch einer Gliederung. Diese würde nämlich voraussetzen, daß das Denken hinsichtlich der gezählten Elemente zum Verständnis einer Homogenität gelangt. Das aber setzt ein hohes Maß an Abstraktion voraus, das sich erst allmählich ausbildet.

Mit der dritten Stufe der Sprachentwicklung vollzieht sich ein „Aufstieg zu allgemeinen Begriffen und Kategorien" (*EM* S. 136/*VM* S. 211). Damit eröffnet sich auch der Weg zu Wissenschaft und Logik; und auf diese Weise erschließen sich auch Regionen, die dem Bereich ursprünglicher Anschaulichkeit denkbar weit entrückt sind. Am Anfang dieser Entwicklung steht die sprachliche Begriffsbildung. Sie macht sich in einer Weise bemerkbar, daß auch von einem teleologischen Sinn gesprochen werden kann. Denn die „Wörter der Sprache sind nicht sowohl die Wiedergabe feststehender Bestimmtheiten der Natur und der Vorstellungswelt, als sie vielmehr Richtungen und Richtlinien des Bestimmens selbst bezeichnen" (*PSF* I, S. 260). Damit bringt Cassirer jenen Gedanken zur Geltung, der bereits erwähnt wurde (s. S. 58): Menschliches Denken bildet nicht eine objektive Wirklichkeit ab, sondern segmentiert und klassifiziert die Dinge nach bestimmten Gesichtspunkten. In diesem Sinn gilt auch für die Form sprachlicher Begriffsbildung: „Hier werden nicht irgendwelche vorhandene, in der Empfindung oder Vorstellung gegebene Unterschiede des Bewußtseins einfach fixiert und mit einem bestimmten Lautzeichen, gleichsam als Marke, versehen, sondern es werden die Grenzlinien innerhalb des Ganzen des Bewußtseins erst selbst gezogen. Kraft der Determination, die das Tun in sich selbst erfährt, entstehen die Determinanten und die Dominanten des sprachlichen Ausdrucks." (S. 261)

So vollzieht sich der Weg vom Sinnlich-Konkreten zum Generisch-Allgemeinen bzw. der Schritt von einer „rein ,qualifizierenden' Auffassung zu einer generalisierenden" Auffassung (S. 262) als Weise der Akzentuierung von Gesichtspunkten. Dies erhellt am Beispiel der individualisierenden Tendenz, wie sie den Sprachen der Naturvölker eignen. Hier finden sich Differenzierungen von Tätigkeitsbegriffen und Dingbegriffen, die im Lichte pragmatischer Gesichtspunkte unterschiedlicher Art sehr plausibel erscheinen. Doch auch entwickelte Kultursprachen wie das Arabische weisen diese Eigenart auf. Auf der Basis derartiger Benennungen entwickeln sich freilich kollektive, nicht aber generische Einheiten (S. 266).

Eigentlich generische Allgemeinheit zeichnet sich da ab, wo „die Sprache, statt sich damit zu begnügen, für bestimmte Anschauungskreise bestimmte Benennungen zu schaffen, nun dazu übergeht, diese letzteren selbst derart zu verknüpfen, daß die sachliche Zusammengehörigkeit von Inhalten sich auch in der Sprachform klar ausprägt". Dies ist bei der Bildung der Verwandtschaftsnamen im Indogermanischen der Fall. Hier werden Gruppen von Bezeichnungen für Vater, Mutter, Bruder, Schwester durch ein klassifikatorisches Suffix *(ter, tar)* markiert und zusammengefaßt. Zwar mag es psychologische Erwägungen geben, die auf bestimmte Motive als Ursachen dieser Entwicklung hinweisen. Doch wird der eigentliche logische Sachverhalt, der nun im Raum steht, davon nicht berührt: „Wenn die Sprache den Umstand, daß bestimmte Inhalte generisch zusammengehören, zur Darstellung bringt, so dient sie damit als ein Vehikel des intellektuellen Fortschritts." (S. 268)

Von hier aus bildet sich auch jene Sprachform aus, die traditionell als Urteil gilt. Damit sind Sätze gemeint, die grammatisch gesehen eine Subjekt/Prädikat-Struktur aufweisen und, wie im Falle von ‚Der Körper ist schwer', eine Beziehung zwischen den syntaktisch an Subjekt- bzw. Prädikatstelle genannten Begriffen „Körperlichkeit" bzw. „Schwere" zum Ausdruck bringen. Diese Beziehung wird in ‚S ist P'-Sätzen vermittels des „ist" signalisiert, das in der älteren Logik als Kopula oder als Verhältniswort bezeichnet wurde und sich als Nukleus der sog. *Seins*-Frage herauskristallisiert hatte. Diese Entwicklung, die mit der Philosophischen Logik in diesem Jahrhundert andere Akzente gewann, hat eine lange Geschichte. So betont Cassirer, daß auch der Sinn von „sein" ursprünglich auf recht konkrete Vorstellungen von Wachstum, Werden, Stehen u. a. zurückweise (S. 298) und somit einen durchaus anschaulichen Gehalt habe. Um so mehr läßt sich das „Herabsinken des Verbum zur Kopula" und zum „bloßen Formwort" (S. 298) als Beleg für die generelle These der *Philosophie der symbolischen Formen* in Anspruch nehmen: „So bewährt sich an dem allgemeinen Beziehungsausdruck, der sich in der Kopula darstellt, die gleiche Grundrichtung der Sprache, die wir in aller sprachlichen Gestaltung der besonderen Beziehungsbegriffe verfolgen konnten. Es ist dieselbe Wechselbestimmung des Sinnlichen durch das Geistige, des Geistigen durch das Sinnliche, das wir auch hier wiederfinden [. . .]." (S. 299)

3. Mythos

Auch die Erörterung des Mythos steht unter einer bestimmten Problemstellung. Der hierbei leitende Gesichtspunkt ist durch die Frage nach der Bedingung der Möglichkeit der Welt des Mythos angezeigt (*PSF* II, S. XII). Diese Frage gilt nicht der Sondierung faktischer Momente, wie sie z. B. die psychoanalytischen Theorien Sigmund Freuds bestimmen (*EM* S. 75/ *VM* S. 120). Sie sperrt sich auch gegen andere reduktionistische Strategien. Was sie ins Auge faßt, sind die Bedingungen, die mythisches Denken *als* mythisches Denken bestimmen. Wie Cassirer im Zusammenhang der Erklärung des Begriffs logischer Allgemeinheit psychologische bzw. psychologistische Erwägungen bezüglich der Genese auf der einen Seite und Fragen der Geltung auf der anderen Seite geschieden wissen wollte, so geht es ihm auch hier um eine Art von Rechtfertigung mythischen Denkens in Begriffen seiner eigenen Richtigkeit als Denkform oder als, wie Heidegger in seiner Rezension von *RSF* II sagt, eine Möglichkeit des menschlichen Seins.[1]

Dies im Auge zu behalten ist deshalb wichtig, weil Cassirer einer der wenigen Philosophen ist, die den Mythos überhaupt ernst nehmen. Doch ist es auch wichtig zu sehen, daß Cassirer keine ethnologischen bzw. anthropologischen Forschungen verfolgt, sondern eine philosophische Deutung dessen anstrebt, was an Daten im Raume steht bzw. stand.[2] Daten und Fakten sind ihrerseits jedoch, wie Cassirer selber gut wußte und auch in seiner Hamburger Rektoratsrede in Erinnerung rief, theorieabhängig: „Diese Wahrheit ist es, die Goethe in dem tiefen Wort zusammengefaßt hat, das Höchste wäre es, zu begreifen, daß alles Faktische schon Theorie ist." (*GuL* S. 210)[3] Damit wird auch deutlich, daß Cassirer bei seinem Vorgehen hier in besonderem Maße der Gefahr ausgesetzt ist, Opfer des eigenen methodischen Anspruchs zu werden. Denn dasjenige, dessen Bedingung der Möglichkeit hier erkundet und ergründet werden soll, ist seinerseits Produkt einer Interpretation und damit in gewisser Weise Konstrukt. Dies gilt um so mehr, als Beschreibungen von Handlungen, Berichte und Beobachtungen, auf denen die ethnologische Forschung fußt, hermeneutisch gesehen heikle Probleme bergen. Dank der metatheoretischen Arbeiten von Clifford Geertz[4] und anderer sind diese Problematiken nun auch Teil der ethnologischen Reflexion.[5] Die Autoren, auf die Cassirer Bezug nimmt – u. a. James Frazer, Edward B. Tylor, Lucien Lévy-Bruhl u. a. –, waren in dieser Hinsicht naiv.[6]

Anders als im Falle der Entwicklung der Sprachformen, die in Begriffen des mimischen, analogischen und symbolischen Ausdrucks beschrieben wurde (s. S. 56) und, so betrachtet, den Leistungen der Ausdrucks-, Darstellungs- und Bedeutungsfunktion des Bewußtseins entspricht (s. S. 41), scheint die mythische Welt von Cassirer wesentlich in Analogie zur ersten Phase gesehen zu werden. Dies zeigt sich u. a. darin, daß Cassirer die Identifikation von Bild und Sache (s. S. 42 f.) als Charakteristikum mythischer Denkweise ansieht und die Trennung von Bild und Sache als eigentlichen Anfang des spezifisch religiösen Bewußtseins versteht (*PSF* II, S. 285). In diesem Sinn vollzieht die Religion „den Schritt, der dem Mythos fremd war: indem sie sich der sinnlichen Bilder und Zeichen bedient, weiß sie sie zugleich als solche, als Ausdrucksmittel, die, wenn sie einen bestimmten Sinn offenbaren, notwendig zugleich hinter ihm zurückbleiben, die auf diesen Sinn ‚hinweisen‘, ohne ihn jemals vollständig zu erfassen und auszuschöpfen" (S. 286).

Diese Einstellung entspricht aber der Darstellungsfunktion des Bewußtseins. Doch scheint auch die Bedeutungsfunktion zu ihrem Recht zu kommen. Und zwar sieht Cassirer im Phänomen der Mystik den Versuch, „den reinen Sinn der Religion als solcher, unabhängig von jeder Behaftung mit der ‚Andersheit‘ des empirisch-sinnlichen Daseins und der sinnlichen Bild- und Vorstellungswelt, zu gewinnen" (S. 298). Dies deutet darauf hin, daß in der mystischen Einstellung ein reines Symbolverständnis wirksam wird, wie es *mutatis mutandis* auch das reine Denken der Logik bestimmt.

Daß die spezifisch mythische Sichtweise an die Ausdrucksfunktion des Bewußtseins gebunden sei und mithin in Analogie zur Phase des mimisch-mimetischen Ausdrucks betrachtet werden müsse, ist vielleicht nicht zwingend. Doch gibt es wohl wenigstens zwei Gesichtspunkte, die diesen Gedanken nahegelegt haben mochten. Der eine betrifft die Identifikation von Bild und Sache, der andere die Identifikation von Name und Sache. Beide Phänomene deuten auf die magische Ingredienz der mythischen Wirklichkeitssicht: Wie das Bild des abwesenden Feindes durchbohrt wird, um den Feind unmittelbar zu treffen, so gilt der Besitz des Namens einer Sache als Besitz der Sache (S. 50–54). In beiden Fällen ist das Verhältnis zwischen dem einen und anderen offensichtlich nicht eine Beziehung der Darstellung, sondern eine der Stellvertretung. Dies spricht in der Tat dafür, daß die Wirklichkeitssicht innerhalb der Welt des Mythos von einer Bewußtseinsform geprägt ist, die jene Unterscheidungen, die für die Darstellungsfunktion charakteristisch sind, nicht vollzieht.

Positiv gewendet läßt sich hier vielleicht von einer homogenen Form der Wirklichkeit sprechen, die als Präsenz der Inhalte charakterisiert werden könnte. So sagt Cassirer: „Es gibt keine verschiedenen Realitätsstufen, keine gegeneinander abgegrenzten Grade objektiver Gewißheit. Dem Bild der Realität, das auf diese Weise entsteht, fehlt somit gleichsam die Tiefendimension – die Trennung von Vordergrund und Hintergrund, wie sie sich im empirisch-wissenschaftlichen Begriff, in der Scheidung des ‚Grundes‘ vom ‚Begründeten‘ in so charakteristischer Weise vollzieht." (S. 47–48) Dem entspricht die Annahme, daß die Wahrnehmung im mythischen Denken ihrerseits nicht vom Bewußtsein solcher Unterschiede wie dem zwischen ‚wirklich‘ und ‚bloß vorgestellt‘ durchfurcht oder begleitet ist. Dieser Punkt ist um so plausibler, wenn Rolle und Funktion von Traumerlebnissen bedacht werden. Offensichtlich bestehen hier schwebende Unterschiede (S. 48), wie die Welt des Mythos generell dadurch charakterisiert zu sein scheint, daß Zusammenhänge bestehen, die im späteren Denken aufgelöst werden.

Dies betrifft nicht nur die Beziehung, die zwischen Lebenden und Toten besteht (S. 49); es betrifft auch die Verwandtschaft zwischen Mensch und Tier: „Für frühe Stufen der mythischen Weltauffassung besteht noch nicht irgendein scharfer Schnitt, der den Menschen von der Gesamtheit des Lebendigen, von der Tier- und Pflanzenwelt abschneidet." (S. 213) Konstitutiv scheint hier die Vorstellung einer, wie Cassirer sagt, sympathetischen Magie. Danach „besteht eine durchgängige Verknüpfung, ein echter Kausalnexus zwischen allem, was durch räumliche Nachbarschaft oder durch seine Verbundenheit zu demselben dinglichen Ganzen noch so äußerlich als ,zusammengehörig' bezeichnet ist." (S. 67)

Hier nun stellt sich die Frage, wie homogen die Form der Wirklichkeit der mythischen Weltsicht tatsächlich ist und wie homogen die Art der Wahrnehmung sein kann, die einer solchen Weltsicht zugrunde liegt. Daß die letztere Frage ein Problem birgt, wurde bereits in der *Einleitung* deutlich (s. S. 43). Da ging es um die Überlegung, ob jene Art von Wahrnehmungen, die in den Praktiken von Technik und anfänglicher Wissenschaft involviert sind und diese in gewissem Sinn erst ermöglichen, problemlos als Manifestationen des sog. Ausdrucksbewußtseins beschrieben werden könnten. Vielleicht hat Cassirer dieser Frage einfach zu wenig Beachtung geschenkt. Dies mag damit zu tun haben, daß er vor allem jene Beschreibungen ,primitiven Denkens' als prälogischen Denkens im Blick hatte, die Lucien Lévy-Bruhl vermittelte, und Bronislav Malinowskis Forschungen erst später kennenlernte. Vielleicht hätte er die Frage selbst eher als ein Mißverständnis seiner Position empfunden und geltend gemacht, das Faktum der Dominanz einer Bewußtseinsfunktion bzw. symbolischen Form sei keineswegs so zu verstehen, daß nicht auch andere Bewußtseinsfunktionen bzw. symbolische Formen das Denken bestimmen können und z. T. auch schon prägen.

Daß Cassirer in dieser Richtung argumentiert haben mochte, liegt schon deshalb nahe, weil z. B. die Kunst in seinen Augen stark an die Ausdrucksfunktion gebunden ist und doch nicht allein in Begriffen dieses Denkens beschrieben werden kann (s. S. 88). In anderer Hinsicht ließe sich aber auch auf die Situation verweisen, die Cassirer in seinem nachgelassenen Werk *Der Mythos des Staates* zu erhellen suchte. Hier geht es um den Befund, daß mythisches Denken sozusagen Hand in Hand mit Wissenschaft und Technik sowie ausgeklügelten Systemen wirkungsvoller Public Relations die Lebenswelt Nazi-Deutschlands durchdringt.[7] Daß derartige Phänomene in der Tat Phänomene ein und derselben Lebenswelt sein können, ist kaum zu bestreiten. So scheint gerade die heutige Zivilisation sehr stark von einer Interferenz gänzlich verschiedener Beschreibungshorizonte bestimmt. Auf der einen Seite haben wir die Elemente objektiver Sichtweisen, die daraufhin angelegt sind, Dinge ohne Bezug auf subjekt-relative Eigenschaften und Tatsachen zu beschreiben, auf der anderen Seite die Elemente von Sichtweisen, die ihrerseits an die Innen- oder Binnenperspektive des Lebens gebunden sind und somit eine Beziehung auf Gefühle, Empfindungen usw. zum Ausdruck bringen.

Auch diese Situation – gepaart mit der Erkenntnis, daß die Elemente des Bildes, das wir uns von der Wirklichkeit und uns selbst in ihr machen, nicht zusammenpassen – zeigt, daß es naiv wäre, die *Philosophie der symbolischen Formen* als Plädoyer etwa für eine klare Demarkierung unterschiedlicher *und* ausschließlicher Bewußtseinsformen im Leben selbst zu verstehen. Der von Cassirer gemeinte Sachverhalt läßt sich also, um einen historischen Vergleich zu suchen, nicht an Plotins Unterscheidung dreier Bewußtseinsstufen (Seele, Geist, Einheit) illustrieren, sondern an Platons These vom Zusammenwirken dreier seelischer Funktionen (Begierde, Meinung, Wissen). Gleichwohl bleibt der Vorbehalt im Raum. Nicht daß Cassirer der Komplexität von Situationen nicht Rechnung trüge, wäre zu bemängeln, sondern daß er nicht wirklich zeigt, wie es auf dem Boden seiner Annahmen zu Situationen der beschriebenen Art kommen kann.

Diese Überlegungen führen uns zur Frage zurück, wie homogen die Form der Wirklichkeit der mythischen Weltsicht tatsächlich ist (s. S. 67). Cassirer betont zwar u. a. das Phänomen allgemeiner Verbundenheit. Doch geht er seinerseits von der Annahme wenigstens eines „Grundgegensatzes" aus (S. 93 ff.). Dieser Gegensatz betrifft das Heilige und das Profane: „Indem alles Sein und Geschehen auf den einen Grundsatz des ‚Heiligen' und ‚Profanen' projiziert wird, gewinnt es in dieser Projektion selbst einen neuen Gehalt – einen Gehalt, den es nicht von Anfang an einfach ‚hat', sondern der ihm in dieser Form der Betrachtung, gewissermaßen in dieser mythischen ‚Beleuchtung', erst erwächst." (S. 96) Nun betrifft dieser Grundsatz – Cassirer spricht in Anlehnung an die Tradition des frühen Deutschen Idealismus auch von einer Urteilung (S. 100, 310) – erklärtermaßen den Inhalt der Wirklichkeit und nicht etwa deren Form. So betont Cassirer auch, daß die Art von Absonderung, die sich im Bewußtsein des Heiligen vollziehe, rein qualitativer Natur sei und keineswegs eine scharfe Grenzziehung bedeute, die die Welt „in ein ‚Diesseits' und ein ‚Jenseits', in eine lediglich ‚empirische' und eine ‚transzendente' Sphäre teilt" (S. 95).

Doch liegt hier ein Problem. Denn das Heilige birgt den Kern der Religion und damit auch den Kern der Darstellungsfunktion des Bewußtseins (s. S. 65). Mit dieser Verlagerung der Bewußtseinsfunktion ist freilich eine Veränderung im Aufbau der Welt verbunden; und eine solche Veränderung *ist* eine Veränderung der Form der Wirklichkeit. Cassirer kann diesen Einwand insofern abwehren, als er den Einbruch des Heiligen als Geschehen noch diesseits der Darstellungs- und Bedeutungsfunktion ansiedelt (S. 99). Denn die Art und Weise, wie sich der Gegensatz manifestiert, weist in seinen Augen auf die Mana-Vorstellungen zurück – nämlich auf die Annahme einer besonderen übernatürlichen Kraft, die erstmals bei den Melanesiern entdeckt wurde, aber auch sonst offenbar verbreitet ist (*WWS* S. 128) –, und bei dieser Vorstellung samt dem ihr zugehörigen Tabu-Begriff handle es sich sozusagen „um ‚primäre' Interjektionen des mythischen Bewußtseins" (*PSF* II, S. 99).

Es ist dieser Grundgegensatz, der auch die ursprüngliche Raumvorstellung der mythischen Welt bestimmt. Denn im mythischen Anschauungsraum „ist jeder Ort und jede Richtung gleichsam mit einem besonderen Akzent versehen – und dieser geht überall auf den eigentlichen mythischen Grundakzent, auf die Scheidung des Profanen und des Heiligen zurück" (S. 106). Dabei hat man sich den Prozeß der Raumgestaltung auf dieser Ebene als „Übertragung wahrgenommener und gefühlter Qualitäten in räumliche Bilder und Anschauungen" vorzustellen (S. 107). Beispiele dieser Art sind Gruppierungen sämtlicher Dinge nach Totem-Zugehörigkeit, so insbesondere „in der Form der totemistischen Siebengliederung, die durch die ganze Welt hindurchgeht" (S. 108) und eine Gesamteinteilung der Natur der körperlichen Stoffe und einzelner Phasen des Geschehens bedeutet: „Dem Norden gehört die Luft, dem Süden das Feuer, dem Osten die Erde, dem Westen das Wasser an; der Norden ist die Heimat des Winters, der Süden des Sommers, der Osten Heimat des Herbstes, der Westen die des Frühlings usf. Nicht minder gehen die einzelnen Stände, Berufe und Verrichtungen in das gleiche Grundschema ein: der Krieg und der Krieger gehören dem Norden, die Jagd und der Jäger dem Westen, die Medizin und Agrikultur dem Süden, die Magie und Religion dem Osten zu."

Diese Siebengliederung, die uns bei den Zunis in Neu Mexiko begegnet, spiegelt sich auch in der äußeren Lebensweise des Stammes (*WWS* S. 26–30). Anders als Emile Durkheim in seiner Arbeit *Les formes élémentaires de la vie religieuse* (1912) sieht Cassirer in dieser Teilung mehr als die totemistische Teilung der Gesellschaft. Dafür spricht in seinen Augen die Tatsache, daß sich die gleichen Formen der Einteilung auch in Kulturen finde, deren Lebens- und Denkweise nicht totemistisch bestimmt ist. Aufschlußreich ist hier insbesondere die Beobachtung von Gesichtspunkten, die einen Vergleich mit dem Weltzonen-Denken der babylonischen Astrologie nahelegen oder den Prinzipien jener Tabelle im medizinischen Werk *Su Wen,* die ein System der Korrelationen von Himmelsrichtungen, Elementen, Farben und Gemütszuständen aufweist (*WWS* S. 30–31). In diesen und anderen Vorstellungen kommen Orientierungsleistungen von beträchtlicher Tragweite zum Ausdruck: „Da alle Arten und Gattungen des Seins irgendwo im Raume ihre ‚Heimat‘ haben, hebt sich dadurch auch ihre gegenseitige absolute Fremdheit auf: die örtliche ‚Vermittlung‘ führt zur geistigen Vermittlung zwischen ihnen, zu einem Zusammenschluß aller Differenzen in einem großen Ganzen, in einem mythischen Grundplan der Welt." (*PSF* II, S. 109)

Daß derartige Orientierungsleistungen möglich werden, ist keineswegs selbstverständlich. Was sie hier möglich macht, ist die physisch-räumliche Entsprechung zwischen Mensch und Welt im Falle der räumlichen Orientierung der Sprache (*PSF* I, S. 160 ff.). Wie die Ausdrücke für ‚Vorn‘, ‚Hinten‘ usw. die Anschauung des eigenen Körpers widerspiegeln, so scheint auch die mythische Gliederung des Raumes und seine Gestaltung zu einem organischen Ganzen „im Bilde des menschlichen Körpers und seiner Organisation" durchsichtig (*PSF* II, S. 112). Doch ist damit wohl nur eine Komponente genannt. Sie beschränkt sich auf die Struktur der räumlichen Gegebenheiten der mythischen Welt und verdeutlicht den Aufbau der mythischen Gegenstandswelt. Dabei bleibt außer Betracht, was man als Tiefendimension der mythischen Welt charakterisieren könnte (S. 130). Die Tiefendimension ist mit der Kategorie des Heiligen vorgegeben: „alle Heiligkeit des mythischen Seins geht zuletzt in die des Ursprungs zurück." Mit der Frage nach dem Ursprung ist aber bereits die Form zeitlicher Orientierung vorausgesetzt – wie überhaupt „Mythos" seiner „Grundbedeutung nach keine räumliche, sondern eine rein zeitliche Ansicht" in sich schließt (S. 129).

Insofern scheint es richtig, mit Heidegger zu sagen: „Noch ursprünglicher als der Raum ist die Zeit für das mythische Denken konstitutiv". Konstitutiv ist Zeit nämlich als Rechtfertigung nicht nur der Belange menschlich sozialen Daseins, sondern auch des Seins überhaupt und damit auch der Welt und ihrer Ordnung. Ist es einmal gelungen, relevante Aspekte in die Dimension der Vergangenheit zu versetzen und dort zu verankern, so bedürfen sie keiner weiteren Rechtfertigung: „Die Vergangenheit selbst hat kein ‚Warum‘ mehr: Sie ist das Warum der Dinge. Das eben unterscheidet die Zeitbetrachtung des

Mythos von der Geschichte, daß für sie eine absolute Vergangenheit besteht, die als solche der weitergehenden Erklärung weder fähig noch bedürftig ist." (S. 131–132) Obschon Zeit also für das mythische Denken in besonderem Maße konstitutiv zu sein scheint, ist es wichtig zu sehen, daß die Genese zeitlicher Orientierung die Orientierung im Raum voraussetzt (S. 132). Wie schon im Zusammenhang der Ausbildung zeitlicher Orientierungsbegriffe deutlich wurde (s. S. 61), kristallisieren sich die Momente zeitlicher Betrachtung gewissermaßen aus dem Geflecht räumlicher Anschauungen heraus.

Im mythischen Denken geschieht dies im Blick auf den Wechsel von Tag und Nacht, Licht und Dunkel. Entsprechend artikuliert sich auch die Auffassung einzelner zeitlicher Abschnitte an der Scheidung und Kreuzung jener Ost-West-Linie, die die Sonne beschreibt, durch die Nord-Süd-Linie. Davon zeugt auch die Verwendung solcher Worte wie ‚templum‘, ‚tempus‘ und ‚themenos‘, die ursprünglich konkret eine Schneidung oder Kreuzung von Balken bedeuteten, dann auf den Raum selber übertragen wurden und schließlich, wie im Falle von ‚tempus‘, über die Bezeichnung des Himmelsabschnittes (z. B. Ost) und die Bestimmung von Tageszeiten (z. B. Morgen) zum Ausdruck von Zeit überhaupt wird (S. 132). Auf dem Hintergrund dieser Entwicklung wird auch verständlich, daß die mythische Zeitauffassung ähnlich wie auch die Raumanschauung „durchaus qualitativ und konkret, nicht quantitativ und abstrakt" gefaßt ist: „Für den Mythos gibt es keine Zeit, keine gleichmäßige Dauer und keine regelmäßige Wiederkehr oder Sukzession ‚an sich‘, sondern es gibt nur bestimmte inhaltreiche Gestaltungen, die ihrerseits bestimmte ‚Zeitgestalten‘, ein Kommen und Gehen, ein rhythmisches Dasein und Werden offenbaren." (S. 133) Diese Form der Gliederung bestimmt auch die Praktiken des Rituals, begründet die Beobachtung ‚kritischer Zeiten‘ und schafft so das spezifisch mythische Zeitgefühl, „das zwischen der subjektiven Lebensform und der objektiven Anschauung der Natur die Brücke schlägt" (S. 135).

Neben Raum und Zeit ist schließlich auch die Funktion der Zahl als, wie Cassirer sagt, „Formmotiv" (S. 169) zu beachten.

Wie im theoretischen oder logischen Denken dient die Zahl dem mythischen Denken als Beziehungsfunktion. Nur erscheint die Beziehung dort eben nicht als Beziehung, sondern als eine Art von Gegenstand, „der mit Eigenschaften und Kräften ausgestattet ist" (S. 172). Diese Sichtweise entspricht der Grundform mythischer Hypostasierung und exemplifiziert den Hang zum begrifflichen Realismus.[8] Wie im theoretischen Denken erscheint die Zahl hier zudem als Medium der Vergeistigung. Doch handelt es sich hier weniger um ein Ordnungsprinzip denn um ein „Vehikel der spezifisch religiösen Sinngebung" (S. 173). Dies entspricht dem magischen Charakter der mythischen Weltsicht und begründet die Möglichkeit, scheinbar gleichgültige Gegenstände und Gegebenheiten auszuzeichnen und mit der Aura des Sakralen zu umgeben. Offensichtlich ist die Magie ihrerseits zu einem großen Teil selber Zahlen-Magie: „Wie die Astronomie auf die Astrologie, wie die Chemie auf die Alchemie, so geht in der Geschichte des menschlichen Denkens die Arithmetik und Algebra auf eine ältere Form der Zahlenlehre, auf eine Wissenschaft der Almacabala zurück." (S. 173–174)

Wie stark und wirkungsvoll diese magisch-spekulativen Tendenzen sein können, zeigt sich in der antiken Philosophie bei den Pythagoreern und in der Renaissance bei Giordano Bruno. Mehr noch ist die offenbar weitverbreitete Idee des dreieinigen Gottes zu nennen oder die Heiligung der Zahl Sieben im babylonisch-assyrischen Raum (S. 175).

Doch trifft auch auf dieses Formmotiv zu, was im Zusammenhang der Entwicklung sprachlicher Zahlbegriffe hervortrat (S. 55): Zahlenverhältnisse manifestieren sich an konkret-anschaulichen Gegebenheiten, und diese weisen ihrerseits auf die personale Sphäre zurück (S. 176–177); und hier gilt wiederum, daß der Mensch „das Universum seines Inneren nur dadurch zu entdecken und für sein eigenes Bewußtsein zu bestimmen vermag, daß er es in mythischen Begriffen denkt und in mythischen Bildern anschaut" (S. 238). Dieser Gedanke birgt Cassirers zentrale Grundüberzeugung bezüglich der Eigenart von Konstitutionsprozessen: „Das Ich drückt nicht nur seine eigene, ihm von Anfang an gegebene Form den Gegenständen auf, sondern es findet, es gewinnt diese Form erst in der Gesamtheit der Wirkungen, die es auf die Gegenstände übt und die es von ihnen zurückempfängt." (S. 239) Was für Konstitutionsprozesse überhaupt gilt, gilt auch für die Beziehung zwischen Gottheit und Mensch: „Denn der Mensch überträgt nicht einfach seine eigene fertig ausgebildete Persönlichkeit auf den Gott und leiht diesem nicht schlechthin sein eigenes Selbstbewußtsein: sondern die Gestalt seiner Götter ist es, an denen er dieses Selbstbewußtsein erst findet." (S. 253) Nun zeigt nicht nur die Vielfalt der mythischen Götterwelt, sondern auch die weitere geschichtliche Entwicklung religiösen Denkens, daß es sich bei den Auffassungen des Ich und seiner Gegenstände durchaus um variable Größen handelt. Dieser Punkt zieht sich durch Cassirers gesamtes Denken. Besondere Bedeutung erlangt er freilich im Zusammenhang jener Untersuchungen, die das Verhältnis von Subjekt und Objekt unter den Bedingungen von Erkenntnissituationen beschreiben. Dies geschieht in der *Phänomenologie der Erkenntnis*.

4. Erkenntnis

Mit dem Titel ‚Phänomenologie der Erkenntnis' stellt Cassirer *PSF* III ausdrücklich in die Tradition Hegels. Dieser hatte in seiner *Phänomenologie des Geistes* das Bild einer ziemlich genau definierten Abfolge von Wissens- bzw. Erkenntniskonzeptionen gezeichnet. Er glaubte, in diesem Bild nicht nur die Gesamtheit aller historischen Konstellationen erfaßt und angemessen beschrieben, sondern auch die Möglichkeit all dessen ausgeschöpft zu haben, was es über Wissen zu sagen gibt. Mit Hegel teilt Cassirer die Vorstellung, daß die Abfolge der Erkenntniskonzeptionen nicht erratisch sei, sondern als Entwicklung verstanden werden müsse.[1] Anders als Hegel glaubte Cassirer, daß sich die Entwicklung der Konzeptionen nicht in den Begriffen dialektischer Konstellationen vollziehe, sondern, zumindest in der Hauptsache, nach den Prinzipien jener Phasen, die die symbolischen Formen als Richtungen bestimmen.

Mit Hegel teilt Cassirer zudem die Vorstellung vom Wahren als Ganzen (*PSF* III, S. VI). Wie Hegel in der ‚Vorrede' zur *Phänomenologie des Geistes* den wahren Sachverhalt, der sich bezüglich der Fragestellung enthüllen würde, als Resultat und demnach als Schlußpunkt einer Entwicklung verstanden wissen wollte, so meint auch Cassirer, daß etwas, was wesentlich als Abschluß zu begreifen sei, nicht isoliert ins Auge gefaßt werden dürfe. Doch gibt es auch hier Unterschiede. Hegel meinte, am Ende der *Phänomenologie des Geistes* mit der Konzeption des Absoluten und des absoluten Wissens zu einem folgerichtigen und definitiven Abschluß gelangt zu sein. Diese Konzeption stellt zugleich den Forschungsstand bezüglich des Wesens der Wirklichkeit und unseres Wissens von ihr dar, an dem sich andere Denker gegebenenfalls messen müßten. Anders Cassirer innerhalb der *Philosophie der symbolischen Formen:* „Die Wirklichkeit für uns scheint nicht anders als in der Eigenart dieser Formen faßbar zu werden; aber darin liegt zugleich, daß sie sich in ihnen ebensowohl verhüllt wie offenbart." (S. 3) Somit kann Cassirer für sich allenfalls in Anspruch nehmen, sämtliche relevanten Aspekte aufgezeigt zu haben, unter denen Wirklichkeit erfahren bzw. faßbar wird. Doch hat er seinen Ansatz – die *Philosophie der symbolischen Formen* – um 1929, da der III. Band in den Druck ging, nicht gegen andere philosophische Konzeptionen verteidigt, geschweige denn diese kritisiert. Dies hatte er sich für eine eigene Veröffentlichung ‚*Leben*' *und* ‚*Geist*' – *zur Kritik der Philosophie der Gegenwart* vorbehalten (S. IX).[2]

Die Stationen, die die symbolische Form Erkenntnis durchläuft, entsprechen den drei Hauptteilen von *PSF* III: ‚Ausdrucksfunktion und Ausdruckswelt' (S. 53–121), ‚Das Problem der Repräsentation und der Aufbau der anschaulichen Welt' (S. 125–324) und ‚Die Bedeutungsfunktion und der Aufbau der wissenschaftlichen Erkenntnis' (S. 329–560). Ähnlich wie Hegel beginnt Cassirer seine Erörterungen auf der Ebene elementarer Wahrnehmungen; und ähnlich wie Hegel in seiner Kritik der sinnlichen Gewißheit zu Beginn des Bewußtseinskapitels geltend macht, daß auch die Sinnes-Wahrnehmung begrifflich durchtränkt sei,[3] zeigt Cassirer, daß die Sinnlichkeit niemals „als bloß Vor-Geistiges oder gar als ein schlechthin Un-Geistiges gedacht werden" könne (S.71). Beide wenden sich damit gegen die in der Tradition des klassischen Empirismus seit Epikur geläufige Annahme von rein passiven, vernunftlosen, unmittelbaren Wahrnehmungen; und ähnlich wie Hegel damit auf Probleme im Zusammenhang des Dingverständnisses hinweist, setzt Cassirer diese Überlegung gegen die Annahme ein, daß es sich bei wahrgenommenen Inhalten *ipso facto* um Eigenschaften des Dinges handle und sich letzteres gewissermaßen aus diesen zusammensetze.

Auf der hier relevanten Ebene der Sinneswahrnehmung befinden wir uns noch diesseits der Gliederung der Wirklichkeit nach Dingen und Eigenschaften (S.71). Die Art und Weise der Weltbetrachtung, die als theoretisches Korrelat der mythischen Weltansicht fungiert, ist nämlich dadurch charakterisiert, daß sie „die Welt noch in einem anderen und in einem ursprünglicheren Sinne" hat, „sofern sie sich [...] als reines Ausdrucksphänomen offenbart" (S.73). Dies bedeutet unter anderem, daß dasjenige, was hier „als ‚Wirklichkeit' dasteht", nicht „ein Inbegriff von Dingen" ist, „die mit bestimmten ‚Merkmalen' und ‚Kennzeichen' versehen sind, an denen sie sich erkennen und voneinander unterscheiden lassen", sondern wie im Mythos „eine Mannigfaltigkeit und Fülle ursprünglich ‚physiognomischer' Charaktere" (S.80). All dies hat wenig oder nichts mit den sog. Impressionen sensualistischer Wahrnehmungstheorien zu tun (S.77). Denn Ausdrucksphänomene in dem für Cassirer relevanten Sinn sind Erscheinungen, die „in sich selbst einen bestimmten Charakter" aufweisen, z.B. „Züge des Düsteren oder Heiteren, des Erregenden oder Sänftigenden, des Beruhigenden oder Furchteinflößenden" (S.85). Diese Züge – Cassirer spricht auch von Ausdruckswerten bzw. Ausdrucksmomenten – „haften" sozusagen „den erscheinenden Inhalten selbst an". Damit will Cassirer jenen Theorien den Boden entziehen, die diese Bestimmungen z.B. als Produkte von Deutungen erklären und sie so ansehen, als träten sie zu den bloßen Daten der Empfindung gewissermaßen hinzu. Denn genau diese Art der

Betrachtung verfehlt in Cassirers Augen die Sprache der Phänomene und verkehrt so die natürliche Ordnung. Dies gilt auch
im Verhältnis zur Dingwahrnehmung. Innerhalb des eigentlichen Erlebnishorizontes hat die Ausdruckswahrnehmung gegenüber der Dingwahrnehmung nicht nur psychologisch gesehen Priorität. Sie verfügt auch über Priorität in der Sache
(S. 94).

Um so dramatischer erscheint der Wandel, der sich im Horizont der Darstellungsfunktion des Bewußtseins abzeichnet. Die
Veränderung des Bezugspunktes bedeutet nämlich einen Wandel im Phänomen: „Die farbige Qualität als solche wird jetzt
zum bloßen ‚Akzidens‘, das auf seinen Träger, auf das bleibende
Substrat, dem es anhaftet, hinweist." (S. 157–158) Dieser Wandel
im Phänomen selbst – die Tatsache, daß das sinnliche Phänomen
repräsentativen Charakter annimmt und zu einem Träger der
Darstellungsfunktion wird – rührt daher, daß die ursprünglich
einheitliche Erscheinung bestimmte Differenzierungen erfährt
und sozusagen einen Vordergrund und einen Hintergrund erhält. In diesem Sinne wird die Farbe zur Oberflächenfarbe und
erscheint als Beschaffenheit eines Dinges. Damit, daß sich die,
wie Cassirer auch sagt, einheitliche Anschauung in einen konstanten und in einen variablen Faktor zerlegt, verändert sich
auch das Objekt des Sehens (S. 163).

Diese Veränderung in der Perspektive zeigt sich auch an den
Auffassungen von Raum und Zeit. Solange die Raumansicht
nämlich wie im Mythos „in die Farbe des Gefühls und der subjektiven Empfindung" eingetaucht ist, erscheinen die einzelnen
Orte nur durch bestimmte „qualitative und fühlbare Charaktere
unterschieden" (S. 177). Wird aber „der Strom der sukzessiven
Erlebnisse gewissermaßen angehalten" und „das Wandelbare als
Darstellung für ein Beharrliches genommen" (S. 179/180), so
wird der Raum zum Gegenstandsraum (S. 181) und damit zum
„Medium der empirischen Gegenständlichkeit" (S. 179). Ähnlich läßt sich auch für die Auffassung von Zeit ein Wandel von
der reinen „Erlebnis-Zeit" zur „Ding-Zeit" ausmachen (S. 197).
Wie nämlich im Raumbewußtsein eine Veränderung des Ak-
tionsraumes zum Symbolraum stattfindet, so zeichnet sich im

Zeitbewußtsein nun die Fähigkeit ab, „Künftiges im Bilde vor sich hinzustellen" und „Vergangenes in ein Bild zu verwandeln und es im Bilde zu erneuern: in beiden bekundet und bestätigt sich dieselbe Urfunktion der ‚Vergegenwärtigung', der ‚Repräsentation' " (S. 219).

Cassirers Überlegungen zum Unterschied zwischen ausdruckshafter und repräsentativer Wahrnehmung sind keineswegs rein spekulativ. Ein wichtiges Argument für seine Unterscheidung sieht Cassirer in den Befunden der Sprachpathologie, die er durch seinen Cousin Kurt Goldstein kennenlernte und für seine Forschungen nutzbar machte. Parallel zu seinen Studien am III. Band publizierte Cassirer 1927 den Aufsatz „Die Sprache und der Aufbau der Gegenstandswelt" (*STS* S. 121–151). Später lernte er auch die Lebensgeschichte Helen Kellers kennen und die Berichte über Laura Bridgman (*EM* S. 33–36, 131–132/*VM* S. 60–64, 203–205). Beide Mädchen waren von Geburt an blind und taubstumm, lernten jedoch mit Hilfe besonderer Methoden sprechen. Die Befunde der Sprachpathologie erschienen Cassirer nicht nur deshalb interessant, weil hier im Zusammenhang des Phänomens der Aphasie seit geraumer Zeit von „Asymbolie" gesprochen wurde (*PSF* III, S. 245–246 Anm. 1). Wichtig schien ihm namentlich die Beobachtung John H. Jacksons, daß Aphasie wesentlich durch die Unfähigkeit charakterisiert sei, „Worte in dem Sinne zu gebrauchen, daß ihnen eigentlicher Satzwert [*propositional value*] zukommt" (*STS* S. 132).

Diese Beobachtung bestärkte Cassirer in der Auffassung, daß der prädikative Satz bzw. der Aussage-Satz das „Vehikel für jene Art und jenen Modus gegenständlicher Setzung" sei, „in der ein eigentlich-objektives Weltbild erst entsteht" (*STS* S. 132); und sie schien seine Intuitionen bezüglich der Wichtigkeit des Unterschiedes zwischen darstellungsmäßigen und ausdrucksmäßigen Leistungen zu bestätigen. Dies um so mehr, als Beeinträchtigungen aphasischer Art von typischen Defekten in der Raumanschauung begleitet werden, die, wie bereits erwähnt (s. S. 45), als Verengungen des Darstellungs- bzw. Orientierungsraumes zu einem bloßen Aktions- bzw. Verhaltensraum interpretiert werden konnten. Daß sich Cassirer zur Verdeutlichung dieser Situation in seinem Aufsatz „Die Sprache und der Aufbau der Gegenstandswelt" auf Heideggers „charakteristische Termini" (*STS* S. 133) ‚Zuhandenheit' und ‚Vorhandenheit' bezieht (s. S. 45), läßt sich wohl – ebenso wie die Charakterisierung der sensualistischen Grundannahme als „pathologisches Phänomen" (*PSF* III, S. 271) – als Ausdruck von Ironie verstehen. Dies wird um so deutlicher, als der Vergleich auffällige Punkte berührt. So wird in *Sein und Zeit* das sog. ursprüngliche Verstehen im Modus der Zuhandenheit auch als vor-prädikatives Verstehen bezeichnet und mit der Aura des Eigentlichen umgeben.[4] In *PSF* III ist Nicht-Prädikativität hingegen Symptom einer gravierenden Defizienz. Was Cassirer meinen könnte, dürfte daraus hervorgehen, daß er im Blick auf ein besseres Gesamtverständnis der Kultur das Verhalten des Beeinträchtigten in den Begriffen Gelbs und Goldsteins als das „primitivere" und „lebensnähere" charakterisiert (S. 322). Hinter all dem steht vielleicht die Überzeugung, daß Heideggers Denken zutiefst irrational sei.

Galten die Erörterungen des zweiten Teiles im wesentlichen dem natürlichen Weltbegriff (S. 329), so wendet sich Cassirer im dritten Teil nunmehr dem Bereich „reiner Erkenntnis" (S. VII) zu. Um Cassirer richtig zu verstehen, muß man bedenken, daß es nicht um bestimmte Gegenstände geht und andere ausgeschlossen bleiben sollen. Mit den Ausdrücken „reine Erkenntnis", „reines Denken" (S. 330), „Bereich der reinen Bedeutung" (S. 332) ist nichts über die Frage des Gegenstandsbereiches präjudiziert – „gleichviel, ob wir es mit den ‚empirischen Dingen' unserer Wahrnehmungs- und Anschauungswelt, mit den ‚Hypothesen' der Naturwissenschaft oder mit den ‚Konstruktionen' der reinen Mathematik zu tun haben" (S. 349). Vielmehr geht es um „die reine Form des Gedankens", die wissenschaftliche Erkenntnis als solche charakterisiert: „Denn der Aufbau einer ‚Welt' – sie mag nun als ein Inbegriff sinnlicher oder logischer, realer oder idealer Gegenstände genommen werden – ist niemals anders als nach bestimmten Prinzipien der Gliederung und Gestaltung möglich."

Die Art der Gliederung und Gestaltung, die wissenschaftliche Erkenntnis bestimmt und diese in den Rang reiner Theorie erhebt, ist Sache des begrifflichen Denkens: „In dem Augenblick, in dem der Mensch nicht nur in der Wirklichkeit steht und mit ihr lebt, sondern in dem er von sich eine Erkenntnis dieser Wirklichkeit verlangt, rückt er zu ihr in ein neues, in ein prinzipiell-anderes Verhältnis." (S. 330) Dies betrifft nicht nur den natürlichen Wahrheitsbegriff, dessen Geltung fragwürdig wird; es betrifft auch die Vorstellungen von Realität und Schein, deren vertraute Konturen verschwimmen und nun innerhalb wissenschaftlicher Weltentwürfe andersartige Orientierungen liefern. Damit eröffnen sich neue Perspektiven.

Man mag hier an die pythagoreische Zahlenmetaphysik denken oder an die Platonische Flucht in die *Logoi* – hier wie dort gilt, daß die Wirklichkeit nunmehr im Lichte begrifflicher Strukturen gesehen wird und dadurch ihrerseits ein neues Gesicht erhält: „An die Stelle des ‚naiven' Verhältnisses zwischen Begriff und Anschauung, wie es innerhalb des ‚natürlichen Weltbegriffes' besteht, ist jetzt ein anderes, ‚kritisches' Verhältnis getreten. Denn der theoretische Begriff im strengen Sinne des Wortes begnügt sich nicht damit, die Welt der Gegenstände zu überschauen und deren Ordnung in sich einfach widerzuspiegeln. Die Zusammenfassung, die ‚Synopsis' des Mannigfaltigen, wird hier dem Denken nicht schlechthin von den Gegenständen vorgeschrieben, sondern sie muß durch eigene und selbständige Tätigkeiten des Denkens, gemäß der in ihm selber liegenden Normen und Kriterien, hergestellt werden." (S. 333) Aussagen wie diese bestätigen die anti-realistische Grundhaltung Cassirers. Was schon im Falle der mythischen Weltsicht hervortrat und die Orientierung im natürlichen Weltverständnis bestimmte, gilt auch für das wissenschaftliche Denken: Wirklichkeit ist nicht etwa eine feste Größe, sondern Teil oder Funktion eines Bezugssystems, das vom menschlichen Denken entworfen wird und als Gestaltungsmuster dient.

Nun ist es eine Frage, ob diese Beurteilung mit dem Selbstverständnis wissenschaftlichen Tuns übereinstimmt (s. S. 171), eine andere, was das begriffliche Denken eigentlich an sich hat, daß es als Quelle eigener Orientierung wirken kann und dabei einem autonomen Gang folgt. Die Antwort auf letztere Frage ist – so meint Cassirer – im Verständnis des Begriffs zu suchen. Diese Antwort mag vielleicht überraschen. Denn unter Begriffen versteht man ja – und dies gilt ganz unabhängig von der Frage, ob sie als geist- und sprachunabhängige Gebilde eingeschätzt werden oder als Bedeutungen bestimmter Arten von Ausdrücken oder als Produkte des Denkens – etwas, das als Merkmale enthält, was die Dinge in der Welt als Eigenschaften aufweisen; und dies legt die Annahme nahe, daß Begriffe ihrerseits eigentlich nur substantielle Strukturen spiegeln und abbilden. Wie könnten hier noch Leistungen bestimmter Art zum Tragen kommen? Und inwiefern kann es sich hier um etwas handeln, das den Horizont abbildender Darstellung sprengt?

Cassirers Ansatz weist, wie an späterer Stelle genauer zu sehen sein wird (s. S. 129 ff.), in eine andere Richtung. Dabei fallen zwei Erwägungen ins Gewicht. Die eine orientiert sich an der Funktion, die Begriffen in der Wissenschaft tatsächlich zukommt. Die andere stellt auf die Diskussion der logischen Grundlagenforschung ab. Beide Erwägungen konvergieren in der Einsicht, daß die traditionelle Auffassung von Begriffen als Spezies-Begriffen und Gattungs-Begriffen unhaltbar und das Verständnis der Beziehungen von Begriffen zueinander als Über- und Unterordnung problematisch sei. Mit Hermann von Helmholtz, der in seinem *Handbuch der physiologischen Optik* die Bildung einer Klasse von Objekten mit gleichen Merkmalen an dem orientiert, was in allen Stadien der Erscheinung gleich bleibt, wobei der Begriff selber das bündelt, was gleich bleibt, hält auch Cassirer dafür, daß der Begriff eine gesetzliche Ordnung fixiert, die in den Erscheinungen liegt und die Wahrnehmung leitet (S. 335). Diese „in Wahrheit höchst positive Funktion des Begriffes" hatte Cassirer bereits in *SuF* betont (S. 384–386). Auch die Vorbehalte gegen die Begriffsauffassung der traditionellen Logik gehen auf *SuF* zurück. Dort hatte Cassirer zu bedenken gegeben, daß die Begriffe, nach denen Aristoteles suchte, z. B. die Form des Ölbaums, im Bereich der beschreibenden und klassifizierenden Naturwissenschaft beheimatet seien: „Wo er das Gebiet der biologischen Betrachtung verläßt, da vermag sich eine Theorie des Begriffs alsbald nicht mehr völlig natürlich und zwanglos zu entfalten. Insbesondere sind es die Begriffe der Geometrie, die von Anfang an der Einordnung in das gewöhnliche Schema widerstehen." (*SuF* S. 15) So erstaunt es auch nicht, daß der „Logik des Gattungsbegriffes, die, wie wir sahen, unter der Herrschaft des Substanzbegriffes steht", „jetzt die Logik des mathematischen Funktionsbegriffes" gegenübertritt (S. 27).

Diese neue Konstellation erschien Cassirer auch deshalb befriedigend, weil die Auszeichnung des Funktionsbegriffes als Begriff überhaupt der Vorstellung entgegenkam, Begriffe seien wesentlich Prinzipien der Organisation von Merkmalen. Doch wurde gegen diese Art der Betrachtung Kritik laut. So betonte Gérard Heymans, daß Cassirer unverwandt nach der Mathematik schaue und das, was für diese gelte, auch für alle anderen Gebiete gelten lassen wolle.[5] Insbesondere betonte er, daß die Auffassung der Begriffe als Prinzipien oder Regeln einer bestimmten Art Gefahr laufe, einen Unterschied zu verdecken, der beobachtet werden sollte: der Unterschied zwischen Urteilen, die wahr oder falsch sein können, auf der einen Seite, und Begriffen, die nicht wahr oder falsch sein können, auf der anderen Seite.[6]

Der erste Punkt ist wohl zu wenig spezifisch, als daß er als eigentlicher Einwand gelten könnte. Sicher argwöhnte Heymans, Cassirer verkenne Funktion und Verständnis des Begriffs in den Einzelwissenschaften und deren spezielle Bedürfnisse. Dem würde Cassirer wohl entgegenhalten, daß sich einzelne Wissenschaften sehr wohl im Irrtum über die Annahmen befinden, die ihr Selbstverständnis bestimmen. An späterer Stelle wird deutlich werden, daß Cassirer meinte, erst mit dem Verständnis des Begriffs als Funktionsbegriff sei jene Rolle benannt, die Begriffe in Wahrnehmung und Denken tatsächlich spielen (s. Kapitel V). In diesem Sinn scheint der historische Verlauf der Erkenntnis am Ende das ans Licht zu bringen, was im Denken immer schon wirksam war. Auch hier zeigt sich das Erbe des Hegelianismus. Der zweite Punkt scheint eher zur Sache zu sprechen und benennt wohl einen wunden Punkt. Denn der Unterschied, auf den Heymans hinweist, ist wichtig. Doch scheint er den hier relevanten Gedanken nicht zentral zu gefährden. Cassirer meint nämlich, daß Begriffe durch Ausdrücke wie $f(x)$ bestimmt werden; und bei Ausdrücken dieser Art – Cassirer bezieht sich hier auf Russells *Principles of Mathematics* – handelt es sich um Satzfunktionen (*propositional functions*), die tatsächlich weder wahr noch falsch sind. Vielmehr geht es um sog. offene Sätze, die erst auf dem Wege der Einsetzung eines Namens bzw. einer äquivalenten Beschreibung zu geschlossenen Sätzen umgewandelt werden und so Träger von Wahrheitswerten sein können. Hinzu kommt – und dieser Punkt schwächt Heymans' Einwand –, daß Prinzipien und Regeln nicht ohne weiteres als Aussagen bzw. Urteile behandelt werden können. Handelt es sich aber weder um Aussagen noch um Aussage-Sätze, so bleibt auch die Frage der Wahrheit außer Betracht. Vielmehr müßte es um Validität bzw. Gültigkeit gehen; und Cassirer wäre mit der Frage konfrontiert, ob und inwiefern Begriffe in dem für ihn relevanten Verständnis *gültig* sein können.

Die Antwort auf diese Frage bleibt wohl offen. Doch hätte Cassirer an eine holistische Rechtfertigung gedacht. Jedenfalls scheint der Gedanke, der die weiteren Erörterungen in *PSF* III bestimmt, recht gut da zum Ausdruck zu kommen, wo Cassirer fordert: „Jeder neue Begriff, der im wissenschaftlichen Denken aufgestellt wird, ist von vornherein auf das Ganze dieses Denkens, auf das Ganze möglicher Begriffsbildung bezogen. Was er bedeutet und ist, das hängt von seiner Geltung in diesem Ganzen ab. Alle ‚Wahrheit‘, die ihm zugesprochen werden kann, ist an diese ständige und durchgehende Bewährung gegenüber der Gesamtheit der Denkinhalte und Denksetzungen gebunden. Aus dieser Forderung an den Begriff ergibt sich für die Begriffszeichen die Forderung, daß sie ein in sich geschlossenes System bilden müssen. Es genügt nicht, daß den einzelnen Denkinhalten beliebige einzelne Zeichen zugeordnet werden; sondern sie müssen in einer festen Ordnung stehen, derart, daß der gesamte Inbegriff der Zeichen sich nach einer Regel gliedert. Wie ein Denkinhalt durch den anderen bedingt erscheint, wie er in ihm ‚sich gründet', so muß auch ein Zeichen im anderen gegründet, d. h. nach einem bestimmten Gesetz des Aufbaus aus ihm ableitbar sein." (S. 393–394)

Diese Überlegungen zeigen, wie weit die Welt des reinen Denkens von der der anschaulichen Repräsentanz tatsächlich entfernt ist. Denn die Begriffszeichen der Welt der wissenschaftlichen Erkenntnis „unterscheiden sich von den Worten der Sprache eben dadurch, daß ihnen keinerlei anschaulicher ‚Nebensinn' mehr anhaftet – daß sie keine sinnliche Farbe, kein individuelles ‚Kolorit' mehr an sich tragen. Sie sind aus Mitteln des ‚Ausdrucks' und aus Mitteln der anschaulichen ‚Darstellung' zu reinen Bedeutungsträgern geworden" (S. 395). Hier drängen sich Vergleiche mit Gottlob Frege auf. In seinen Arbeiten „Über Sinn und Bedeutung" (1892) und „Der Gedanke" (1918) sowie in einigen nachgelassenen Entwürfen spricht dieser von ‚Färbungen' und ‚Beleuchtungen' des Sinnes, die zwar für die Sprache der Dichtung wichtig und unverzichtbar seien, aber Anliegen wissenschaftlicher Art gefährden und sogar durchkreuzen.[7] Mit seiner Begriffsschrift erhoffte sich Frege Schritte zu einer logisch vollkommeneren Sprache, mittels derer uns die Welt der Gedanken faßbarer werde. So ist es auch nicht erstaunlich, daß Cassirer hier, wo er die „Geburtsstätte der mathematischen und mathematisch-naturwissenschaftlichen Erkenntnis" ortet (S. 396) und die Genese des wissenschaftlichen Begriffs der Zahl erörtert (S. 400), auch Freges These zur Anzahl als Eigenschaft eines Begriffs betont.[8] Denn Freges Auffassung scheint Cassirers Vorstellung einer rein denkerischen Begründung theoretischer Begriffe auf exemplarische Weise zu verwirklichen (S. 402–403).

Doch welchen Status haben diese Gebilde? Wie steht es mit dem Reich der reinen Bedeutungen? Spätestens bei seiner Erörterung des Methodenstreites innerhalb der modernen Mathematik (S. 446)[9] sieht sich Cassirer mit Fragen ontologischer Art konfrontiert. Diese werfen auch Licht auf das Selbstverständnis der *Philosophie der symbolischen Formen*. Denn wenn die Zeichen Zeichen sind, so stehen sie für etwas. Dasjenige, wofür sie stehen, müßte dann als Bereich eigener Art vorgestellt werden. Dies aber würde auf die Annahme platonistischer Entitäten hinauslaufen. In diesem Sinn scheint Frege Platonist gewesen zu sein und Verfechter der Annahme eines „dritten Reiches" neben der Welt des Physischen und der Welt des Mentalen. Wer diese Annahme ablehnt, scheint zur Auffassung genötigt, daß die Zeichen nicht eigentlich über sich selber hinausweisen. Aber ist es dann sinnvoll, überhaupt noch von Zeichen zu sprechen?

Cassirer empfindet diese Alternative als schief und deutet sie als Ausdruck eines unangemessenen Verständnisses des fraglichen Punktes, d. h. er deutet sie als Verwechslung von Ordnungsformen und Dingformen: „Denn in beiden Fällen würden wir die ihnen eigentümliche Bedeutung verfehlen. Diese besteht nicht in dem, was sie an sich ,sind', noch in etwas, was sie ,nachbilden', sondern in einer spezifischen Richtung des ideellen Bildes – nicht in einem äußeren Objekt, auf das sie zielen, sondern in einer bestimmten Form der Objektivierung." (S. 447) Ähnlich hatte Cassirer in *ZMP* S. 95 sowohl realistische wie nominalistische Interpretationen geometrischer Gebilde zurückgewiesen.[10]

Dieser Gesichtspunkt bestimmt auch die Einschätzung der naturwissenschaftlichen Erkenntnis und die Frage der Anwendung mathematischer Begriffe auf die Natur (S. 482). Was für die *Philosophie der symbolischen Formen* überhaupt gilt, gilt auch hier: Das Zeichen ist niemals „eine bloß zufällige und äußere Hülle für den Gedanken"; vielmehr prägt sich „im Gebrauch des Zeichens eine bestimmte Wendung, eine Grundtendenz und Grundform des Denkens selber" aus (S. 479). Für die naturwissenschaftliche Erkenntnis muß dies bedeuten, daß weder der dogmatische Empirismus noch der dogmatische Rationalismus (S. 483) ein angemessenes Verständnis dessen bereitstellen, was es heißt, Erkenntnisse zu gewinnen. Offensichtlich geht es – dies ist zumindest Cassirers These – stets darum, intellektuelle Metamorphosen zu vollziehen und Ordnungsformen zu schaffen. Diese Ordnungsformen sind nicht Abbilder von etwas Früherem, sondern dasjenige, woraufhin das Frühere abgebildet ist (S. 500). Diesem Sachverhalt kann eine realistische Metaphysik nicht angemessen Rechnung tragen, wohl aber die *Philosophie der symbolischen Formen* (s. Kapitel V).

III. Andere Formen: Kunst, Technik, Moral und Recht

1. Kunst

Kunst wird in den Schriften Cassirers erst spät zu einem Thema, und zwar im IX. Kapitel des *EM/VM*. Dies könnte den Eindruck nahelegen, daß Cassirer dieser Thematik aus dem Wege gegangen sei oder ihr im Geflecht seiner philosophischen Systematik vielleicht so wenig einen eigenen Ort zuzuweisen vermochte, wie Heidegger in *Sein und Zeit* neben oder inmitten der Unterscheidung von Vorhandenheit und Zuhandenheit auch noch Platz für das Sein von Kunstwerken fand. Doch wäre damit wohl kaum alles gesagt. Denn es gibt einen Brief, in dem Cassirer sagt, daß er ursprünglich im Rahmen der *PSF* einen eigenen Band über Kunst schreiben wollte.[1]

Daß dieser Band später nicht zustande kam, ist gleichwohl nicht erstaunlich. Zum einen bedeutet das Thema Kunst eine Herausforderung besonderer Art. Zum anderen birgt die *Philosophie der symbolischen Formen* eine bestimmte Systematik, der sich die Behandlung von Kunst *als* symbolischer Form fügen müßte. Daß Cassirer diese Systematik weiterhin vor Augen stand, zeigt der Text „Mythischer, ästhetischer und theoretischer Raum", den er 1931 anläßlich des Kongresses für Ästhetik und allgemeine Kunstwissenschaft vortrug (*STS* S. 93–111). Doch scheint die eigentliche Schwierigkeit der Aufgabe durch die Art des philosophischen Projekts bestimmt. Dieses orientiert sich an der transzendentalen Fragerichtung. Wie auch im Falle von Sprache, Mythos und Erkenntnis verlangt diese Orientierung, daß das, was erklärt werden soll, klar sei. Mehr noch als im Falle des Mythos (s. S. 49) scheint diese Forderung am Phänomen der Kunst unerfüllbar. Denn aussagekräftig im Sinne der Fragestellung der *PSF* wäre eine Beurteilung der Kunst wohl nur dann, wenn zwischen Kunst als Phänomen auf der einen Seite und Kunst als Gegenstand wissenschaftlicher Betrachtung bzw. Gegenstand kunstkritischer Reflexion auf der anderen Seite unterschieden werden könnte. In diesem Sinne scheint es auch problematisch, daß Cassirer, wie schon eingangs gesagt, gelegentlich Aussagen von Künstlern über ihre Kunst bzw. Kunst überhaupt als Datum zugrundelegt. Mithin ist auch schwer vorstellbar, daß die Frage nach der Bedingung der Möglichkeit von Kunst zwingende Antworten ans Licht bringen könnte. Nun stehen die Erörterungen in *EM/VM* nicht unter dem systematischen Diktat der *Philosophie der symbolischen Formen*. Dies gestattet Cassirer eine freiere Gestaltung des Gegenstandes. Indes wird die philosophische Aufgabe dadurch kaum leichter und die Komplexität der Probleme nicht geringer.

Cassirer geht davon aus, daß Kunst zu den eigenständigen *(self-dependent)* und ursprünglichen menschlichen Funktionen und Energien zähle (*SMC* S. 165, 185); und er hält dafür, daß Kunst „ein unabhängiges Diskurs-Universum" *(universe of discourse)* darstelle (*VM* S. 234/*EM* S. 152).

Beide Thesen scheinen verschiedene Gedanken zum Ausdruck zu bringen. Doch ist nicht auszuschließen, daß sie in Cassirers Augen ein und denselben Sachverhalt angehen. Die Eigenständigkeit, die hier behauptet wird, meint soviel wie Eigenständigkeit *als* symbolische Form. Denn Kunst eröffnet uns einen Zugang zur Wirklichkeit, den andere Formen nicht bereitstellen: „Gleich allen anderen symbolischen Formen ist auch die Kunst keine bloße Nachbildung einer vorgegebenen *(ready made)* Wirklichkeit. Sie ist einer der Wege zu einer objektiven Ansicht der Dinge und des menschlichen Lebens. Dies ist nicht Nachahmung, sondern Entdeckung der Wirklichkeit." (S. 220/ *EM* S. 143) Doch anders als Sprache und Wissenschaft, die als Abkürzungen *(abbreviations)* der Wirklichkeit anzusehen sind, ist Kunst Intensivierung *(intensification)* von Wirklichkeit (S. 221/*EM* S. 143). An anderer Stelle hebt Cassirer den in Rede stehenden Unterschied folgendermaßen hervor: „In art we do not conceptualize the world, we perceptualize it." (*SMC* S. 186) Was auf diese Weise wahrnehmbar wird, sind sinnliche Formen *(sensuous forms)* – nicht etwa die sog. sekundären Qualitäten der Dinge, sondern Züge, die im künstlerischen Tun und in der ästhetischen Einstellung erschaffen werden und an diese besondere Art der Betrachtung gebunden bleiben: „It is a world not of concepts, but of intuition, not of sense-experience but of contemplation." (*SMC* S. 186)

Unter „Unabhängigkeit" versteht Cassirer – dies geht aus dem Kontext hervor – den spezifischen Charakter der Kunst *als* Kunst. Worin dieser besteht, wird allerdings nicht deutlich. Das mag Zweifel an der Annahme nähren, daß die These von der Unabhängigkeit der Kunst als Diskurs-Universum eigener Art mehr besagen soll, als daß Kunst eine besondere Weise der Welterschließung sei. Doch müßte der Gedanke eigentlich mehr beinhalten als nur dies. Denn so, wie andere symbolische Formen von Cassirer als Bereiche mit eigener Gesetzlichkeit angesehen werden, so müßte die Verwendung des Ausdrucks „Diskurs-Universum" die Überlegung nahelegen, daß Kunst in Begriffen eigener Art beschrieben werden muß. Daß Cassirer derartiges vor Augen stand, scheint klar. Denn in einem seiner Entwürfe räumt er ein, daß wir die Kunst unter einem allgemeineren Begriff wie Ausdruck *(expression)* subsumieren dürfen; da Ausdruck aber kein ästhetischer, sondern ein biologischer Prozeß sei, komme es darauf an, den spezifisch ästhetischen Charakter der Phänomene der Kunst zu identifizieren (S. 157–158). An anderer Stelle betont er, daß Nachahmung der Natur und Ausdruck von Gefühlen die beiden grundlegenden Elemente der Kunst seien, sozusagen der Stoff, aus dem das Gewand der Kunst gewoben sei; und doch sei damit weder der eigentliche Charakter der Kunst benannt noch ihre Bedeutung oder ihr Wert erschöpft (S. 211).

Was aber ist ihr eigentlicher Charakter, was ihr *sui generis*-Gehalt? Auf diese Frage geben die Texte keine Antwort. Weil dieser Punkt nicht deutlich wird und Kunst mithin nicht unabhängig von ihrer welterschließenden Funktion in den Blick gerät, bleibt u. a. auch unklar, mit welchem Recht psychologische oder metaphysische Theorien ausgeschlossen oder gegeneinander ausgespielt werden (*EM* S. 158/*VM* S. 243).

Nun ist vielleicht zuzugestehen, daß Kunst gar keine feste Größe sei, die sich verbindlich definieren ließe. Dies trifft auch auf den *sui generis*-Gehalt zu. Denn dieser besteht, wenn überhaupt, relativ zu bestimmten Auffassungen von Kunst, die Annahmen dieser Art einschließen. Selbst wenn es so wäre, daß es zu allen Zeiten klare Thesen bezüglich des *sui generis*-Gehalts der Kunst gegeben hätte, so würde daraus nicht folgen, daß die Auffassung von Kunst als eigenes Diskurs-Universum auf *ein* Argument zurückweist. Und selbst wenn es wahr wäre, daß sich aus den historisch variablen Aussagen über das Wesen der Kunst nicht nur Rückschlüsse auf den Wandel der Kunst-Vorstellungen ergeben, sondern auch Einsichten in die Entwicklung der Kunst gewinnen lassen, bliebe immer noch zu fragen, ob diese Einsichten weit führen. Denn Abgrenzungen oder Abgrenzungsversuche wie diejenigen zwischen ,Ästhetisch' und ,Nicht-Ästhetisch' oder ,Ethisch' und ,Außer-Ethisch' spiegeln eher Bedürfnisse philosophischer Systematik denn tiefgreifende Erkenntnisse bezüglich des Wesens der Kunst oder der Moral; und Belange philosophischer Systematik stehen ihrerseits nicht in einem luftleeren Raum. Sie formieren sich zumeist innerhalb eines bestimmten Philosophie-Verständnisses. Ob dieses den Belangen der Kunst Rechnung trägt, ist eine andere Frage.[2]

Von hierher zeichnen sich weitere Probleme ab. Wichtige Denker, die sich über Kunst oder bestimmte Bereiche der Kunst äußerten und sogar Wesensaussagen formulierten, haben die Aussagen weniger im Horizont des Diskurs-Universums getroffen als im Lichte von Annahmen, die durch den generellen philosophischen Rahmen nahegelegt wurden. Platon, Hegel und Heidegger sind hier keine Ausnahme. Selbst Aristoteles, der sich noch am ehesten an den normalen Intuitionen orientiert und diese zum Ausgangspunkt seiner Erörterungen macht, scheint in seinem einflußreichen Essay *Über die Dichtkunst* höchst eigenwillige Thesen vertreten zu haben, die z. B. mit der tatsächlichen Entwicklung bestimmter literarischer Genera ganz und gar nicht übereinstimmen. Derartige Vorbehalte beeinträchtigen auch die Autorität jener Klassifikationen, die für die Kunst-Theorie maßgebend wurden.

Die Entwicklung der Kunst weist in Cassirers Sicht zwei Phasen auf. Die erste ist durch den Begriff der Nachahmung bestimmt, der durch Aristoteles Eingang in die Dichtungs- und Kunsttheorie fand (*VM* S. 212/*EM* S. 138), die zweite durch den Begriff des Charakteristischen, der auf Goethe zurückgeht (*VM* S. 217/*EM* S. 140). Ob Cassirer bereit wäre, andere bzw. weitere Phasen in Betracht zu ziehen, geht aus den Texten ebensowenig hervor wie die Frage, ob er die weiteren Entwicklungen der Kunst im 20. Jahrhundert in Begriffen beschreiben würde, die im früheren Verständnis von Kunst beheimatet sind. Dieser Punkt bleibt offen; und vielleicht ist hierzu nicht mehr zu sagen, als daß Cassirers Kunstverständnis ähnlich wie dasjenige Ingardens, Heideggers und Gadamers vom 19. Jahrhundert her bestimmt ist. Doch wäre das Problem damit nur verschoben oder verdeckt. Denn Cassirer setzt ja „allgemein" eine „dreifache Stufenfolge" voraus (vgl. *PSF* I, S. 139); und wie sich im Zusammenhang der Erörterungen des Mythos die Frage stellte, welche Bewußtseins- bzw. Symbolfunktionen bei dieser Form der Welterschließung beteiligt sind, so wäre auch hier wissenswert, ob die Zwei-Phasen-Unterscheidung (s. S. 86) eine Beziehung zur Drei-Stufen-Theorie aufweist und somit im Lichte der Annahmen bezüglich unterschiedlicher Bewußtseins- und Symbolfunktionen interpretiert werden kann.

Oberflächlich betrachtet, mag eine solche Zuordnung bereits deshalb naheliegen, weil Cassirer seinerseits von darstellenden und expressiven Künsten spricht (*VM* S. 225/*EM* S. 146). Doch ist fraglich, ob sich aus der Verwendung dieser Unterscheidung hier weitreichende Schlüsse ziehen lassen. Befänden wir uns im Kontext von *PSF* III, so müßte sich ein solcher Schluß geradezu aufdrängen. Denn andernfalls würde sich Cassirer dem Vorwurf der Äquivokation aussetzen. Nun macht Cassirer in *EM/VM* von seinem Verständnis der drei Bewußtseinsfunktionen keinen technischen Gebrauch, und es wäre vielleicht voreilig, aus der Verwendung der Unterscheidung zwischen darstellenden und expressiven Künsten, die ja innerhalb der Kunsttheorie angesiedelt ist und dort technischen Charakter hat, ohne weiteres auf die andere Unterscheidung zu schließen (s. u.).

Doch drängen sich wenigstens zwei Überlegungen auf, die die Annahme eines Zusammenhanges nahelegen. Ein Gesichtspunkt ergibt sich aus einer Bemerkung in dem Aufsatz „Form und Technik", ein anderer aus dem Duktus der Argumentation unseres Kapitels in *EM/VM*. Im Aufsatz „Form und Technik" sieht sich Cassirer mit der Notwendigkeit konfrontiert, zwischen ästhetischer und technischer Schönheit zu unterscheiden. Zu diesem Zweck rekurriert er u. a. auf die Annahme, daß Kunst und Technik *als* symbolische Formen verschieden seien: „Wenn man die beiden Extreme, zwischen denen alle Kulturentwicklung sich bewegt, als die Welt des *Ausdrucks* und die Welt der reinen *Bedeutung* bezeichnen kann, so ist in der Kunst gewissermaßen das ideale Gleichgewicht zwischen diesen beiden Extremen erreicht. Die Technik hat hingegen mit der theoretischen Erkenntnis, der sie eng verschwistert ist, den Grundzug gemeinsam, daß sie mehr und mehr auf alles Ausdrucksmäßige Verzicht leistet, um sich in eine streng ‚objektive' Sphäre reiner Bedeutung zu erheben." (*STS* S. 86) Damit ist zumindest der *terminus ad quem* der Kunstentwicklung benannt.

Der andere Gesichtspunkt ist mit der Beobachtung angezeigt, daß Goethes Konzeption der charakteristischen Dichtung von Cassirer ausdrücklich als Korrektiv eingeführt wird (*VM* S. 217/ *EM* S. 141). Was korrigiert wird, ist interessanterweise nicht die Nachahmungs-Theorie als solche, d. h. die erste Phase in der Entwicklung der Kunst; korrigiert wird vielmehr die Vorstellung, Kunst könne expressiv sein, „ohne gleichzeitig formend und bildend zu sein" (S. 21/*EM* S. 141). Die Vorstellung, Kunst sei vor allem und wesentlich Ausdruck von Gefühlen, wurde von Rousseau in seiner *Nouvelle Héloise* kraftvoll zur Geltung gebracht und strahlte auf die Bewegung des *Sturm und Drang* aus. Auch später sollte diese Auffassung immer wieder engagierte Verfechter finden, so z. B. R. Collingwood in seinem 1938 erschienenen Buch *The Principles of Art*. Seinerzeit formierte sich die Ausdrucks-Theorie gegen die herrschende Vorstellung, Kunst sei Nachahmung. Dies legt die Annahme nahe, daß Cassirer die Entwicklung der Kunst als Prozeß ansieht, der dialektische Züge aufweist: Eine Position wird durch eine andere negiert; die zweite Position wird durch eine dritte Position negiert und in dem Sinne korrigiert, daß die tragenden Elemente beider früheren Positionen in der neuen Position aufgehoben bleiben. Was sich hier abzeichnet, ist das Bild einer recht komplexen Entwicklung. Diese läßt sich wohl nur auf dem Hintergrund einer besonderen Konstellation der Bewußtseinsfunktionen erklären.

Um diese Problematik besser zu verstehen, scheint es angezeigt, den kunsttheoretischen Begriff der Nachahmung, auf den *VM/EM* abstellt, zu jenem Begriff von Nachahmung in Beziehung zu setzen, der in der *Philosophie der symbolischen Formen* und hier namentlich im Zusammenhang der Erörterung von Sprache thematisch wird. Daß dieses Vorgehen angemessen ist und Cassirers eigenen Intentionen entspricht, wird nicht nur aus den einschlägigen Bemerkungen in *PSF* I ersichtlich, sondern auch aus den späten Entwürfen „Language and Art", in denen der Zusammenhang von Sprache und Kunst noch deutlicher hervortritt als im IX. Kapitel von *EM/VM*. In der Darstellung der Entwicklung der Kunst bleibt der Nachahmungs-Begriff vage und relativ unspezifisch. Dies hat wohl weniger mit Cassirers summarischer Art der Betrachtung zu tun als vielmehr mit dem Begriff selber, der bereits in den Erörterungen Platons auf verschiedenartige Phänomene bezogen wird[3] und Quelle zahlreicher Mißverständnisse zu sein scheint. Und so ist es wohl eben diese Unklarheit, die einerseits erklärt, daß der Nachahmungsbegriff auf lange Zeit die Funktion einer Leitvorstellung ausüben konnte, andererseits aber auch verständlich werden läßt, daß diese Leitvorstellung zugleich in Frage gestellt wurde. Denn die Forderung, Handlungen, Geschehnisse und Vorfälle nachzuahmen, schien den subjektiven Faktoren im Bereich des Künstlers frühe Grenzen zu setzen (S. 215/*EM* S. 139). Insbesondere scheint sich diese Forderung der Vorstellung zu widersetzen, daß der Künstler seinen eigenen Gefühlen Ausdruck verleiht.

In der Darstellung der Sprache hingegen scheint die Ausdrucksfunktion primär und fundamental und die Nachahmung im Dienst der Ausdrucksfunktion zu stehen (*PSF* I, S. 134). Denn hier erscheint die Nachahmung als der Weg, auf dem der

Mensch die Sphäre bloßer Interjektionen durchbricht: „Die bloße Interjektion, der einzelne, von einem übermächtigen, momentanen Eindruck abgerungene Affekt- und Erregungslaut, geht jetzt in eine in sich zusammenhängende geordnete Lautfolge über, in der der Zusammenhang und die Ordnung des Tuns sich spiegelt [. . .]. Der sinnlich affektive Zustand geht, indem er sich geradezu in den mimetischen Ausdruck umsetzt, in diesem letzteren auch gleichsam unter." (*PSF* I, S. 133–134) Erst in zweiter Linie werden die Worte als Weisen der Abbildung äußerer Dinge erkennbar, auf die sich der Sprechende bezieht. So betrachtet scheint die herkömmliche Charakterisierung der Kunst in Begriffen der *mimêsis* auf einen Nachahmungs-Begriff fixiert, der sich mit dem in *PSF* nicht leicht zur Deckung bringen läßt. Dies würde erklären, weshalb der Nachahmungs-Begriff der Kunst-Theorie latent brüchig ist und irgendwann jenem Moment Raum geben wird, das die Nachahmung ursprünglich bestimmt. Dies gilt um so mehr, als die Lyrik – dies ist Cassirers Meinung – wesentlich vom Ausdrucks-Moment zehrt und vom Nachahmungs-Ideal der Kunst-Theorie denkbar weit entfernt scheint.

Ist es dann denkbar, daß Cassirer die sog. Nachahmungs-Phase der Kunst zu jener Bewußtseinsfunktion in Beziehung setzte, die er Ausdrucksfunktion nannte? Dies scheint unwahrscheinlich. Denn Cassirer deutet die Nachahmungs-Phase keineswegs als homogenes Ganzes. Vielmehr deckt er verschiedenartige Strukturen auf und weist auf Abwandlungen und Akzentverschiebung hin. Dies beginnt bereits bei der generellen Einschätzung des Nachahmungs-Begriffes. Hier gibt Cassirer zu bedenken, daß Nachahmung nie im Sinne bloßer Nachbildung verstanden werden dürfe (s. S. 58). Was für die Nachahmung im allgemeinen gelte, treffe im besonderen Maße auf die künstlerische *mimêsis* zu: „das scheinbare ‚Nachbilden' hat in Wahrheit ein inneres ‚Vorbilden' zur Voraussetzung" (*PSF* I, S. 132). Damit wird deutlich, daß sich „die Nachahmung selbst bereits auf dem Wege zur Darstellung" befindet. Dies wiederum bedeutet, daß die Darstellungsfunktion des Bewußtseins Gestalt gewinnt.

Wenden wir uns nun den Unterscheidungen zu, die innerhalb der sog. Nachahmungsphase deutlich werden, so wird das Bild noch deutlicher. Hier lassen sich wenigstens vier Situationen namhaft machen, die auf unterschiedliche Konstellationen hinweisen.[4] Eine davon betrifft den Fall, daß Kunst einen besonderen Teil der Natur auswähle und zur Darstellung bringe. Diese Situation kennzeichnet die theoretische Position Johann Jacob Bodmers und Johann Jacob Breitingers in der Schrift *Die Discourse der Mahlern* 1721–1723 (*VM* S. 235/*EM* S. 152). An anderer Stelle kommentiert Cassirer die Auffassung der beiden Schweizer Kritiker folgendermaßen: „Der echte Künstler beweist sich darin, daß er dem Wunderbaren die Farbe der Wahrheit, dem Wahrscheinlichen die Farbe des Wunderbaren gibt. Indem er seine Gestalten in die Wirklichkeit verwebt, löst er das Wirkliche selbst aus seinen empirischen Zusammenhängen heraus und fügt es einer neuen Ordnung der Betrachtung ein." (*FuF* S. 72)

Eine weitere Situation ergibt sich im Blick auf Anthony Shaftesbury und Gotthold Ephraim Lessing. Hier geht es darum, daß der Künstler bestimmende Momente auswählt und festhält (S. 81 ff., 91 ff.). Die dritte Art von Nachahmung zeigt sich in der Kunst der Auslassung oder Weglassung. Dieser Punkt scheint im Kontext von *PSF* I angesprochen: „Auch die künstlerische Zeichnung wird zu dem, was sie ist und wodurch sie sich von einer bloß mechanischen Reproduktion unterscheidet, erst durch das, was sie am ‚gegebenen‘ Eindruck wegläßt. Sie ist nicht die Wiedergabe des letzteren in seiner sinnlichen Totalität, sondern sie hebt an ihm bestimmte ‚prägnante‘ Momente heraus, d. h. Momente, durch die das Gegebene über sich selbst erweitert und die künstlerisch-aufbauende, die synthetische Raumphantasie in eine bestimmte Richtung gelenkt wird." (S. 44–45) Schließlich ist noch jenes Verständnis von Nachahmung zu nennen, das im besonderen Maße den individuellen Stil beachtet und ein Gefühl für Nuancen entwickelt. Cassirer macht hier auf Denis Diderot aufmerksam (S. 83). Generell sieht er diese Entwicklung bei Johann Georg Hamann und Johann Gottfried Herder verwirklicht (*FuF* S. 108 ff.), wobei hier wie auch in anderen Bereichen der Einfluß der Metaphysik Gottfried Wilhelm Leibniz' entscheidend war.[5]

Leibniz' neue Begründung der Erkenntnis scheint als Korrelat die These mit sich zu führen, daß Schönheit das „Symbol einer tieferen intellektuellen Harmonie" bilde, „die sich in ihr vorausverkündet. Was sie verspricht, das wird erst durch die Welt der Erkenntnis wahrhaft erfüllt und gewährt. In dieser entfaltet sich zum reinen Begriff, was im ästhetischen Eindruck nur dunkel und unentwickelt war" (S. 64). Hier scheint die Kunst aus dem Bereich der mimischen Stufe herauszutreten und wesentlich Sache des analogischen Ausdrucks zu sein (vgl. *PSF* I, S. 139). Doch wie die mimische bzw. mimetische Kunst ausdrücklich oder stillschweigend an dem Modell gemessen wurde, das nachgebildet wird, so wird die analogische Kunst hier sinngemäß an einer Erkenntnis gemessen, die die überlegene Vernunft bereitstellt. Solche Überlegungen zeigen, daß Cassirer das Phänomen der Nachahmung durchaus differenziert sieht und namentlich das Spannungsverhältnis zwischen objektiven und subjektiven Momenten nicht aus dem Blick verliert (vgl. *VM* S. 213, 225/*EM* S. 138, 146). Zugleich wird auch etwas von der Komplexität des Phänomens deutlich, das sich den Kategorien der Beschreibung öffnet und doch versagt; und es ist schwer zu sagen, ob sich die Elemente der Darstellung zu einem Bild zusammenfügen.

Sicher sind die Aspekte Nachahmung und Ausdruck Momente der Ausdrucksfunktion des Bewußtseins und gehören, soweit hier Sprache involviert ist, in den Bereich des mimischen Ausdrucks. Beide Momente unterscheiden sich im hier relevanten Zusammenhang nur hinsichtlich der objektiven bzw. subjektiven Seite. Ferner gilt, daß zwischen beiden Momenten keine klare Grenzziehung möglich ist und keines der beiden Momente allein für sich Geltung erlangt. Doch gilt ebenso, daß beide Momente je nach kunsttheoretischer Konstellation unterschiedliches Gewicht gewinnen. Je mehr der objektive Faktor zur Geltung kommt, desto deutlicher manifestiert sich der Aspekt der Nachahmung als Spielart des analogischen Ausdrucks bzw. als Leistung des Darstellungsbewußtseins. Nun scheint es gerade diese Konstellation zu sein – die Ausprägung des Darstellungsbewußtseins –, die die Spannung zwischen zwei Bewußtseinsfunktionen anzeigt und ihrerseits variable Züge aufweisen kann. Im Falle des *Sturm und Drang* etwa schlägt das Pendel extrem auf die Seite der Ausdrucksfunktion aus. Nur gilt hier, was *mutatis mutandis* auch im Falle der Leistung der Ausdrucksfunktion auf der Ebene der Religion gilt: So wenig die Ausdrucksfunktion hier einen Schritt zurück in die ursprüngliche Welt des Mythos geht, so wenig erweist sich die Steigerung der Ausdrucksfunktion auf der Ebene der Kunstentwicklung als Wiederholung des ursprünglich Mimischen. Ähnlich wie Hegel meint, daß die früheren Momente der Erfahrung auf höherer Stufe sozusagen in anderem Gewand aufgehoben bleiben, dachte Cassirer, daß sich die ursprünglichen Momente jeweils in eine verfeinerte Form verwandeln.

Doch wie ist die zweite Epoche einzuschätzen, die Cassirer als ‚charakteristische‘ Dichtung anspricht? Daß er diese Konzeption als Antwort auf die extreme Position der Rousseauianer und als Korrektur versteht (s. S. 91), zeigt, daß hier eine Konstellation anvisiert wird, die wiederum als Verfeinerung gelten soll. Die Vorstellung, Kunst könne nicht expressiv sein, ohne gleichzeitig formend und bildend zu sein (S. 218/*EM* S. 141), konfrontiert uns ja nicht nur mit der These, daß Kunst das eine *und* das andere sei. Vielmehr geht es hier um die Behauptung, daß letzteres notwendige Bedingung des ersteren sei; und dies läßt, recht verstanden, nur den Schluß zu, daß die Dimension des Ausdruckshaften nun ihrerseits – dies kommt auch in der Kritik an William Wordsworth zum Ausdruck (S. 217/*EM* S. 141) – im Lichte andersartiger Leistungen ein neues Gesicht erhält. Worin diese Leistungen bestehen und welchem Bereich sie zuzuordnen sind, geht aus *VM/EM* nicht unmittelbar hervor. Aber in seinem Entwurf „Language and Art I“ spricht Cassirer von einer „power of form“. Dieser Hinweis ist deshalb aufschlußreich, weil er Teil der Antwort ist, die Cassirer auf die Frage gibt, ob Wordsworths Definition der Kunst als „the spontaneous overflow of powerful feelings“ das Wesen der Kunst treffe. Während Cassirer in *VM/EM* Wordsworths Definition mit der Überlegung ablehnt, daß Kunst, so betrachtet, nur Nachahmung *(reproduction)* wäre, betont er im Essay „Language and Art": „This abundance [i. e. der machtvollen Gefühle; A. G.] must be governed and dominated by a different power, by the power of form." *(SMC* S. 158)

Nun führt uns dieser Hinweis auf die „power of form" in zwei Richtungen. Die eine eröffnet die Beziehung zwischen Goethes Begriff der charakteristischen Dichtung (s. S. 90)[6] – Cassirer verwendet in *EM* S. 140 Bernard Bosanquets Übersetzungsterminus „formative" – und Cassirers eigener Auffassung des nicht nachbildenden, sondern (neu-)bildenden *(formative)* Charakters wahrer Kunst. Die andere verweist uns auf einen Zusammenhang zwischen der Vorstellung einer Formkraft und der Annahme reiner Formen *(pure forms)* als Gegenständen künstlerischer Produktion und ästhetischer Erfahrung. Der eine Gesichtspunkt bestätigt die Bedeutung, die Goethe für Cassirer hatte, und soll uns hier nicht weiter beschäftigen. Der andere Gesichtspunkt zeigt hingegen, wie Cassirer seine Auffassung vom bildenden Charakter wahrer Kunst in die Systematik der *Philosophie der symbolischen Formen* eingepaßt haben könnte; und dies würde auch unsere Frage nach dem Status der sog. zweiten Phase in der Entwicklung der Kunst beantworten.

Die Antwort auf diese Frage scheint klar. Denn die „power of form" läßt sich weder mit der Ausdrucksfunktion noch mit der Darstellungsfunktion in Verbindung bringen. Die erste Möglichkeit scheidet trivialerweise aus, weil wir es andernfalls mit einem Widerspruch in der Sache zu tun hätten. Die andere Möglichkeit scheidet zwar nicht *a priori* aus. Denn Cassirer gibt *SMC* S. 158 zu verstehen, daß eigentlich jede Sprachhandlung diese Kraft der Form aufweise. Doch betont er im selben Zusammenhang, daß in der Sphäre des Ästhetischen andere Bedingungen gelten. Denn der Künstler interessiere sich nicht für die empirischen Eigenschaften der Dinge: „The artist ignores these qualities. He is absorbed in the pure form of things; he intuits their immediate appearance. He does not apprehend nature as an aggregate of physical things or as a chain of causes for effects." (S. 159) Dies legt die Annahme nahe, daß die „power of form" in der hier relevanten Perspektive des „konstruktiven Auges" (*VM* S.232/*EM* S.151), des „sympathetischen Blickes" (S.231, 363/*EM* S.150, 170 Anm.44) und der „intuitiven Struktur" (S.257/*EM* S.167) als Sache des symbolischen Ausdrucks (*PFS* I, S.139) bzw. der Bedeutungsfunktion anzusehen ist.

Diese Annahme verdichtet sich, wenn wir eine Bemerkung in „Language and Art II" hinzuziehen: „The sphere of art is a sphere of pure forms. It is not a world of mere colors, sounds, tactile qualities – but of shapes and designs, of melodies and rhythms. In a certain sense all art may be said to be language, but it is language in a very specific sense. It is not a language of verbal symbols, but of intuitive symbols. He who does not understand these intuitive symbols, who cannot feel the life of colors, of shapes, of spatial forms and patterns, harmony and melody, is secluded from the work of art – and by this he is not only deprived of aesthetic pleasure, but he loses the approach to one of the deepest aspects of reality." (*SMC* S.186) Mehr als anderswo wird hier deutlich, daß Cassirer die besondere Welt der intuitiven Symbole als Quelle unvergleichlicher Erfahrung ansieht, die anderen Orientierungen in nichts nachstehe und doch gänzlich eigener Art sei. Zugleich wird verständlich, weshalb Cassirer den einschlägigen philosophischen Kunsttheorien mit Skepsis begegnet (s. S.88).

Seine Skepsis ist begründet. So tendieren naturalistische Theorien dazu, ästhetische Qualitäten normalen Wahrnehmungsqualitäten anzugleichen, und setzen sich damit dem Vorwurf des Reduktionismus aus. Dies gilt auch für jene Positionen, die Cassirer als psychologische Theorien bezeichnet, nämlich Auffassungen hedonistischer Art. Hier wird die ästhetische Erfahrung in Begriffen der Wahrnehmung von Lust beschrieben (*VM* S.244ff./*EM* S.158ff.). Damit ist nicht nur die Eigenart ästhetischer Erfahrung verzeichnet; auch die Natur des Gegenstandes künstlerischer Produktion bleibt außer Betracht. Metaphysische Theorien dagegen setzen sich dem Vorwurf aus, Schönheit als ein transzendentes Gebilde zu behandeln und sie damit aus jenem spezifisch wahrnehmungshaften Kontext herauszulösen, in dem sie beheimatet sind (S.242/*EM* S.157).

Überdies laufen Theorien dieser Art Gefahr, Kunst ihrerseits dann als Weise von Nachahmung begreifen zu müssen; und damit verfehlen sie den symbolischen Charakter der Kunst. Der letztere Punkt freilich steht und fällt mit der Annahme, daß Kunst eben diesen Charakter hat und spezifisch als Weise von Welterschließung aufzufassen ist.

2. Technik

Als Weise der Welterschließung sieht Cassirer auch die Technik. Zu dieser Überzeugung mochte er im Zusammenhang seiner Forschungen im Umkreis von Mythos (*WWS* S. 124–127) und Sprache (*PST* II, S. 254–258) gelangt sein. Offensichtlich eröffnet die Benutzung von Werkzeugen eine neue Beziehung zwischen Mensch und Welt; und von hierher dürfte ihn auch der Umstand interessiert haben, daß in Fällen der Aphasie, Agnosie oder Apraxie auch eine Beeinträchtigung der Fähigkeit beobachtet wird, etwas als Werkzeug zu erkennen (*PSF* III, S. 323). Doch scheint er die systematische Dimension des Phänomens erst um 1930 ausgelotet zu haben, als er einen Beitrag für den von Leo Kestenberg geplanten Sammelband *Kunst und Technik* vorbereitete: „Form und Technik" (*STS* S. 39–90).

Mit diesem Beitrag trat Cassirer in eine Diskussion ein, die damals ähnlich wie heute die Gemüter bewegte und in Lager teilte.[1] Auf der einen Seite gab es Denker, die von Segnungen der Technik sprachen und wie Friedrich Dessauer dabei sogar euphorische Töne anschlugen. Auf der anderen Seite gab es jene Autoren, die zu einer radikal negativen Beurteilung gelangten und dabei die Tradition zivilisationskritischen Denkens weiterführten. Als Aufklärer und Kosmopolit stand Cassirer damals wohl jenen näher, die die positiven Wirkungen sahen und sich auch eine Humanisierung der Lebensbedingungen versprachen. Dieser Optimismus scheint später zu verblassen. Das XVIII. Kapitel seines nachgelassenen *MdS/MS* atmet den Pessimismus dessen, der vor den Trümmern der Kultur Deutschlands stand.

Der Essay „Form und Technik" zeugt von Cassirers Augen-
maß und philosophischem Horizont. Weder erliegt er der naiven Versuchung, so etwas wie eine Bilanzierung positiver und
negativer Wirkungen anzustreben (STS S. 68, 77). Noch begeht
er den Fehler, Ursache und Symptom zu verwechseln (S. 77).
Schließlich warnt er auch vor dem Irrtum, Wert oder Unwert
der Technik etwa mit den Kategorien von Glück oder Unglück
beurteilen zu wollen. – Der erste Punkt ist schon deshalb wichtig, weil so deutlich wird, wie Cassirer Fragen wie die nach Wert
oder Unwert der Technik angeht und einer Beantwortung näher
zu führen sucht: Die in Rede stehende Frage läßt sich sinnvoll
nur auf dem Wege einer „funktionalen Betrachtung" erörtern
(S. 69). So wie Schiller Wert und Bedeutung des Ästhetischen im
Blick auf seine Rolle bei der Menschwerdung zu beantworten
suchte, so gilt es zu fragen, welche Rolle der Technik im Zusammenhang der Kulturentwicklung zukommt (s. S. 59). Der
zweite Punkt richtet sich gegen die Argumentationen jener, die
die Krise der Zivilisation am Beispiel der Auswüchse technischer Entwicklungen aufzeigen und die Technik für diese
Krise verantwortlich machen. Der dritte Punkt ist insofern aufschlußreich, als Cassirer hier übliche Bewertungsmaßstäbe –
Glück bzw. Lust vis-à-vis des Idylls eines vortechnischen Na-
turzustandes, Unlust bzw. Leid vis-à-vis der technisierten Welt
– korrigiert und auf den, wie er meint, relevanten Maßstab von
Freiheit und Unfreiheit hinweist.
   Weshalb sind Freiheit und Unfreiheit der relevante Maßstab?
Die Antwort hat mit der Forderung nach einer funktionalen
Betrachtung zu tun. Falls nämlich Wert und Unwert der Technik nur im Blick auf ihre Funktion in der menschlichen Kulturentwicklung beurteilt werden kann und diese darin besteht,
zur Selbstbefreiung der Menschheit beizutragen, so ist klar, daß
bei der Bewertung nur das Maß von Freiheit oder Unfreiheit,
das geschaffen wird, ins Gewicht fällt. Nun steht oder fällt die
so gewonnene Bewertung freilich damit, ob die Rolle und Relevanz der Technik so korrekt bestimmt ist.
   Wie schon im Falle der Erörterung anderer symbolischer
Formen gehört für Cassirer zur philosophischen Klärung von

Technik die Aufgabe, Sein und Bedingung der Möglichkeit dieses Phänomens zu ergründen. Und wie im Falle anderer symbolischer Formen kann diese Aufgabe in seinen Augen auch hier nur dann gelingen, wenn die Genese der in Rede stehenden Sache aufgeklärt ist (S. 43). Dieser Rekurs auf die Genese ist nicht unproblematisch, um so mehr, als Cassirer hinsichtlich des Seins der Technik eine Voraussetzung ins Spiel bringt, für die er nicht weiter argumentiert. So sagt er: „Das Sein der Technik läßt sich nicht anders als in der Tätigkeit erfassen und darstellen." (S. 48) Diese Behauptung erinnert an Cassirers These bezüglich des Seins als Tun (*PSF* I, S. 11). Doch wird im Kontext der Erörterungen von *STS* nicht deutlich, mit welchem Recht Cassirer die Frage nach dem Sein der Technik als Frage nach der Tätigkeit versteht. Daß dieses Verständnis Cassirers philosophischem Projekt entgegenkommt, ist allerdings augenfällig. Denn damit, daß „das Sein hier nicht anders als im Werden, das Werk nicht anders als in der Energie sichtbar werden" kann (S. 49), wird eine Verwandtschaft bzw. innere Beziehung „zwischen der Technik und den anderen Grundmächten des Geistes" deutlich; und da Phänomene dieser Art ohnehin nur auf dem Wege einer genetischen Definition erfaßt werden können (S. 49 [s. S. 39]), weist die Untersuchung der Genese der Technik *ipso facto* den Weg zur Einsicht in das Wesen der Technik.

Von hier aus wird auch verständlich, daß Cassirer zu Beginn seiner Erörterungen Max Eyths Charakterisierung der Technik – „Technik ist alles, was dem menschlichen Wollen eine körperliche Form gibt" – beifällig zitiert (S. 43). Tatsächlich weist diese Charakterisierung auf den Zusammenhang voraus, in dem Cassirer den „Typus des magischen Wollens und Vollbringens" bei den Naturvölkern mit dem „Typus des technischen Wollens und Vollbringens" bei den Kulturvölkern konfrontiert (S. 53). Cassirer macht geltend, daß der Natur „jetzt nicht, wie in der Magie, das eigene Wünschen und Wähnen bloß untergeschoben", sondern „ein eigenes unabhängiges Sein zugestanden" wird (S. 59–60). Dies bedeutet u. a., daß an die Stelle zauberischen Zwanges nun die Entdeckung der Natur tritt (S. 60). Dieser Entdeckung entspricht eine gänzlich neuartige Einschätzung des eigenen Daseins und seiner Möglichkeiten: „Denn hier erst tritt der Gedanke der Kausalität aus der Begrenztheit der ‚inneren Erfahrung‘, aus der Gebundenheit an das subjektive Willensgefühl heraus." (S. 64) In dem Maße, wie sich die Wirklichkeit selbst als „modifizierbarer, als einbildsamer Stoff" erweist und „dem Wollen und dem Tun des Menschen einen Spielraum von unübersehbarer Weite" bietet, „baut der Mensch sich *seine* Welt, seinen Horizont der ‚Objekte‘ und seine Anschauung des eigenen Wesens fortschreitend auf" (S. 67).

Nun birgt diese Entwicklung zur Technik eine Problematik besonderer Art in sich, die von Cassirer zu Recht als dialektische Konstellation beschrieben wird: „Ist die *Erschließung* der Objektwelt nicht zugleich und notwendig die *Entfremdung* des Menschen gegenüber seinem eigenen Wesen, gegenüber dem, was er ursprünglich ist und als was er sich ursprünglich fühlt?" (S. 68) Cassirer leugnet dieses Phänomen, das insbesondere von Ludwig Klages leidenschaftlich gegeißelt wurde, keineswegs (vgl. *LKW* S. 75 u. ö.). Doch bezweifelt er die Interpretation, die diesem Phänomen abgewonnen bzw. unterlegt wird, und relativiert auch die Folgerungen, die Klages und andere aus der Interpretation ziehen. So gibt er zu erwägen, die Technik ähnlich wie die Kunst in Schillers ästhetischer Theorie als notwendige Phase auf dem Weg zur Mensch-Werdung zu verstehen (*STS* S. 69) und sie nicht nur als „Schöpfung des Menschen", sondern als dessen „zweite Schöpferin" anzusehen (S. 70). Insbesondere aber wendet er sich gegen die Vorstellung, Technik richte sich gewissermaßen nur nach außen und führe damit den Menschen von seinem inneren Kern weg.

Zwei Punkte scheinen geeignet, die Prämissen solcher Interpretationen in Zweifel zu ziehen, wie sie von Klages und anderen vorgetragen werden. Erstens bestreitet Cassirer, daß es eine scharfe Grenzziehung zwischen ‚Innen‘ und ‚Außen‘ gebe. Dies weist auf einen Kerngedanken der *Philosophie der symbolischen Formen* zurück und spielte bereits in der „Einleitung" zu *EP* I, S. 8–9 eine wichtige Rolle. Damit ist ein gutes Argument gegen Interpretationen vom Klagesschen Typus gewonnen. Denn Interpretationen dieser Art stehen und fallen mit der Annahme eines unverrückbaren Wesenskerns im Inneren. Zweitens zeigt Cassirer, daß Beschreibungen der Technik als Bewegung nach außen den Kern der Sache verkennen und die Situation verzeichnen. Zum einen macht er geltend, daß hier wie in allen Fällen dieser Art eine „Doppelbewegung" vorliege; das heißt u. a., daß sich das Ich auch durch seine Leistungen definiert und so das Verständnis seiner selbst erweitert. Zum anderen versucht Cassirer zu zeigen, daß es sich bei der Bewegung nach „Außen" um eine Art Transfer der Innen-Situation handelt, die sich keineswegs in Begriffen einer Entfremdung angemessen verstehen läßt.

Für diesen Punkt beruft sich Cassirer auf den Hegelianer Ernst Kapp. Dieser hatte in Texas Wälder gerodet und über den Gebrauch der Instrumente und Werkzeuge nachgedacht. Diese Überlegungen hat er 1877 nach seiner Rückkehr in dem Buch *Grundlinien einer Philosophie der Technik* zur Darstellung gebracht. Dabei vertritt er die Auffassung, daß im Bau von Werkzeugen das Bild des Leibes erkennbar werde und Menschen erst auf dem Wege der Organ-Projektion zur Kenntnis ihrer Organe gelangen. – Zwar ist Cassirer weit davon entfernt, die metaphysischen Annahmen im Hintergrund der Thesen Kapps zu teilen. Doch fasziniert ihn natürlich der Gedanke, „daß das technische Wirken, in seiner Richtung nach außen, immer zugleich ein Selbstbekenntnis des Menschen und in ihm ein Medium seiner Selbsterkenntnis darstellt" (S. 72–73). Denn dieser Gedanke nimmt Argumentationen wie denen von Klages die Spitze. Nun leugnet Cassirer nicht, daß der Mensch mit diesem Genuß der ersten Frucht vom Baum der Erkenntnis „sich für immer aus dem Paradies rein organischen Daseins und Lebens verstoßen hat" (S. 73). Auch sieht er sehr wohl, daß die eigentliche Sphäre der technischen Betätigung von einem Gesetz beherrscht wird, das im Anschluß an Karl Marx' Ausführungen im XIII. Kapitel von *Das Kapital* (‚Entwicklung der Maschinerie') als das Gesetz der „Emanzipation von der organischen Schranke" gilt. Doch bedeutet diese Lossagung in seinen Augen gerade den Schritt zum „selbständigen Sinn" und zur „autonomen Funktion".

Daß technisches Tun eine „neue Ordnung" aufrichte, „die nicht in Anlehnung an die Natur, sondern nicht selten im bewußten Gegensatz zu ihr gefunden wird", ist für Cassirer schon deshalb nicht erstaunlich, weil diese Entwicklung des „Geistes des Werkzeugs" analog zur Sprache als „Werkzeug des Geistes" verläuft. Auch die Sprache entwickelt sich ursprünglich im Umkreis des Ausdruckshaften und Mimetischen, um dann zum reinen Symbol zu werden und so ihre „eigentümliche geistige Gestalt" zu finden (S.74). Tatsächlich handelt es sich bei dieser Entwicklung in Cassirers Augen sogar um die Erfüllung einer „allgemeineren Norm, die die Gesamtheit der Kulturentwicklung beherrscht". Daß dieser Schritt in gewisser Hinsicht irreversibel ist, scheint ebenso unzweifelhaft wie seine Notwendigkeit. Darüber kann auch der Umstand nicht hinwegtäuschen, daß – auf der Ebene ursprünglicher Stufen – noch ein enger Zusammenhang zwischen Arbeit und körperlicher Bewegung sichtbar wird und in manchen Kulturen Tanz und Arbeit mit demselben Ausdruck bezeichnet werden. Deshalb muß auch jene Solidarität, die im Bereich handwerklichen Tuns der Herstellende gegenüber seinem Werk empfindet, als Sonderfall angesehen werden. (S.76)

Cassirer leugnet nicht, daß der Schritt aus der Vormundschaft der Natur (S.74) den Verlust von Glück bedeutet. Auch sieht er sehr wohl, daß der Zusammenhang von Arbeit und Werk nicht mehr als erlebbarer Zusammenhang empfunden wird; es entgeht ihm auch nicht, daß nun eine Verunselbständigung des Menschen Realität gewinnt, der – dies hatte Georg Simmel herausgestellt – die Sachordnungen nicht mehr zu durchdringen vermag, die er geschaffen hat. Doch sieht er bei alldem die Gefahr eines tieferen Konfliktes. Dabei denkt er an einen Konflikt innerhalb des Geistes, dergestalt, daß nunmehr ein Widerstreit zwischen den einzelnen Grundrichtungen selber aufkommt. Konflikte dieser Art zeichnen sich ab, wenn Grenzziehungen verwischt und die Verhältnisse von Überordnung und Unterordnung aus den Fugen geraten. Dies ist z.B. der Fall, wenn technisches Tun an ästhetischen Kategorien gemessen oder mit der Frage nach seinem ethischen Sinn und Recht konfrontiert wird (S.86).

Im ersten Fall droht die Priorität der Funktion aus dem Blickfeld zu geraten; zudem bleibt außer Betracht, daß in beiden Bereichen unterschiedliche Arten von Schönheit Gestalt gewinnen, die genau genommen inkommensurabel sind. Für diesen Punkt bezieht sich Cassirer auf eine Überlegung, die auf die *Philosophie der symbolischen Formen* verweist: Während die Kunst sinngemäß das Gleichgewicht zwischen der Welt des Ausdrucks und der Welt der reinen Bedeutung halte, gehöre die Technik ähnlich wie die theoretische Naturerkenntnis zur Sphäre reiner Bedeutung: „Daß der Gewinn, den sie damit erreicht, immer zugleich ein Opfer in sich schließt, ist unbestreitbar." Auch im zweiten Fall haben wir es mit einer Kategorienverwechslung zu tun. Nur liegen die Dinge hier komplizierter. Denn offensichtlich hat die Entwicklung und Ausbreitung der Technik Prozesse eingeleitet, die – hier bezieht sich Cassirer auf die eindrücklichen Formulierungen Walther Rathenaus – geradezu nach moralischer Verurteilung schreien. Doch bedarf dieser Punkt genauerer Analyse. Rathenau selber hatte sehr wohl erkannt, daß die Mängel und Schäden der modernen Kultur aus der Verbindung der Technik mit einer bestimmten Wirtschaftsordnung und Wirtschaftsform resultieren. Überdies ist offensichtlich, daß die Verhältnisse massiv vom „Widersinn jeglicher, mit rein hedonistischen Maßen messenden Ethik" zeugen: „Jedes gestillte Bedürfnis dient nur dazu, im gesteigerten Maße neue Bedürfnisse hervorzuheben – und aus diesem Kreislauf ist für den, der einmal in ihn eingegangen ist, kein Entrinnen" (S. 87). Hier nun setzt Cassirers Argument an. Die Folgen oder Nebenfolgen der Technik geißeln, ist eine Sache. Eine andere Sache ist es zu fragen, „ob diese Wirkungen notwendig mit ihrem *Wesen* gesetzt, ob sie in dem gestaltenden *Prinzip* der Technik selbst beschlossen und durch dasselbe gefordert sind" (S. 88). Diese Frage verneint Cassirer; und er gibt zu bedenken, daß die Technik, richtig verstanden, nur eine dienende Funktion haben könne: „Sie versteht ihren eigenen Sinn und ihr eigenes Telos am besten, wenn sie sich dahin bescheidet, daß sie niemals Selbstzweck sein kann, sondern sich einem anderen ‚Reich der Zwecke', daß sie sich jener echten und endgültigen Teleologie einzuordnen hat, die Kant als Ethiko-Te-leologie bezeichnet." (S. 88–89)

Damit steht aber auch der Kern der Problematik deutlicher vor Augen: „So wenig die Technik aus sich und ihrem eigenen Kreis heraus unmittelbar ethische Werte erschaffen kann, so wenig besteht eine Entfremdung und ein Widerstreit zwischen diesen Werten und ihrer spezifischen Richtung und Grundge-sinnung." Um so wichtiger ist es zu erkennen, daß die Technik als solche unter der Herrschaft des „Sachdienstgedankens" steht und im Lichte des „Ideals einer Solidarität der Arbeit" ver-ständlich wird, „in der zuletzt alle für einen und einer für alle wirke". Diese geistige Grundrichtung verstehen heißt erkennen, daß die Technik nicht nur daraufhin angelegt ist, als „Bezwin-gerin der Naturgewalten" zu wirken, sondern auch als „Be-zwingerin der chaotischen Kräfte im Menschen selbst". Es ist kein Zufall, daß hier der Gedanke der Form und der formbil-denden Kraft beschworen wird. Denn damit tritt einmal mehr die Analogie zu den anderen symbolischen Formen hervor. Insbesondere aber bewahrheitet sich für Cassirer hier, in dieser Vision, die Analogie zur Funktion der Kunst, die zur zweiten Schöpferin der Menschen wurde.

Ob diese humanistische Vision Bestand hatte, ist eine schwierige Frage. Rund fünfzehn Jahre später findet sich Cassi-rer mit einer Situation konfrontiert, die die Technik ganz und gar im Dienst der Entbindung der chaotischen Kräfte im Men-schen sieht. Dies ist der Tenor des Kapitels „Die Technik der modernen politischen Mythen" in *MdS/MS*. Was Cassirer hier vor Augen sieht, ist die planmäßige technische Erzeugung des Mythos: „Die neuen politischen Mythen wachsen nicht frei auf; sie sind keine wilden Früchte einer üppigen Einbildungskraft. Sie sind künstliche Dinge, von sehr geschickten und schlauen Handwerkern erzeugt." (*MdS* S. 376) Cassirer macht geltend, daß die Wiederaufrüstung Deutschlands nicht erst 1933 be-gonnen habe, sondern viele Jahre zuvor, nämlich mit der Ent-stehung der politischen Mythen: „Die militärische Wiederauf-rüstung, die die politischen Mythen herbeigeführt hatten." (S. 368/*MS* S. 282) Entscheidend war hierbei die Strategie, einen

Wechsel in der Funktion der Sprache zu erwirken, nämlich eine Verlagerung weg vom „logischen", „beschreibenden", „semantischen" Gebrauch hin zum „magischen" Gebrauch von Worten.

In primitiven Gesellschaften „hat das magische Wort einen vorwiegenden und überwältigenden Einfluß. Es benennt nicht Dinge oder Beziehungen zwischen Dingen; es versucht, Wirkungen hervorzubringen und den Lauf der Natur zu ändern" (S. 368/*MS* S. 283). Diese Tendenz zeigt sich auch im deutschsprachigen Schrifttum. Nicht nur sind neue Worte geprägt worden, alte Worte haben einen Bedeutungswandel erfahren: „Dieser Bedeutungswandel folgt aus der Tatsache, daß jene Worte, die früher in beschreibendem, logischem oder semantischem Sinne gebraucht wurden, jetzt als magische Worte gebraucht werden, die bestimmt sind, gewisse Wirkungen hervorzubringen und gewisse Affekte aufzurühren." (S. 369/*MS* S. 283) Hier geht es um die Schaffung emotionaler Atmosphäre, die gefühlt wird und nicht übersetzt werden kann. Der magische Gebrauch von Worten scheint von Riten begleitet. Ihre Funktion ist es, „all unsere aktiven Kräfte in Schlaf zu lullen, unsere Urteilskraft und Fähigkeit kritischer Unterscheidung, unser Gefühl für Persönlichkeit und individuelle Verantwortung hinwegzunehmen" (S. 370/*MS* S. 284–285).

Cassirer zeigt im Detail, wie verheerend sich der Mythos im XX. Jahrhundert auswirkte und wie stark seine Wogen namentlich auch in die Orientierung der wissenschaftlich-akademischen Welt einbrachen und elementare Klarheiten zum Verschwinden brachten.[2] Persönlich scheint er keinen Zweifel zu hegen, daß dieser Zauber der Vergangenheit angehören wird (S. 386/*MS* S. 295) und spätere Generationen auf sichereren Fundamenten stehen werden. Was ihn zu diesem Optimismus bestimmt, sagt er nicht. Sicher ist es nicht der Glaube an die heilende Kraft philosophischen Denkens. Denn zu viele Philosophen wurden selber Opfer der Mythen,[3] und die es nicht wurden, scheinen „längst alle Hoffnung, den Lauf der politischen und sozialen Ereignisse zu beeinflussen, aufgegeben zu haben" (S. 387). Offenbar geht es „über die Macht der Philo-

sophie hinaus, die politischen Mythen zu zerstören. Ein Mythos
ist in gewissem Sinne unverwundbar. Er ist für rationale Argumente undurchdringlich" (S. 388).

3. Moral und Recht

Moral und Recht wurden von Cassirer frühzeitig, nämlich 1925
in seiner Abhandlung „Sprache und Mythos", als symbolische
Formen angesprochen und wie sämtliche Erzeugnisse des theoretischen, praktischen und ästhetischen Denkens überhaupt an
das mythisch-religiöse Bewußtsein zurückgebunden (*WWS*
S. 112). Doch hat er diese Disziplinen der praktischen Philosophie nie als solche systematisch behandelt und ihnen auch in
EM/VM keine eigenen Kapitel gewidmet. So beschränkt sich
die Basis der Beurteilung dieser Belange im wesentlichen auf
jene Ausführungen, die sich in der Abhandlung *Axel Hägerström. Eine Studie zur schwedischen Philosophie der Gegenwart*
finden. Da Cassirer hier freilich in erster Linie die Positionen
des großen alten Mannes der schwedischen Philosophie her-
auszuarbeiten versucht und sie auf ihre Voraussetzungen hin
prüft, wäre es falsch, in dieser Studie etwa eine systematische
Entfaltung eigener Thesen zu erwarten. Doch ist vorstellbar,
wie eine solche Entwicklung von Cassirer skizziert worden
wäre.[1]

Vorausgesetzt, Cassirer hätte im Fall der Moral ähnlich wie
auch bei seiner Behandlung der Kunst nicht die gelebte Moral
zur Basis seiner Erörterungen genommen, sondern Auffassungen von Moral in den Vordergrund gestellt und die Entfaltung solcher Auffassungen unter dem Aspekt zunehmender
Objektivierung interpretieren wollen, so scheint klar, daß die
kantische Auffassung sinngemäß das Plateau der höchsten Ent-
wicklungsstufe markiert. Denn Kants Ethik ist formaler Natur,
sie hat sich von den Umständen der Welt sozusagen befreit und
mit der Forderung nach Widerspruchsfreiheit im Wollen und
Denken der Sache der Vernunft endgültig zum Durchbruch
verholfen. Dabei ist denkbar, daß Cassirer auch heutige Ansätze

auf dem Niveau der reinen Bedeutungsfunktion des Bewußtseins angesiedelt hätte. Man mag hier an das Prinzip der Umkehrbarkeit denken, das in der Diskussion des Verallgemeinerungsprinzips eine wichtige Rolle spielt und im Lichte psychologischer Theorien über die moralische Entwicklung, wie bei Lawrence Kohlberg, besondere Aufmerksamkeit erfahren hat, oder an Rawlssche Fairneßprinzipien. Sinngemäß ist freilich anzunehmen, daß Cassirer solche Ansätze bevorzugt und ausgezeichnet hätte, die den Aspekt der strikten Un- bzw. Überpersönlichkeit betonen und den Anspruch auf apriorische Geltung ins Feld führen.

Wo die übrigen Demarkationslinien verlaufen könnten, läßt sich wohl weniger leicht sagen. Ganz am Anfang scheint sich die Situation so auszunehmen, daß Sitte und Brauch das einzig Objektive darstellen, an dem sich der Mensch orientieren kann. Doch hat diese Orientierung enge Grenzen. Denn „was vom Standpunkt der einen Gemeinschaft galt, gilt nicht von dem der anderen" (*AH* S. 78). Diese Grenzen werden durch die philosophische Ethik gesprengt, deren Grundtendenz immer schon universalistisch war. Als Prototyp des ethischen Universalismus überhaupt sieht Cassirer die stoische Philosophie. Sie wirkte auch unabhängig von ihren materialistischen Grundvoraussetzungen weiter und fand in der frühen Neuzeit starken Widerhall. Dabei gilt es zu sehen, daß sie „eine bedeutsame Mission auch für die moderne Welt erfüllt" (S. 82).

Tatsächlich dokumentiert sich in der stoischen Ethik mehr als in anderen Ansätzen die Vorstellung, daß Sätze der Ethik – also Sätze über gut und schlecht – ebenso gewiß und sicher seien wie die Sätze der Wissenschaft überhaupt. So ist denkbar, daß Cassirer diese Stufe des Universalismus als Ausprägung des analogischen Denkens bzw. des Darstellungsbewußtseins ansah. Diese Vermutung liegt um so näher, als in der Neuzeit eben diese universalistische Tendenz durch die Verwendung axiomatisch aufgebauter Systeme wissenschaftlich auf die Höhe der Zeit gebracht wurde (*MdS* S. 217/*MS* S. 166). Die Einsicht, daß zwischen theoretischen und praktischen Sätzen ein Unterschied besteht, blieb Kant vorbehalten. Erst damit kommt der eigentliche Bereich des Moralischen in den Blick und wird Sittlichkeit auch in ihrem *sui generis*-Charakter erfaßt.

Eine entsprechende Entwicklung ist für das Recht und das Rechtsbewußtsein anzunehmen. Auch hier versteht Cassirer die Tradition des kantischen Denkens als Zielpunkt einer Entwicklung, die von Anfang an auf die Anerkennung des Rechts als etwas Ewiges, Unveränderliches und schlechthin Allgemeines hin angelegt ist. Ursprünglich war der Rechtsbegriff keineswegs als eigener Begriff verfügbar. So zeigt das Denken der vorsokratischen Philosophen, wie stark hier Natur, Recht und Sittlichkeit miteinander verwoben sind. In seiner Abhandlung „Logos, Dike, Kosmos in der Entwicklung der griechischen Philosophie"[2] arbeitet Cassirer die engen Verflechtungen zwischen den Vorstellungen von Vernunft, Ordnung und Gesetz heraus; und er vertritt die These, daß die Rechtsidee ihre besondere Ausprägung im Denken des Parmenides von Elea erhalte. Denn hier werden *Dike* und *Aletheia* in einen ausdrücklichen Zusammenhang gebracht: „Erst aus dieser Verknüpfung mit dem Begriff der Wahrheit konnte die Rechtsidee jene universelle Geltung gewinnen, die ihr im griechischen Denken zugesprochen wird. Mehr und mehr mußte sich jetzt die Überzeugung befestigen, daß das Recht sich zwar in bestimmten ,Satzungen' ausspricht, daß aber sein letzter Ursprung in etwas anderem, als in der bloßen Willkür solcher Einzelsatzungen zu suchen sei." (S. 20) Diese Gedanken findet Cassirer auch in Heraklits These von der einen Weltordnung *(kosmos),* die für alle Wesen dieselbe sei und von keinem Gott und keinem Menschen geschaffen wurde, sondern immer war, sei und sein werde: „So entsteht aus dem Gedanken der ungewordenen Wahrheit und der ungewordenen Natur der kühne Gedanke der Unwandelbarkeit des Rechts: ein Postulat, das aller Erfahrung zu widerstreiten scheint, das aber die ,Vernunft' immer wieder aufrichtet und aufrecht erhält." (S. 20–21)

In dieser Entwicklung vollzieht sich die Ablösung des Rechts aus dem Mythos: „Das Recht ist zwar, genetisch betrachtet, aufs Engste mit dem Mythos verbunden; aber es scheint niemals völlig in ihm aufzugehen. Es grenzt sich einen Bezirk des

‚Profanen' ab, innerhalb dessen es sich relativ frei und selbständig bewegt. Aber es gelangt damit freilich noch zu keiner wahrhaften ‚Autonomie'." (*AH* S.102) Erst als der Staat mit, wie Cassirer sagt, selbständigen Forderungen auftritt, sich die Bindungen an den Bereich des Mythisch-Religiösen lockern und so auch die Forderungen der sog. Ungeschriebenen Gesetze (*agraphoi nomoi*) dem Anspruch des positiven Rechts weichen, zeichnet sich eine neue Dimension ab. Was im etymologischen Zusammenhang von „*dike*" und „*dicere*", „*fas*" und „*fari*" angelegt ist, gewinnt in dieser Entwicklung nun sinnfälligen Ausdruck: „Aber indem das Recht in den Bereich der Sprache eintritt und sich in ihre Formen kleidet, hat es damit auch einen neuen Weg der *Objektivierung* beschritten." (S.103) Denn mit dem sprachlichen Ausdruck gewinnt das Recht die ihm eigene Bestimmtheit: „Eine besonders charakteristische Form nimmt diese Leistung an, wenn der sprachliche Satz sich zum Ausdruck der rechtlichen ‚Satzung' macht. Erst auf Grund einer solchen läßt sich die Vielheit, die Disparatheit und der Widerstreit der einzelnen Interessen überwinden. Sie haben sich jetzt dem Richt*spruch* und Urteils*spruch* zu fügen, einem Spruch, der einmal gefällt und rechtskräftig geworden, eine Art von Endgültigkeit für sich in Anspruch nimmt, die durch individuelle Willkür nicht mehr anzutasten ist."

Nun dürfen diese Erwägungen nicht darüber hinwegtäuschen, daß die sog. *agraphoi nomoi* in anderer Hinsicht für Cassirer das eigentliche Herzstück des Rechts ausmachen. Denn sie liegen dem Naturrechts-Denken zugrunde; und erst die Anerkennung naturrechtlicher Verbindlichkeiten hebt das Recht aus dem Bereich der Beliebigkeit und Willkür heraus und verleiht ihm jenen Charakter von Unabhängigkeit, der die Objektivität und Unantastbarkeit des Rechts ausmacht. In seinem Vortrag „Vom Wesen und Werden des Naturrechts"[3] hebt Cassirer 1932 vor der Juristischen Gesellschaft Hamburgs hervor, daß diese Entwicklung keineswegs selbstverständlich war. Auf der einen Seite mußte nämlich die Bindung an die Theologische Dogmatik überwunden, auf der anderen Seite die Einbindung des Rechts in den Staatsabsolutismus gelöst werden (S.6). Diesen Schritt sieht er bei Hugo Grotius vollzogen. Die Durchbildung des Gedankens, daß es „unveräußerliche Rechte des Individuums gibt, die dem Eingriff und Übergriff des Staates ein für allemal entzogen sind", führt Cassirer auf Locke und Blackstone in England, Leibniz, Pufendorf, Thomasius und Wolff in Deutschland und Montesquieu, Diderot und Voltaire in Frankreich zurück (S. 17–18).

Die Betonung des gemeinsamen europäischen Charakters dieser Errungenschaft dürfte wohl absichtsvoll sein. Wie er 1916 in *Freiheit und Form* und 1927 in *Kosmos und Individuum* die humanistische Ausrichtung der Renaissance als europäische Leistung ansprach (s. S. 18) und 1932 in seinem Buch *Philosophie der Aufklärung* von einer gemeinsamen philosophischen Errungenschaft von Denkern verschiedener Nationen spricht, so argumentiert Cassirer auch in diesem Aufsatz gegen vorherrschende Auffassungen. Diese Stoßrichtung macht sich wohl auch darin bemerkbar, daß Cassirer sein Plädoyer für die Anerkennung naturrechtlicher Prinzipien auch mit einem amerikanischen Autor abstützt. Bereits anläßlich des 10. Jahrestages der Verfassung am 11. August 1928 hatte Cassirer in seiner Rede „Die Idee der republikanischen Verfassung" geltend gemacht, daß die Idee der Republik im naturrechtlichen Denken Leibniz', Wolffs und Kants verwurzelt sei. Diese Überlegungen fanden wohl nicht nur geneigte Hörer. Auch die Leitidee des Vortrags vor der Juristischen Gesellschaft mußte ein zwiespältiges Echo hervorrufen. Denn die Gedanken, die Cassirer hier in den Vordergrund stellte, signalisierten sogleich einen Konflikt mit positivistischen Denkweisen. Sie setzten sich aber auch in Gegensatz zum Denken der sog. Historischen Rechtsschule Friedrich Carl von Savignys (1779–1861). Diese Denkweise gründet in der Romantik und birgt, wie Cassirer Jahre später in seinem Aufsatz „Naturalistische und humanistische Begründung der Kulturphilosophie" zu bedenken gibt, ein quietistisches Element und – dies scheint nicht zuletzt im Blick auf die Entwicklung der politischen Geschehnisse wichtig – eine passive Haltung gegenüber dem, was als Schicksal oder als schicksalshaft empfunden wird (*EBK* S. 235). Daß Cassirer das Wiedererstarken dieser

Denkweise, die sich am im Volke lebenden Rechtsbewußtsein orientiert, mit großer Skepsis betrachtet, geht aus der Art und Weise hervor, wie er Grotius' humanistische Position charakterisiert: „Hier soll nicht das Recht als eine zufällige Schöpfung betrachtet werden, die aus der Sphäre des bloßen Trieblebens stammt, die einem empirischen Einzeltriebe der menschlichen Natur entspringt; es wird vielmehr als konstitutiv für den Menschen, als notwendige Vorbedingung für die ‚humanitas ipsa‘ angesehen und definiert." (S. 23)

Cassirers Plädoyer für naturrechtliche Orientierungen, namentlich aber seine Forderung nach Anerkennung ewiger, unveränderlicher und unveräußerlicher menschlicher Rechte hat bereits den Charakter einer *vaticinatio ex eventu*. Dies gilt um so mehr 1935, als Cassirer in seiner Göteborger Antrittsvorlesung auf diesen Gedanken zurückkommt (*SMC* S. 58). Tatsächlich haben renommierte Juristen bald nach dem Zusammenbruch 1945 das Versagen des Rechtswesens in Deutschland mit der Vorherrschaft des Positivismus in Zusammenhang gebracht. Als Erklärung dessen, was geschah, sind Überlegungen dieser Art kaum stichhaltig. Denn hier ging es in der Regel eher um Fragen der Zivilcourage und der persönlichen Integrität. Doch mag der Hinweis auf die faktische Geltung des Rechts vielen Juristen als Teil der Rationalisierung ihres Tuns gedient haben. So publizierte Gustav Radbruch 1946 kurz vor seinem Tod einen Aufsatz „Gesetzliches Unrecht und übergesetzliches Recht", in dem er sich von früheren Überzeugungen lossagte.[4] Insbesondere brandmarkte er die positivistische Trennungsthese – die Unterscheidung zwischen Recht, wie es ist, auf der einen Seite, und Recht, wie es sein sollte, auf der anderen Seite – und warb für den Vorschlag, nur das als Recht anzuerkennen, was der Forderung nach überpositiver Verbindlichkeit genüge. Diese These hat auch in der nachfolgenden Zeit vehemente Unterstützung erfahren.[5] Doch ist sie, wie zuerst der Oxforder Rechtswissenschaftler und Philosoph Herbert L. Hart und später Norbert Hörster darlegte, in verschiedener Hinsicht anfällig und philosophisch brüchig.[6] Auf mögliche Kritikpunkte geht Cassirer nicht ein. So sind seine Einlassungen zur Frage der rechtsphilosophischen Orientierung wohl in erster Linie als moralisches Plädoyer für bestimmte Werte und moralische Ideale zu gewichten. Diese Orientierung wird insbesondere durch das Denken Kants geleistet (S. 19–20). Um so erstaunlicher ist es deshalb, daß sich Cassirer nicht auch mit der neukantianischen Rechtsphilosophie auseinandersetzt. Weder erwähnt er Hans Kelsens (1881–1959) Überlegungen zu einer reinen Rechtslehre, die ja auf Hermann Cohen zurückweisen, noch kommt er auf Rudolf Stammlers (1856–1937) Untersuchungen zum Begriff des richtigen Rechts zu sprechen. Doch diktierte der Anlaß, wie auch die Zeit überhaupt, die Prioritäten wohl in anderer Weise. Letztlich ging es einfach darum, in Erinnerung zu rufen, daß es Dinge gibt, die man unter keinen Umständen tun dürfe und für die auch keine Form der Rechtfertigung denkbar sei.

IV. Der Status der Geisteswissenschaften

1. Allgemeines

Mit seiner Abhandlung „Zur Logik der Kulturwissenschaften"
tritt Cassirer 1942 in eine Diskussion ein, die durch Wilhelm
Diltheys *Einleitung in die Geisteswissenschaften* vom Jahre 1883
ausgelöst worden war und durch Publikationen von seiten Wilhelm Windelbands und Heinrich Rickerts ihre Konturen er-
langte. Dilthey vertrat damals die Auffassung, daß die Geistes-
und Naturwissenschaften unterschiedlichen Bereichen zugeordnet seien und deshalb je verschiedene Zugänge erforderten.[1]
Windelband und Rickert teilten diese Auffassung nicht. Beide
meinten, *eine* Wirklichkeit werde unter verschiedenen Gesichtspunkten betrachtet. Doch stimmten sie hinsichtlich der
Art des methodischen Dualismus nicht überein. Windelband
vertrat die These, daß die Naturwissenschaften nach allgemeinen Gesetzlichkeiten suchen, während die historischen
Wissenschaften einzelne Ereignisse und Vorfälle erforschen. In
diesem Sinn sprach er von der „nomothetischen" Methode der
Naturwissenschaften auf der einen Seite und der „idiographi-
schen" Methode der historischen Wissenschaften auf der anderen Seite.[2] Daß diese Betrachtung, zumindest in der strikten
Disjunktion zweier Methoden, nicht korrekt ist, hat dann Rik-
kert geltend gemacht.[3] Denn im Rahmen geisteswissenschaftlicher Studien spielen sicher auch gesetzesartige Überlegungen eine Rolle, und umgekehrt kommen im Bereich der
Naturwissenschaften auch Untersuchungen zu einzelnen Phänomenen der Vergangenheit zum Tragen.[4]

Cassirer kennt diese Diskussion. Bereits in der Einleitung
zum ersten Band seiner *PSF* gibt er zu verstehen, daß seine
Auffassung von Kunst, Sprache, Mythos und Erkenntnis als
„Wege, die der Geist in seiner Objektivierung, d.h. in seiner

Selbstoffenbarung verfolgt", eine Problemstellung angeht, die
„einen neuen Zugang zu einer allgemeinen Philosophie der
Geisteswissenschaften erschließt" (I, S. 9). Im selben Jahr publizierte er seinen Aufsatz „Der Begriff des symbolischen Form
im Aufbau der Geisteswissenschaften" (*WWS* S. 169–200). Dabei scheint mit dem Titel selbst bereits eine Anknüpfung an
Diltheys Göttinger Akademie-Abhandlung „Der Aufbau der
geschichtlichen Welt in den Geisteswissenschaften" angezeigt.
Allerdings findet Dilthey, dessen Schrift 1910 erschienen war,
keine namentliche Erwähnung. Immerhin würdigt Cassirer im
V. Kapitel seiner Auseinandersetzung mit Axel Hägerström
(„Zur ‚Logik der Geisteswissenschaften'") Diltheys Untersuchungen zu einer allgemeinen Strukturlehre der Geisteswissenschaften als wichtigen Beitrag (*AH* S. 114). Auch in der
Abhandlung „Naturalistische und humanistische Kulturphilosophie" aus dem Jahre 1939 wird Diltheys Beobachtungs-
kraft gewürdigt (*EBK* S. 231). Doch zeigt seine Exposition des
status quaestionis in *LKW*, daß Rickerts Kritik in seinen Augen
triftig ist und zur Sache spricht. Da er in Rickerts philosophischem Ansatz freilich Probleme erkennt, die zu un-
lösbaren Aporien führen (S. 37, 63), versucht er, die Frage seinerseits neu anzugehen. Hier nun ist daran zu erinnern, daß die
Problemstellung bei Cassirer im Schatten der *Philosophie der
symbolischen Formen* steht, die sich ihrerseits als Transformation der kantischen Philosophie in eine Kritik der Kultur versteht. Dies bringt gewisse terminologische und möglicherweise
systematische Komplikationen mit sich: Sofern Cassirer sämtliche wissenschaftliche Errungenschaften als Teil einer Kultur
begreift, scheint die Verwendung des Terminus „Kulturwissenschaften" in Abgrenzung zur Verwendung des Terminus
„Naturwissenschaften" wenig glücklich oder sogar anstößig;
sofern Cassirer den Terminus „Geisteswissenschaften" verwendet, läuft er Gefahr, einen Gegensatz zu insinuieren, den es
auf dem Boden seiner eigenen Voraussetzungen gar nicht geben
kann. Eine weitere Quelle von Unsicherheiten ist dadurch angezeigt, daß die Verwendung des Ausdrucks „Geisteswissenschaft" im Singular die Bedeutung von „Wissenschaft des Gei-

stes" nahelegen kann und hier den übergeordneten philosophischen Standort angibt.[5]

2. Ausdruckswahrnehmung und Dingwahrnehmung

Cassirer geht von der These aus, daß sich alle Wahrnehmung entweder auf Gegenstände richte oder aber auf Personen und daß „die Welt, die dem Ich gegenübertritt, im einen Fall eine Ding-Welt, in dem anderen Fall eine Welt von Personen" sei (S. 39); und er macht geltend, „daß je nachdem wir uns in der einen oder der anderen Richtung bewegen, die Wahrnehmung für uns einen anderen Sinn und gewissermaßen eine besondere Färbung und Tönung gewinnt". Die besondere Färbung, die für den Bereich der Personen-Wahrnehmung charakteristisch ist, sei der Sache nach Leistung der Ausdruckswahrnehmung, wie sie im Mythos vorherrsche und dort den Primat gegenüber der Dingwahrnehmung habe (S. 40). Sie kontrastiert sinnfällig mit der Tendenz der wissenschaftlichen Weltzuwendung. Die Wissenschaft hebt zwar bei den sog. sekundären Eigenschaften der Dinge an (S. 41), konstruiert jedoch das Bild einer Wirklichkeit, aus dem alles Persönliche getilgt ist: „Diese Dingwelt ist radikal entseelt; alles was irgendwie an das ‚persönliche' Erleben des Ichs erinnert, ist nicht nur zurückgedrängt, sondern es ist beseitigt und ausgelöscht." (S. 77) Diese Einschätzung der Situation entspricht ziemlich genau den Beschreibungen, die Thomas Nagel in seinem Aufsatz „Subjektiv und Objektiv" gab[1] und die insbesondere Charles Taylors Erörterungen der *Human Sciences* bestimmen.[2] Diese Autoren würden auch Cassirers Überzeugung teilen, daß „[in] diesem Bild der Natur [...] die menschliche Kultur keine Stätte und keine Heimat finden" könne (S. 77). Sofern man dieses Bild der wissenschaftlichen Weltzuwendung akzeptiert und die Voraussetzungen hinsichtlich der Dingwahrnehmung einerseits und der Ausdruckswahrnehmung andererseits unangetastet läßt, ergibt sich, daß die Geisteswissenschaften nicht an die Dingwahrnehmung, sondern an die Ausdruckswahrnehmung gebunden sind. In der Tat scheint ja unbestreitbar, daß es sich bei Phänomenen wie Leid, Schuld, Sühne, Tragik usw. um spezifisch Personen- bzw. Subjekt-relative Phänomene handelt; und es liegt auf der Hand, daß Phänomene dieser Art ihrerseits wiederum nur aus der Innensicht des Lebens heraus wahrgenommen und verstanden werden können.

Aber wäre mit der Auszeichnung der Ausdruckswahrnehmung als spezifischer Wahrnehmung geisteswissenschaftlicher Weltzuwendung der Status der Geisteswissenschaften bereits hinreichend charakterisiert? Offensichtlich gibt es hier Probleme. Denn man könnte bestreiten, daß sich Phänomene der oben angesprochenen Art überhaupt objektivieren lassen; und man könnte insbesondere geltend machen, daß Aussagen der Ausdruckswahrnehmung keine Erkenntnisse im wissenschaftlichen Sinne des Wortes „Erkenntnis" vermitteln. Solche Vorbehalte finden sich namentlich bei Philosophen wie Rudolf Carnap – Cassirer verweist auf die 1928 erschienene Studie *Scheinprobleme der Philosophie* und den programmatischen Aufsatz „Die physikalische Sprache als Universalsprache der Wissenschaft" aus dem Jahre 1932 –, die als wissenschaftliche Sätze nur solche Sätze akzeptieren wollten, welche als Sätze einer physikalischen Sprache auftreten: Was sich nicht in Sätze solcher Art übersetzen lasse, sei kein Sachverhalt in irgendeinem relevanten Sinn des Wortes. Dies betrifft Werturteile ebenso wie metaphysische Sätze; insbesondere aber bleibt das Fremdseelische außerhalb des Horizontes wissenschaftlicher Erkenntnis. Hätte Carnap recht, so wäre der Status der Geisteswissenschaften als Wissenschaft gefährdet, wenn nicht sogar null und nichtig.

Wie reagiert Cassirer auf diese Herausforderung? Seine Antwort scheint drei Punkte zu berühren: Einer betrifft den Kern der Carnapschen These; ein zweiter dient dem Nachweis, daß auch im Bereich der Dokumente von Kunst und Literatur Intersubjektivität gewährleistet sei und Erkenntnis vermittelt werde; ein dritter Punkt bezieht sich auf das Faktum, daß die Ausdruckswahrnehmung gegenüber der Dingwahrnehmung primär sei.

Zu *(1)*: Generell gesehen begegnet Cassirer den Thesen Carnaps mit Skepsis. Da er als Philosoph der symbolischen Formen aber seinerseits auf Abgrenzungen Wert legte, konnte ihm nicht verborgen bleiben, daß Carnap vor allem strikte Demarkationslinien beobachtet wissen wollte; und so gesteht Cassirer durchaus zu, daß der Physikalismus das eigentliche Problem benannt und auch den Diskussionsrahmen neu bestimmt habe. Da Cassirer freilich die jeweilige Eigenständigkeit der symbolischen Formen herausarbeiten wollte und dabei auch die ihnen spezifische Erkenntnisweise im Blick hatte, konnte er Carnaps Auszeichnung der physikalischen Sprache nicht einfach akzeptieren; und so betont er auch, daß Carnap „den gordischen Knoten zerhauen" habe, „statt ihn zu lösen" (S. 42). Eine Lösung würde in Cassirers Augen darin bestehen, „ohne erkenntnistheoretisches Dogma jede Art von Sprache, die wissenschaftliche Sprache, die Sprache der Kunst, der Religion usf. in ihrer Eigenart zu verstehen suchen".

Damit skizziert Cassirer einen Schritt, den er selber wohl vorgezeichnet (vgl. *AH* S. 115, *LKW* S. 97), aber sicher nicht vollzogen hat. Denn eine systematische Untersuchung z. B. der Sprache der Kunst blieb Nelson Goodman vorbehalten; und es ist vielleicht kein Zufall, daß es in diesen Untersuchungen nicht um die Sprache der Kunst, sondern um Sprachen der Kunst gehen wird.[3] Auch ist Cassirers Forderung, die Sprachen einzelner Disziplinen bzw. kultureller Praktiken in eignem Recht zu betrachten, in anderer Hinsicht, nämlich durch die Unterscheidung sprachlicher Rahmenwerke, von Carnap selber realisiert worden, und zwar 1950 in seinem Essay „Empiricism, Semantics and Ontology", der den Anhang zur zweiten Auflage von *Meaning and Necessity* bildet.[4] Dort hat Carnap hinsichtlich der Existenz von Dingen zwischen internen und externen Fragen unterschieden, d. h. zwischen Existenzannahmen von Klassen innerhalb einer bestimmten Theorie wie der Mathematik auf der einen Seite und Existenzannahmen überhaupt auf der anderen Seite. In diesem Sinn ist es eine Sache zu sagen, daß mathematische Theorien mit der Annahme der Existenz von Klassen rechnen und diese sogar voraussetzen müssen, eine andere zu behaupten, daß Klassen überhaupt existieren und Teil des Universums seien. Das Prinzip dieser Unterscheidung könnte ein wichtiges Instrumentarium zur Klärung auch unserer Problemlage bereitstellen. Denn Cassirer scheint einen univoken Begriff von Existenz zu favorisieren. Dies wird z. B. da deutlich, wo er betont, daß die Dokumente von Literatur und Kunst „Leben und Wirklichkeit in einer Gestalt" zeigen und behauptet: „All dies ‚ist‘ und ‚besteht‘." (S. 33) Offensichtlich meint Cassirer, daß es sich hier um Teile des Universums handelt. Denn bei der Beschreibung der Lösung (s. o.) fährt er fort: „(...) Wir müssen bestimmen, wieviel sie [i. e. die jeweilige Sprache, A. G.] zum Aufbau einer ‚gemeinsamen Welt‘ beiträgt." (S. 42) Diese Bemerkung ist subtil und vielsagend. Denn die Verwendung des Wortes „Aufbau" signalisiert wohl einen Hinweis auf Carnaps Werk *Der logische Aufbau der Welt;*[5] und die Rede von der „gemeinsamen Welt", von Cassirer in Anführungszeichen gesetzt, spielt auf Heraklits einen, gemeinsamen *Kosmos* an (s. S. 110). Sie besagt hier wohl soviel wie daß Carnaps *Aufbau* zwar eine Welt angeht, aber nicht die Welt aufbaut, in der Menschen leben und wahrnehmen.

Zu *(2)*: Der Gedanke der Intersubjektivität, der in der Rede von der „gemeinsamen Welt" impliziert ist, steht und fällt mit der Annahme, von den Dokumenten der Kunst und Literatur könne so gesprochen werden, daß der Forderung nach intersubjektiver Gültigkeit Rechnung getragen wird. Unter strikter Beobachtung Carnapscher Kriterien scheint dies nur für den Fall möglich, daß über diese Gegenstände als physikalische Gegenstände gesprochen wird (S. 42). Wie andere Autoren nach ihm empfindet Cassirer diesen Schritt als Verkürzung. So bleibe außer acht, daß Physisches solcher Art selbst „in einer neuen Funktion" erscheine und daß der Sinn oder die Bedeutung, die derartige Gegenstände haben, ihrerseits Teil des Physischen seien – nicht von ihm „abgelöst", sondern „in ihm verkörpert." In der Tat scheint bereits die Klassifikation von solchen Gegenständen als Gegenständen einer bestimmten Art, interpretatorische Leistungen vorauszusetzen, die nicht in jenem Bereich des Objektiven gründen können, welchen Carnap voraussetzt.

Insofern ist Cassirers Kritik hier vielleicht nicht einmal hartnäckig genug. Das gleiche würde für die Beschreibung solcher Verhaltensweisen wie Opfer, Gebet, Ritual, Kultus usw. gelten. Auch hier sind Interpretationen im Spiel; und erst auf Grund solcher Interpretationen scheint es möglich, die Vorgänge als das zu klassifizieren, was sie sind.

So betrachtet ist es zweckmäßig, Carnaps Forderungen zurückzuweisen. Doch würde dies in der Regel – von radikal naturalistischen Explikationen des Terminus „schön" einmal abgesehen – auch einen Verzicht auf jenen starken Begriff von Intersubjektivität bedingen, den Carnap zugrunde legt und beobachtet wissen will. Insofern stellt sich die Frage, ob Cassirer dann bereit ist, auch mit einem schwächeren Begriff von Intersubjektivität vorlieb zu nehmen und ob es ihm gelingt, seinen Begriff von Objektivität zu rechtfertigen. Diese Fragen lassen keine einfache Antwort zu. Denn bei näherem Zusehen zeigt sich, daß Cassirer wohl verschiedene Begriffe von Objektivität verwendet: *(i)* Objektiv im starken Sinne von Objektzugehörigkeit sind z. B. die Farben auf der Leinwand. *(ii)* Objektiv in einem anderen, schwächeren Sinn ist das, was das Bild darstellt; *(iii)* und objektiv in einem weiteren Sinn ist das, was das Dargestellte sagt oder bedeutet: „Die Farben auf dem Gemälde Raffaels haben ‚Darstellungsfunktion', sofern sie auf etwas Objektives hinweisen. Wir verlieren uns nicht in ihrer Betrachtung, wir sehen sie nicht als Farben; sondern wir sehen durch sie ein Gegenständliches, eine bestimmte Szene, z. B. ein Gespräch zwischen zwei Philosophen. Aber auch dieses Objektive ist nicht der einzige und wahrhafte Gegenstand des Gemäldes. Das Gemälde ist nicht einfach die Darstellung einer historischen Szene, eines Gespräches zwischen Platon und Aristoteles. Denn nicht Platon und Aristoteles, sondern Raffael ist es, der hier in Wahrheit zu uns spricht." (S. 43) Entsprechend unterscheidet Cassirer zwischen den Dimensionen des „physischen Daseins", des „Gegenständlich-Dargestellten" und des „Persönlich-Ausgedrückten".

Offensichtlich bietet *(iii)* die eigentliche Basis für die geisteswissenschaftliche Betrachtung. Doch mag diese Basis weniger firm sein, als Cassirer meinte. Dies hat sowohl mit seiner Formulierung des relevanten Punktes zu tun als auch mit Schwierigkeiten genereller Art. Indem Cassirer sagt, daß auch „dieses Objektive" (i. e. [*ii*]) „nicht der einzige und wahrhaftige Gegenstand des Gemäldes" sei, impliziert er, daß *(iii)* daran gebunden ist, daß das Bild überhaupt einen Gegenstand hat *(ii)*. Doch kann dies nicht in seinem Interesse liegen. Denn es gibt Bilder, die nichts darstellen und nichts denotieren und gleichwohl etwas sagen oder bedeuten. Eben dies dürften sie aber nach Cassirers Äußerung nicht tun können. Problematischer scheint der Umstand, daß Cassirer *(iii)*, d. h. den weiteren Gegenstand des Bildes, mit dem identifiziert, was der Künstler „zu uns spricht" *(iv)*. Daß *(iii)* und *(iv)* tatsächlich ein und dieselbe Sache sind, ist kaum denkbar und entspricht wohl auch nicht der heute vorherrschenden Sichtweise. Doch ist diese Problematik für unseren Zusammenhang nur insoweit von Belang, als die Sphäre des Persönlich-Ausgedrückten so oder so Züge der Objektivität aufweisen können müßte. Dies aber scheint zumindest zweifelhaft. Denn wenn Cassirer sagt, daß ein Sapphisches Lied, eine Pindarische Ode, Dantes *Vita Nuova* usw., uns eine Erkenntnis erschließen, diese Erkenntnis sich allerdings nicht in abstrakte Begriffe fassen lasse (S. 33), so stellt sich die Frage, ob diese Erkenntnis *als* Erkenntnis überhaupt objektiv sein kann. Cassirer hegt diesbezüglich keine Zweifel: „Es gehört zu den großen Leistungen der Kunst, daß sie hierzu fähig ist, daß sie noch im Individuellen das Objektive erfühlen und erkennen läßt." (S. 33)

Doch ist diese Überlegung wohl brüchig. So ist weder klar, daß dasjenige, was der Betrachter erfaßt, mit dem identisch ist, was der Künstler mitteilt, noch ist ausgemacht, daß verschiedene Betrachter dasselbe erkennen und erfühlen. Insbesondere aber scheint undenkbar, daß zwei verschiedene Betrachter über die Identität oder Verschiedenheit von Erkenntnissen Klarheit gewinnen können, die sich nicht in Begriffe fassen lassen. Insofern scheint das, was Cassirer in *(iii)* objektiv nennt und mit dem Persönlich-Ausdruckshaften identifiziert, in einem denkbar schwachen Sinn Objektivität zu besitzen.

Zu *(3)*: Cassirer versucht die Dimension der Ausdruckswahrnehmung auch in der Weise zu stützen und ins Recht zu setzen, daß er *(i)* ihre Rolle in der „naiven Weltansicht" herausstellt und *(ii)* auf ihre faktische Priorität gegenüber der eigentlichen Ding-Wahrnehmung hinweist (S. 44 ff.). Diese Punkte spielen auch im *EM/VM* eine Rolle. Dort beruft sich Cassirer auf John Deweys Feststellung in *Experience and Nature*: „Empirisch gesehen sind die Dinge ergreifend, tragisch, schön, beständig, wirr, bequem, lästig, langweilig, unnahbar, tröstlich, prächtig, angsteinflößend." (*VM* S. 124/*EM* S. 78) Wie Dewey wendet sich Cassirer gegen die Vorstellung, daß die „wirkliche" Welterkenntnis an anderen, womöglich härteren Daten der Erfahrung ansetze. Doch zieht er wohl andere Folgerungen als Dewey. Bereits in *LKW* sagt er, daß die „Ausschaltung des ‚Personalen' auch im Weltbild der Physik niemals absolut gelingen kann" (S. 47 Anm. 1); und in *VM/EM* heißt es: „Die Wissenschaft muß zwar von diesen Qualitäten abstrahieren, um ihre Aufgabe zu erfüllen, aber sie kann sie nicht vollständig unterdrücken. Sie lassen sich nicht beseitigen; man kann sie nur auf das ihnen gemäße Gebiet beschränken. Diese Einschränkung ist kennzeichnend für den allgemeinen Gang der Wissenschaft. Die Wissenschaft begrenzt deren Objektivität, aber sie kann ihre Wirklichkeit nicht abschaffen." (S. 124/S. 77)

Auch hier hinterlassen Cassirers Überlegungen einen zwiespältigen Eindruck. Soweit er in *(ii)* auf ontogenetische und phylogenetische Gegebenheiten hinweist und diese in normativer Absicht zitiert, setzt er sich leicht dem Vorwurf des genetischen Fehlschlusses aus. Denn aus der Tatsache, daß Menschen zunächst jeweils Dinge von der Art X, und nicht etwa Dinge von der Art Y wahrnehmen bzw. wahrgenommen haben, würde nicht folgen, daß eine Wissenschaftskonzeption, die auf die Wahrnehmung von Dingen der Art Y abstellt, etwa ihren Sinn als Wissenschaft verlieren müßte. Aber dies scheint Cassirer auch nicht wirklich sagen zu wollen. Soweit Cassirer geltend macht *(i)*, daß die Ausdruckswahrnehmung zum normalen Bestand unserer Wahrnehmung gehöre, scheint er wie Dewey darauf hinzuweisen, daß eine Wissenschaft, die diesen Umstand ignoriert, einen unangemessenen Begriff von Empirie zugrunde lege. Dieser Punkt ist sicher richtig. Nur wird nicht klar, welcher Terrain-Gewinn ihm damit gegen Carnap gelungen ist. Denn Carnap leugnet weder die Tatsache, daß es derartige Wahrnehmungen gibt. Noch würde er oder ein anderer Autor des Logischen Positivismus bestreiten, daß Ausdruckswahrnehmungen ihrerseits Gegenstand wissenschaftlicher Untersuchungen sein können. Was Carnap in die Waagschale werfen muß, ist lediglich, daß die Informationen, die uns Ausdruckswahrnehmungen liefern, nicht hinreichend intersubjektiv zugänglich seien; und es ist fraglich, ob Cassirer diesen Punkt bereits zu seinen Gunsten entschieden hat.

3. Kulturbegriffe

Nun erschöpfen sich Cassirers Überlegungen zum Status der Geisteswissenschaften nicht im Bereich dieser Fragen. Denn er bemüht sich, auch den begrifflichen Rahmen dieser Disziplinen näher zu sondieren. Was Cassirer vor Augen steht, ist eine Analyse der Logik der Kulturbegriffe. Dieses Projekt umfaßt zwei Aufgaben: *(1)* eine Abgrenzung der Kulturbegriffe von Begriffen anderer Art und *(2)* eine Zurückführung des Unterschiedes zwischen Kultur- und Naturbegriffen auf die Differenz zwischen zwei verschiedenen Wahrnehmungsrichtungen. Nun steht und fällt dieses Projekt mit der Annahme, daß es eine solche Logik der Kulturbegriffe überhaupt gibt. In *AH* sagte Cassirer: „Aber die Tatsache, daß es eine solche Logik gibt und geben muß, ebenso wie für die mathematische und für die naturwissenschaftliche Erkenntnis, scheint mir keinem Zweifel zu unterliegen." (S. 114) Doch argumentiert Cassirer an dieser Stelle indirekt mittels *reductio ad absurdum* („Hätten es die Geisteswissenschaften lediglich mit Gefühlen zu tun, so wäre dieser Gedanke ein Widersinn"). Damit wird aber vorausgesetzt, was gezeigt werden sollte.

Auch in *LKW* liefert Cassirer keine eigentliche Argumentation, sondern setzt das, was er sucht, als gegeben voraus (S. 56–

57). Er beginnt mit der Annahme einer „Familie" von Kulturbegriffen, fragt *(i)* nach der Beziehung dieser Begriffe zueinander und *(ii)* dem Verhältnis dieser Begriffe zu anderen Be-
griffsklassen und diskutiert sogleich drei traditionell ein-
flußreiche Antworten. Die Art der Antworten erklärt, weshalb
Cassirer hier die beiden Fragen *(i)* und *(ii)* nicht separat behandeln muß. Denn bei den traditionellen Antworten – „Naturwissenschaft, die Geschichte und die Psychologie machen
sich hier den Rang streitig" – handelt es sich um Antworten des
reduktionistischen Typus: Sagen, daß die Familie der Kulturbegriffe wesentlich naturwissenschaftlicher Art sei, hieße beide
Fragen auf einen Schlag beantworten. Nun wendet sich Cassirer
auch hier gegen reduktionistische Tendenzen. Doch versperrt
ihm dies nicht die Einsicht, daß Elemente naturwissenschaftlicher Art ebenso wie solche historischer oder psychologischer Art sinnvollerweise nicht außer Betracht bleiben
können. Sofern nämlich Kulturobjekte ein physisches Substrat
haben, historisch bedingt sind und als Ausdruck seelischer
Grundhaltungen angesehen werden müssen, ist klar, daß Physisches, Historisches und Psychologisches Merkmale des Begriffs eines Kulturobjektes sind: „Physikalische, historische und
psychologische Begriffe gehen daher stets in die Beschreibung
eines Kulturobjektes ein."

Nun hat Cassirer damit wohl den reduktionistischen Anspruch der drei Wissenschafts-Gruppen zurückgewiesen oder
zumindest begrenzt. Aber indem er die Gewichte neu verteilt
und die Frage der begrifflichen Konstitution des Kulturobjekts
auf verschiedene Schultern legt, hat er offensichtlich nicht den
spezifischen Charakter jener Begriffe aufgezeigt – er spricht von
Kulturbegriffen bzw. Form- und Stilbegriffen (S. 63, 64, 69) –,
die die geistes- oder kulturwissenschaftliche Erkenntnis leiten.
Die bisherigen Ausführungen könnten im Gegenteil den Eindruck nahelegen, das Verständnis von Kulturobjekten sei von
der Kenntnis dieser drei Faktoren etwa in dem Sinne abhängig,
daß die Kenntnis dieser Faktoren zusammen die notwendige
und hinreichende Bedingung der Erkenntnis von Kulturobjekten überhaupt sei. Doch ist dies wohl nicht Cassirers

Meinung. Denn seine Argumentation geht in die entgegengesetzte Richtung. Er versucht nämlich zu zeigen, daß die spezifisch geisteswissenschaftliche bzw. kulturwissenschaftliche Erkenntnis eben nicht an Erkenntnisse historischer, psychologischer oder naturwissenschaftlicher Art gebunden sei.

Die eigentümlichen Erkenntnisse, die kultur- bzw. geisteswissenschaftliche Einsichten leiten, sind vielmehr an Gesichtspunkte besonderer Art gebunden, die Cassirer hier auch als Stilbegriffe bzw. Formbegriffe bezeichnet (S. 69). Konkret verweist Cassirer hier auf die Sprachwissenschaft und betont, daß Fragen wie die, was eine Sprache ihrer Natur nach sei, ohne Beziehung auf historische Umstände beantwortet werden und insbesondere Fragen nach der Struktur nur im Blick auf Momente der inneren Sprachform gestellt werden können (S. 59). Desgleichen werde am Beispiel der Kunstwissenschaft deutlich, daß etwa das Malerische als Phänomen eigener Art, z. B. im Unterschied zum Linearen, durchaus unabhängig von historischen Fakten und Entwicklungen allgemein beschrieben werden könne. Diese und andere Beispiele zeigen, daß das jeweils Spezifische geistes- und kulturwissenschaftlicher Forschung nicht im Bereich geschichtswissenschaftlicher Erkenntnisse zu finden sei. Entsprechendes gelte auch vis-à-vis der Psychologie. So ruft Cassirer in Erinnerung, daß Fragen der Geltung nicht, wie der Psychologismus meinte, als Fragen psychologischer Art aufgefaßt werden dürfen. Damit scheint der Nachweis erbracht, daß Kulturbegriffe von Begriffen anderer Art tatsächlich verschieden sind (S. 63, 64, 69).

Freilich tritt die Eigenart der Kulturbegriffe erst dann hervor, wenn ihre logische Funktion bedacht wird. Unter „logischer Funktion" versteht Cassirer die Art der „Anwendung dieser Begriffe auf die einzelnen Erscheinungen" (S. 69). Dieser Punkt ist insofern wichtig, als hier eine Beziehung zu jenen Fragen deutlich wird, die zwischen Windelband und Rickert strittig waren: Haben es die Geisteswissenschaften mit Individualbegriffen und die Naturwissenschaften mit Allgemeinbegriffen zu tun? Cassirer hält dafür, daß in allen Wissenschaften eine Subsumption des Besonderen unter das Allgemeine stattfinde. Relevant sei lediglich die Frage, „in welcher Weise sich die Subsumption des Besonderen unter das Allgemeine vollzieht" (S. 69). Dabei scheint die Situation der Geistes- und Kulturwissenschaften insofern auffällig, als hier das Verhältnis des Besonderen zum Allgemeinen in der Regel nicht klar als Subsumptionsverhältnis erkennbar werde. Cassirer meint, Begriffe wie ‚Der Renaissance-Mensch' werden von einzelnen Personen nie oder selten in dem Sinne exemplifiziert, daß eine Person all die Bestimmungen als Eigenschaften aufweist, die die Merkmale des Begriffes ausmachen. Daß sich solche Begriffe mit keinem Einzelfall decken, läßt sich in Cassirers Augen recht einfach erklären. Sie sind nämlich keine Ding-Begriffe, sondern eher Sinn-Begriffe. Sinn-Begriffe fassen das, „was wir den Geist der Renaissance nennen. Es ist die Einheit der Richtung, nicht eine Einheit des Seins, die damit zum Ausdruck gebracht werden soll" (S. 79).

Cassirer vertritt die These, daß alle echten Stil- bzw. Kulturbegriffe auf solche Sinnbegriffe zurückweisen: „Derartige Begriffe charakterisieren zwar, aber sie determinieren nicht: Das Besondere, das unter sie fällt, läßt sich aus ihnen nicht ableiten. Aber es ist ebensowenig richtig, was man daraus folgert, daß hier eben nur noch anschauliche Beschreibung, nicht aber begriffliche Kennzeichnung vorliegt; es handelt sich vielmehr um eine eigentümliche Weise und Richtung dieser Kennzeichnung, um eine logisch-geistige Arbeit sui generis." (S. 73)

In diesen Überlegungen tritt nun sowohl die Eigentümlichkeit der Stil- und Formbegriffe hervor als auch deren Verschiedenheit gegenüber Begriffen anderer Art; und mit der Beantwortung beider Teilfragen *(i)* und *(ii)* ist auch die Aufgabe *(1)* des Projekts bewältigt. Die Aufgabe *(2)* findet ihre Lösung in der These, daß dieser Unterschied auf der begrifflichen Ebene dem bereits genannten Unterschied auf der Wahrnehmungsebene entspreche: „Der Unterschied zwischen den Form- und Stilbegriffen auf der einen Seite, den Dingbegriffen auf der anderen Seite drückt in rein logischer Sprache eben jene Differenz aus, die uns früher in der Wahrnehmungsstruktur entgegentrat. Er ist gewissermaßen die logische Übersetzung eines bestimmten Richtungssatzes, der als solcher nicht erst im Reich der Begriffe auftritt, sondern dessen Wurzel sich in das Erdreich der Wahrnehmung herabsenkt." (S.73) Diesen Sachverhalt erläutert Cassirer so, daß sich im Falle der Ding-Wahrnehmung an der Materie der Empfindung so etwas wie ein Bearbeitungs- und Ausleseprozeß vollziehe, „kraft dessen wir die ‚wirkliche‘ Farbe eines Gegenstandes von seiner scheinbaren Farbe, seine ‚wahre‘ Größe von seiner scheinbaren Größe unterscheiden" (S.74). Doch auch im Falle der Ausdruckswahrnehmung handelt es sich keineswegs nur um ein passives Geschehen. Vielmehr geht es auch hier um eine Form der Tätigkeit. In beiden Fällen kommen komplizierte begriffliche Vermittlungen zum Tragen: „Sie wird im einen Fall durch Dingbegriffe und Gesetzesbegriffe, in dem anderen Fall durch Form- und Stilbegriffe geleistet." (S.75)

Diese Überlegungen passen gut ins Spektrum der heutigen Diskussion. Hier wird nämlich der Wahrnehmung generell eine hermeneutische Funktion zugeschrieben. Insbesondere machen sie deutlich, weshalb die Daten, die den Hypothesen geistes- und kulturwissenschaftlicher Forschung zugrunde liegen, in besonderer Weise sinnbefrachtet und von Bedeutung durchtränkt sind. Diesem Aspekt wird in der hermeneutischen Diskussion heute allerdings kaum Beachtung geschenkt. Hier geht es vorwiegend um die Überlegung, daß alles Verstehen an Vorurteile gebunden sei. Damit wurde auch ein Sinn für die Tatsache geweckt, daß der geschichtliche Standort des Betrachters in die Konstitution jener Bedeutung eingeht, die Gegenstände der Kunst, Literatur und Philosophie für ihn haben. Diese Einsicht, die im wesentlichen auf Hans-Georg Gadamers *Wahrheit und Methode* zurückgeht, ist sicher wichtig.[1] Sie bedeutet ein Korrektiv gegenüber jenen Auffassungen, die – wie auch bei Cassirer – die Intention des Autors bzw. Künstlers ins Zentrum stellen oder gar mit der Bedeutung des Werkes selbst identifizieren. Doch bleibt in der neueren hermeneutischen Diskussion die Rolle der Wahrnehmung und Beobachtung unklar. Hier scheint Cassirers Ansatz wichtige Diskussionsmöglichkeiten zu eröffnen.

V. Die Theorie des Begriffs

1. Allgemeines

Nicht nur die Unterscheidung zwischen Geistes- und Naturwissenschaften steht und fällt mit der Annahme verschiedenartiger begrifflicher Leistungen. Auch die *Philosophie der symbolischen Formen* insgesamt läßt sich nur auf dem Hintergrund der Annahme verständlich machen, daß Erfahrungsinhalte je nach Kontext eigentümlich strukturiert werden und so ihre besondere Prägung erhalten. Wie Cassirer die Art bzw. Richtung der Wahrnehmung damit erklärte, daß jeweils verschiedene Eigenschaften ausgewählt und zu eigentlichen Wahrnehmungs-Komplexen verbunden werden, so hat er die unterschiedlichen Auffassungen des Linienzugs als mythisches Zeichen, ästhetisches Ornament oder geometrische Figur in Begriffen unterschiedlicher Bewußtseins- und Symbolfunktionen erläutert. Falls vorausgesetzt werden darf, daß derartige Auffassungen mit der Annahme verschiedenartiger begrifflicher Leistungen verbunden sind, stellt sich die Frage, ob derartige Leistungen näher charakterisiert werden können, was Begriffe in Cassirers Sicht eigentlich sind und welche Rolle sie spielen. Daß diese Voraussetzung gemacht und von Cassirer als aufklärungswürdig angesehen wird, ist offensichtlich.[1] Dies geht nicht nur aus der Behauptung im Jahre 1938 hervor, daß die *Philosophie der symbolischen Formen* „nichts anderes als eine Erweiterung und Vertiefung des Grundgedankens meiner Begriffslehre sein will" (*WWS* S. 232). Der Zusammenhang zwischen Begriffsbildung und Sinnkonstitution wird auch in dem zehn Jahre früheren Aufsatz „Zur Theorie des Begriffs" deutlich, der ein Jahr vor der Publikation von *PSF* III erschien. Hier setzt sich Cassirer mit einigen Kritiken Gérard Heymans' auseinander und argumentiert gegen das, was er, zu Recht oder

Unrecht, an der traditionellen Merkmals-Logik der Begriffslehre bemängelt, nämlich die Orientierung an festen Gegebenheiten und starren Organisationen von Merkmalen.

Diese Art der Betrachtung ist in Cassirers Augen Symptom
eines „naiven Realismus" (S. 134–135/*EBK* S. 162) und damit
prinzipiell falsch. Namentlich kritikwürdig ist sie darin, daß sie
sich, wenn überhaupt, nur einer Orientierung anpasse und andere Orientierungen gar nicht erst in Betracht ziehe: „Wie wenig
die spezifisch-logische ‚Merkmalsbildung' und die rein theoretische Arbeit des Geistes, die sich in ihr ausdrückt, die einzige,
die allein mögliche ist: dies tritt vor allem hervor, wenn man ihr
etwa die Welt der mythischen Gestaltung gegenüberstellt. Es
zeigt sich alsdann, daß die ‚mythische' und die ‚theoretische'
Welt sich keineswegs darin allein unterscheiden, daß sie verschiedenen Verknüpfungen gehorchen: derart, daß ein übrigens
gleichartiges an sich amorphes Material in jeder von ihnen zu
anderen Verbindungen zusammengenommen würde. Der Charakter der mythischen, wie der theoretischen ‚Synthesis' offenbart sich vielmehr, statt in solcher nachträglichen Zusammenfassung, schon in der Besonderheit und Eigenart der Elemente
selbst." (S. 136/*EBK* S. 164)

Diese Äußerungen unterstreichen die Wichtigkeit, die begrifflichen Leistungen bei der Konstitution von Wirklichkeit
zugedacht wird. Ferner zeigen sie, weshalb Cassirer der Meinung ist, daß unterschiedlichen Weisen von Welterschließung je
unterschiedliche Organisationen bzw. Synthesen von Merkmalen entsprechen; und sie lassen erkennen, daß Cassirer in der
traditionellen Begriffslehre ein Hindernis sieht: „(…) betrachtet man den ‚Begriff' als hervorgehend aus je einer ursprünglichen und spezifischen Weise der Sinngebung, die selbst
erst eine Welt des Sinnhaften, ein gegliedertes Ganzes von
Merkmalen schafft und ermöglicht, so erkennt man, daß und
warum die formale Logik in ihrer überlieferten Gestalt dieses
umfassenden Problems nicht Herr werden kann." (S. 136/*EBK*
S. 164) Ob die Erwartungen, die Cassirer an eine Theorie des
Begriffs stellt, berechtigt sind und die Vorbehalte gegenüber
der traditionellen Theorie zu Recht bestehen, ist eine andere

Frage und mag vorerst dahingestellt bleiben. Entscheidend ist, daß Cassirer beide Punkte als gewichtig empfand und ihnen Rechnung zu tragen versuchte. Dies tat er, indem er seinerseits für eine Theorie des Begriffs plädiert, die die eben skizzierten Nachteile vermeiden *und* des umfassenderen Problems Herr werden soll.

Dabei handelt es sich um die Auffassung des Begriffs als Funktion (s. S. 81 f.). Diese Auffassung entwickelte Cassirer 1907 in Auseinandersetzung mit den mathematischen Denkweisen seiner Zeit und im Lichte der neuen Logik Russells in den *Principles of Mathematics* aus dem Jahre 1903.[2] Anfangs lassen diese Überlegungen, die in dem Aufsatz „Kant und die moderne Mathematik" Gestalt gewinnen, keineswegs ein Projekt von der Art der *Philosophie der symbolischen Formen* erahnen. Sie sind nämlich Teil einer Strategie zur Erneuerung der transzendentalen Logik Kants: „Die Logistik kann – aus Gründen die später entwickelt werden sollen – die ‚transcendentale' Logik niemals verdrängen oder ersetzen; aber es ist nicht zu bezweifeln, daß sie in ihrer modernen Gestalt für die eigentlichen erkenntniskritischen Probleme reichere Anregungen bietet und einen sichereren ‚Leitfaden' enthält, als Kant ihn in der traditionellen Logik seiner Zeit besaß." (S. 8) Eine Orientierung an der Mathematik liegt in diesem Zusammenhang nahe. Denn Kant hatte seinerseits als Paradigma wissenschaftlicher Erkenntnis die Mathematik vor Augen; und Russell hatte nun die Möglichkeit aufgezeigt, mathematische Prinzipien aus der Logik herzuleiten. Gerade die Orientierung an der Mathematik ist für Cassirer Test und Gewähr dafür, daß die Idee der kritischen Philosophie in irgendeiner Form als eine ernsthafte philosophische Position angesehen werden könne (S. 1). Doch setzte diese spezifisch mathematische Orientierung seine neue Auffassung des Begriffs in ein schiefes Licht. Betont Cassirer im Aufsatz, Mathematik sei nicht länger die Wissenschaft nur von Größe und Zahl – „sie erstreckt sich fortan auf alle Inhalte, in denen vollkommen gesetzliche Bestimmtheit und stetige deduktive Verknüpfung erreichbar ist" (S. 4) – so vermittelt *SuF* auf weite Strecken den Eindruck, daß hier so etwas wie eine neue Norm der Begriffsbildung forciert werde, der alle anderen Disziplinen zu genügen haben.

Daß Cassirers Ausführungen in *SuF* zumindest in dieser Hinsicht als Diktat und der damit verbundene Anspruch als unsachgemäß empfunden wurde, zeigten die oben zitierten Bemerkungen Heymans' (s. S. 82 f.). Rückblickend scheint Cassirer diese Kritik sogar zu verstehen: „Was ich jetzt schärfer und klarer zu sehen glaube als in den Darlegungen meiner früheren Schrift ist dies: daß für eine solche ‚Bedeutungslehre‘ die Mathematik und die mathematische Naturwissenschaft zwar immer ein wichtiges und unentbehrliches Paradigma bilden wird, daß sie aber den Gehalt in keiner Weise erschöpft. Die gesamte Sphäre der ‚exakten‘ Begriffe bildet, wie ich ausdrücklich anerkenne und wie ich im einzelnen darzulegen suche, nur eine besondere Provinz innerhalb der Region der theoretischen Bedeutung – und auch diese letztere, auch das Gebiet des spezifisch-*theoretischen* ‚Sinnes‘, macht nicht das Ganze des Sinns *überhaupt* aus ...“ (S. 130/*EBK* S. 156)

Der Schluß des Zitats zeigt, daß die *revocatio* nur halbherzig ist und Cassirer vor allem Form wahrt. Sie verraten den Gestus dessen, der seine *Untersuchungen über die Grundfragen der Erkenntniskritik* – dies ist der Untertitel von *SuF* – längst zu einer Untersuchung sämtlicher Erkenntnisformen ausgeweitet hatte und sich anschickte, diese Untersuchungen mit der Publikation des III. Bands der *PSF* zu einem Abschluß zu führen. Was Cassirer freilich nicht sagt (und doch kaum bestreiten könnte), ist, daß die neue Auffassung des Begriffs als Funktion tatsächlich die Basis zum Verständnis aller Begriffsbildung überhaupt gibt und somit eine zentrale Stelle im Projekt der *PSF* einnimmt. Doch stand dieser konzeptuelle Punkt eigentlich längst fest. Nur wenige Jahre nach *SuF* schrieb Cassirer: „[die] mathematische und naturwissenschaftliche Begriffsbildung wurde lediglich als Paradigma des allgemeinen ‚Reihenbegriffs‘, nicht aber als erschöpfender Ausdruck seiner Leistung und Bedeutung angesehen.“ (*EBK* S. 26, vgl. S. 183) Dabei ließ er sich von der Überlegung leiten, daß die jeweils relevanten Weisen der Setzung und Organisation von begrifflichen Merkmalen in allen Fällen ihres Vorkommens als Ordnungen zu verstehen seien. Diese Ordnungen haben für Cassirer den Charakter von Bildungsgesetzen; und solche Bildungsgesetze angeben können, heißt eine Antwort auf die Frage geben, wie etwas in einer bestimmten Domäne eigentlich verstanden wird. Darin zeigt sich der idealistische Hintergrund des Ansatzes der *Philosophie der symbolischen Formen*. Dieser Hintergrund erklärt z. T. auch die Art der Kritik, die Cassirer an der traditionellen Theorie übt.

2. Probleme mit der traditionellen Auffassung

Die idealistische Position besagt, daß der menschliche Geist Wirklichkeit nicht etwa auffinde und abbilde, sondern gestalte und ausbilde. Diese Überzeugung impliziert (*i*) die Ablehnung realistischer Auffassungen des Begriffs.[1] Sie betrifft namentlich die traditionell Aristoteles zugeschriebene Auffassung, daß Spezies- und Gattungs-Begriffe das seien, was die Dinge selber auf Grund der ihnen innewohnenden substantiellen Formen aufweisen und exemplifizieren. Dabei ist irrelevant, ob die Allgemeinbegriffe, wie im Mittelalter, mit einem Sein *ante res* als Muster der Schöpfung im göttlichen Intellekt oder mit einem echten Sein *in rebus* ausgestattet werden. Was Cassirer kritisiert, ist die Vorstellung, daß in Begriffen die Struktur der Wirklichkeit gespiegelt werde und der Mensch durch Begriffe einen Blick auf naturnotwendige Bestimmungen des Seins gewinne (*SuF* S. 4). (*ii*) Die Ablehnung der metaphysischen Voraussetzungen der traditionellen Auffassung des Begriffs begründet in Cassirers Augen auch eine generelle Skepsis gegenüber der Genus/Species-Orientierung der Begriffs- bzw. Definitionslehre (*SuF* S. 15; [s. o. S. 86–87]). (*iii*) Die traditionelle Begriffs- bzw. Definitionslehre ist auch darin kritikwürdig, daß sie Beziehungen als unwesentliche Eigenschaften ansieht und unwesentliche Eigenschaften nicht als Merkmale bzw. als *Definientia* in Betracht zieht (*SuF* S. 11). (*iv*) Die Organisation der Merkmale im Begriff läßt kein inneres Prinzip erkennen. (*v*) Die traditionelle Auffassung des Begriffs ist mit einer Abstraktionslehre verbunden, welche besagt, daß Ähnlichkeiten an den Dingen erfaßt und bestimmt werden. Ähnlichkeit ist freilich nichts, was sich an den Dingen findet (*SuF* S. 5).

Cassirers Thesen sind sicher nicht abwegig. Zweifellos basiert die traditionelle Begriffslehre historisch gesehen auf der Annahme naturnotwendiger Klassifikationen (*i*); und diese Annahme läßt sich in dieser Form sicher nicht generell aufrecht erhalten. Doch spielt sie in der Philosophie wohl auch keine dominante Rolle mehr. Richtig ist sicher auch, daß die Ausrichtung an Genera und Spezies gewisse Grenzen hat (*ii*). Ein philosophisch brisanter Punkt ist mit der Frage der Unterscheidung zwischen wesentlichen und nicht-wesentlichen Eigenschaften angesprochen. So ließe sich (*iii*) dahingehend verstärken, daß geltend gemacht wird, die Unterscheidung zwischen wesentlichen und nicht-wesentlichen Eigenschaften sei definitionsrelativ und spiegele insofern die jeweilige Erkenntnisperspektive. Diese Problematik berührt auch die Frage der Unterscheidung zwischen ‚analytisch‘ und ‚synthetisch‘ und ist auch von daher betrachtet aktuell.

Indes fällt auf, daß die Kritik von einem außer-logischen Standpunkt her geführt wird. Keiner der erwähnten Punkte betrifft die Logik als solche, und keine der Kritiken beeinträchtigt den Anspruch der formalen Logik *als* Logik. So hat insbesondere die Frage (*v*), wie wir zu bestimmten Begriffen gelangt sind, nichts mit der Frage zu tun, ob Sätze, in denen die entsprechenden Begriffswörter Verwendung finden, wahr oder falsch und ob Argumente, deren Prämissen solche Begriffe enthalten, gültig oder nicht-gültig sind. Hier scheint sich Cassirer dem Vorwurf des genetischen Fehlschlusses auszusetzen.

Dieser Vorwurf läßt sich nicht ausräumen. Er bleibt auch dann im Raum, wenn zugestanden wird, was Cassirer bereits im Aufsatz aus dem Jahre 1907 geltend macht: Die traditionelle Logik sei auf Subsumptionsverhältnisse fixiert und gehe erklärtermaßen von Sätzen mit Subjekt/Prädikats-Struktur aus. Der letztere Punkt nennt das größte Handicap der alten Logik und definiert die Grenzen ihrer Brauchbarkeit für philosophische Belange. Doch verliert der Vorwurf auch nicht dadurch an Gewicht, daß Cassirer seinerseits bestimmte Vorstellungen bezüglich einer korrekten Begriffslehre (*iv*) hat. Diese Vorstellungen sind, wie Cassirer noch 1935 in seinem Aufsatz „Inhalt und Umfang des Begriffs" festhält, von folgender Überlegung beeinflußt: „Das Wesen des Begriffs kann durch nichts anderes definiert werden, als durch die Funktion, die er im Aufbau der Erkenntnis erfüllt." (S. 231/*EKB* S. 196) Für diese These argumentiert Cassirer nicht eigens, und so ist ihr Sinn auch nicht ganz klar. Freilich wird sie besser verständlich, wenn bedacht wird, daß die systematische Philosophie, wie Cassirer in seinem Aufsatz „Zur Theorie des Begriffs" geltend macht, anders als die formale Logik auf Ursprungsprobleme angelegt sei: „Sie wird den Begriff, um ihn in seiner eigentlichen Bedeutung und Fruchtbarkeit zu verstehen, immer dort aufsuchen müssen, wo er nicht nur in der Verbindung und Sonderung, sondern wo er in der Setzung und Bestimmung von Merkmalen sich betätigt." (S. 136/*EBK* S. 163)

Mit diesem Gedanken befinden wir uns im eigentlichen Zentrum der Cassirerschen Philosophie. Insbesondere die Annahme, daß sich Begriffe ihrerseits betätigen – an anderer Stelle spricht Cassirer von der „Arbeit des Begriffs" (S. 134/*EBK* S. 162) –, steht und fällt mit der idealistischen Grundvoraussetzung. Für sie wird weder hier noch in *SuF* eigens argumentiert. Indem die Rolle des Begriffs hier auf die Seite des Denkens geschlagen wird – bei Frege und Russell ist der Begriff Teil des Gedachten und damit auf der Seite des Objektiven –, rückt Cassirers Position wider Willen in die Nähe des Psychologismus. Diese Einschätzung hätte Cassirer sicher nicht geteilt. Denn in seinem Verständnis der hier relevanten Situation wird mit der Ursprungsfrage die Sache reinen Denkens angesprochen. Und damit befinden wir uns nicht etwa im Bereich propositionaler Einstellungen, sondern auf der Ebene des transzendentalen Bewußtseins. Das reine Denken leistet jene Synthesis, welche Verknüpfungszusammenhänge und damit auch erst Objektivität schafft.[2] Näherhin charakterisiert Cassirer seine Auffassung vom Begriff folgendermaßen: „Der echte Begriff läßt die Eigentümlichkeiten und Besonderheiten der Inhalte, die er unter sich faßt, nicht achtlos beiseite, sondern er sucht das Auftreten und den Zusammenhang eben dieser Besonderheiten als notwendig zu erweisen. Was er gibt, ist eine universelle Regel für die Verknüpfung des Besonderen selbst." (*SuF* S. 25)

3. Wahrnehmung und Begriff

Hier nun gewinnt die Vorstellung des Begriffs als Funktionsbegriff ihr besonderes Gewicht. Ist einmal zugestanden, daß es sich beim Begriff nicht, wie allgemein angenommen, um etwas „Abgeleitetes" handelt, sondern um etwas „Vorweggenommenes" (*SuF* S. 22), das die Bildung von Ordnungen aller Art leitet, so spricht alles dafür, daß der Begriff selber das Prinzip solcher Ordnungen ist. Wird ferner zugestanden, daß ein solches Prinzip in verschiedenen Domänen Arbeit leisten müßte, so liegt es nahe, nach einer neutralen Konzeption zu suchen, die andere Auffassungen unter sich begreifen kann. Eine solch neutrale Konzeption des Begriffs würde sich zweckmäßigerweise auf funktionale Gesichtspunkte beschränken; und dies scheint am ehesten in Anlehnung an das Verständnis von „Funktion" in der Mathematik denkbar. Auf diese Weise lassen sich nämlich Reihen oder Gruppen von Dingen denken, die bei „aller Veränderlichkeit der Einzelinhalte" (*FuS* S. 20) als Reihen invariant bleiben. So sagt Cassirer: „Jede Wahrnehmung schließt einen bestimmten ‚Richtungscharakter' in sich, mittels dessen sie über ihr Hier und Jetzt hinausweist [...] Der Einzelwert der momentanen Wahrnehmung muß – um in dem mathematischen Gleichnis zu verbleiben – als ein solcher erfaßt werden, der in einer allgemeinen Funktionsgleichung steht und aus ihr bestimmbar ist. Die Bestimmung selbst ist nicht durch bloße Häufung von Einzelwerten und durch ihre additive Verbindung, sondern lediglich durch die Ordnung erreichbar, die sie innerhalb gewisser kategorialer Grund- und Hauptformen erfahren." (*PSF* III, S. 236) Dabei weist Cassirers Verständnis von „Funktionalität" – dies zeigt sein Aufsatz „Kant und die moderne Mathematik" (S. 7) – in die Richtung von Beziehungshaftigkeit und wechselseitiger Zuordnung. Dieses Verständnis war von Richard Dedekind formuliert worden, dessen Arbeit *Was sind und was sollen Zahlen?* er auch nennt.[1] Unter „Zuordnung" versteht Cassirer, wie aus *SuF* S. 357 hervorgeht, wohl zweierlei: die Einordnung eines Einzelinhaltes in eine oder mehrere Reihenordnung(en) und, damit verbunden, seine Zuordnung zu einem Reihenprinzip.[2] Wie man sich diese Prozesse gedanklicher Zuordnung, „durch die wir übrigens ganz verschiedene Elemente zu einer systematischen Einheit verknüpfen" (*SuF* S. 47), näher vorzustellen hat, wird nicht recht deutlich. So ist auch unklar, was die „allgemeine Invariantentheorie der Erfahrung" an apriorischen bzw. transzendentalen Momenten eigentlich namhaft macht und was nicht. Im Grunde bleibt es bei recht unspezifischen Charakterisierungen wie „logische Akte der Zuordnung" (S. 95) oder „elementare Urteilsakte, kraft deren der Einzelinhalt als Glied einer bestimmten Ordnung erfaßt und damit erst in sich selbst gefestigt wird" (S. 453).[3]

Nun sind diese Unklarheiten wohl bis zu einem gewissen Grade unvermeidlich. Deshalb sollten sie auch nicht den Blick für die Möglichkeiten trüben, die Cassirers Revision der traditionellen Begriffslehre eröffnet. Da ist zunächst der Gedanke, daß die Organisation von Erfahrung wesentlich als „Leistung des Begriffes" zu sehen sei, der ein „Gesetz der Beziehungen in sich schließt, durch welches ein neuer und eigenartiger Zusammenhang des Mannigfaltigen erst geschaffen wird" (*SuF* S. 380). Dieser Gedanke erlaubt es, die transzendentalphilosophische Vorstellung der Gegenstandskonstitution auf ein neutraleres Fundament zu stellen. Damit wäre Kants Hauptthese bezüglich der Funktion der sog. Verstandesbegriffe vis-à-vis der veränderten Ding-Auffassung der Wissenschaft zumindest im Prinzip wieder ins Recht gesetzt und die Idee der transzendentalen Logik bewährt. Indes könnte dies – aus heutiger Sicht – nur *cura posterior* sein. Doch ist da noch der andere Gedanke, nämlich die Vorstellung, daß begriffliche Leistungen dieser Auffassung zufolge nun in solchen Zusammenhängen wirksam sind, die für sie in den Einteilungen Kants gar nicht vorgesehen waren. Nunmehr sind alle Erfahrungsinhalte (*SuF* S. 377) Sache begrifflicher Vermittlungen; und dies gilt insbesondere auch für jeden „unmittelbar gegenwärtigen Inhalt."[4]

Dieser Punkt ist an sich schon spektakulär und provokativ. Zumindest innerhalb der Philosophie würden wenige Denker so weit gehen, begriffliche Strukturen bereits auf der Ebene elementarster Wahrnehmungsgehalte anzusiedeln, von den Domänen ästhetischer und religiöser Wahrnehmung ganz zu schweigen. Insofern fällt Cassirers Theorie hier sicher aus dem Rahmen. Doch sind Annahmen dieser Art für ihn unverzichtbar und philosophisch vital. Denn der Bau der Philosophie der symbolischen Formen ruht auf der Annahme, daß der Mensch Eindrücke zu Ausdrücken umgestalte (*PSF* I, S. 12; s. S. 48) und dabei kulturell tätig werde. Diese Annahme mag plausibel sein. Nur bedarf es einer Hypothese, die begreiflich machen würde, daß Eindrücke zu Ausdrücken umgewandelt werden können.

Hier nun zahlt sich aus, daß „der Funktionsbegriff [...] eben darin seine Bedeutung und seine Stärke" hat, „daß er an irgendeine ‚Gleichartigkeit' der Elemente, die er verknüpft und zusammenschließt, nicht gebunden ist. Was er leistet, ist eine *Zuordnung* von Bestimmungen, die im übrigen durch nichts anderes als durch eben das *Gesetz der Zuordnung selbst* miteinander verbunden sind, die keinerlei ‚Gleichheit' oder ‚Ähnlichkeit' miteinander aufzuweisen brauchen" (*EBK* S. 119–220). Was dies für die Analyse und Erklärung von Wahrnehmungs-Prozessen bedeutet, kann ein Beispiel verdeutlichen, das bereits in anderem Zusammenhang zur Sprache kam: Wenn wir eine Farbeigenschaft betrachten, so ist uns ein individuelles Rot immer auch „als ‚ein' Rot, als Exemplar einer Species, die durch es vertreten ist, bewußt. Es ist in die Gesamtreihe von Rot-Nuancen derart eingebettet, daß es ihr zugehörig und zugeordnet erscheint, und daß es, kraft dieser Zuordnung, die Totalität dieser Reihe zur Darstellung bringt" (*PSF* III, S. 157). Ändert sich nun unser Bezugspunkt und gerät auf diese Weise das in den Blick, an dem das Rot vorkommt, so ereignet sich ein „Wandel im Phänomen" (S. 160). Wir haben es nunmehr nicht mit einem Rot – Ding zu tun, sondern mit einem roten Ding bzw. einem Ding, das rot ist: „Dem konstanten ‚Gegenstand' wird eine konstante

Farbe als dauernde ‚Eigenschaft‘ zugeschrieben – und alle Farberscheinungen haben nur den einen Sinn und die eine Aufgabe, diese Eigenschaft für uns darzustellen." (S. 159) So registrieren wir nicht allein einen Wandel im „Gesamtgesicht des Farbphänomens" (S. 160). Wir verstehen auch, daß die jeweilige Orientierung und Richtung der Sicht das rein ‚optische Phänomen‘ in bestimmte Bahnen lenkt: „Es gibt keine bewußte Wahrnehmung, die bloßes ‚Datum‘, die ein lediglich Gegebenes und in dieser Gegebenheit abzuspiegelndes wäre; sondern jede Wahrnehmung schließt einen bestimmten ‚Richtungscharakter‘ in sich, mittels dessen sie über ihr Hier und Jetzt hinausweist." (*PSF* III, S. 236, vgl. S. 256, 267) Dieses Bild zeigt zugleich, daß Cassirer Wahrnehmung sozusagen als Suche nach Konstanz und Tendenz zu Invarianz interpretiert: „Der Einzelwert der momentanen Wahrnehmung muß – um in dem mathematischen Gleichnis zu verbleiben – als solcher erfaßt werden, der in einer allgemeinen Funktionsgleichung steht und aus ihr bestimmbar wird." (S. 236)

Vor allem aber ist es wichtig zu sehen, daß diese Suche oder Tendenz in die Wahrnehmung selbst gewissermaßen eingebaut ist und so eine Zentrierung der Anschauungsgehalte verfolgt. Insofern wäre es falsch, Wahrnehmungsprozesse in Begriffen der Wiedergabe bzw. Reproduktion oder Widerspiegelung anschaulicher Gehalte deuten zu wollen. Insbesondere aber müssen die traditionellen *tabula rasa*-Theorien am Phänomen versagen. Wie könnten auch auf der Basis solcher Annahmen wechselnde Objektivationen und sogar Umgestaltungen anschaulich gegebener Strukturen erklärt werden? In einer späteren Arbeit – „The Concept of Group and the Theory of Perception"[5] – betont Cassirer, daß Objektivationen ausnahmslos von der Bildung und Formierung bestimmter Invarianten im Fluß der Sinnes-Eindrücke abhängen – egal ob es sich dabei um Invarianten der Wahrnehmung, solche des geometrischen oder solche des physikalischen Denkens handle (S. 21). Hier exploriert Cassirer gewisse Entsprechungen zum Begriff der Konstruktion in der Mathematik. Dabei läßt er sich von der Überlegung leiten, daß in der Mathematik ebenso wie in der

Psychologie die Begriffe der Transformation und Invarianz eine Rolle spielen; und er versucht, einen gemeinsamen Nenner zu finden, der das Phänomen wechselnder Objektivationen und Umgestaltungen besser verständlich macht. Dabei bezieht sich Cassirer auf das *Erlanger Programm* von 1872 des Mathematikers Felix Klein.[6] Dieser hatte seinerseits vorgeschlagen, geometrische Probleme unter einem umfassenderen Gesichtspunkt zu begreifen, nämlich unter dem Gesichtspunkt der Gruppentheorie.

Klein dachte an Gruppen von räumlichen Änderungen bzw. von Transformationen eines Raumes und spezifizierte geometrische Eigenschaften als solche Eigenschaften, die bei räumlichen Transformationen bestimmter Art unveränderlich bleiben.[7] Mithin läßt sich die Geometrie, wie Cassirer im Blick auf Kleins Überlegungen sagt, als Untersuchung einer bestimmten Gruppe von Transformationen charakterisieren (S. 3). Doch auch die Untersuchung der Wahrnehmung läßt sich als Untersuchung einer bestimmten Gruppe von Transformationen verstehen: „The perceptual image as well involves that reference to certain possible groups of transformation. It changes when we refer to a different group and determine the ‚invariants‘ of perception accordingly." (S. 16) Nun mögen die relevanten Bereiche und die jeweils geltenden Bedingungen recht verschieden sein. Doch ist der springende Punkt klar: Wenn man nach einem gemeinsamen Nenner der Probleme sucht *und* aus philosophischer Sicht nach notwendigen Bedingungen der Konstitution der Wahrnehmungswelt und der Konstruktion des Universums geometrischen Denkens fragt, so bietet sich hier der Begriff der Gruppe und der Begriff der Invarianz an: „It seems to me that the concept of group and the concept of invariance are such principles." (S. 19) In diesen Überlegungen kommen zentrale philosophische Anliegen zum Ausdruck, nämlich die Suche nach dem Grund der Einheit der Erfahrung und die entschiedene Absicht, diese Suche nie anders denn an den Standards der wissenschaftlichen Diskussion in den Einzelwissenschaften auszurichten. Im konkreten Fall hat Cassirer nicht nur eine Hypothese bezüglich der Möglichkeit der Schaffung von

Konstanz und Objektivität angeboten. Mit der Auffassung des Begriffs als Prinzip der Zuordnung hat er – innerhalb seiner idealistischen Auffassung vom Wesen der Erfahrung - dem Gedanken der „Arbeit des Begriffes" (s. S. 135) eine wichtige und vergleichsweise plausible Rolle zugewiesen. Vor allem aber hat er eine Erklärung vor Augen, die der Komplexität der Phänomene ökonomisch Rechnung trägt.

VI. Das Symbolische

1. Allgemeines

Auf dem geschilderten erfahrungstheoretischen Hintergrund gewinnt nun auch Cassirers Verständnis des Symbolischen seine eigentliche Kontur. Dies zu betonen, ist vielleicht wichtig. Denn Cassirer unterscheidet zwischen einer natürlichen Symbolik einerseits und einer künstlichen Symbolik andererseits (*PSF* I, S. 18 ff.). Die eine äußert sich darin, daß sich das Bewußtsein in und mit einem beliebigen Inhalt auf etwas bezieht, die andere darin, daß dieses Etwas mittels eines Zeichens festgehalten wird. Diese Unterscheidung könnte zu der Annahme verleiten, hier seien grundsätzlich verschiedene Ebenen angesprochen und damit auch ein Unterschied in der Funktion des Symbolischen benannt. Dies ist jedoch nach Cassirer nicht der Fall. Denn er behandelt beide parallel: Die künstliche Symbolik fußt auf der natürlichen Symbolik, und beide sind an der Gestaltung der Wirklichkeit beteiligt. In diesem Sinn heißt es vom symbolischen Verhältnis generell, es sei als Bedingung der Möglichkeit des Setzens von Bestimmungen anzuerkennen (III, S. 274).

Da die *Philosophie der symbolischen Formen* eine Theorie der Erfahrung ist und der Begriff des Symbolischen Bestandteil dieser Theorie, ist das Symbolische selber kein Gegenstand möglicher Erfahrung; es ist vielmehr Teil jener Annahmen, die erklären sollen, daß wir Erfahrungen bestimmter Art haben können: „Die Zweiteilung: Symbol *oder* Gegenstand erweist sich [...] als unmöglich", weil „eben diese Funktion des Symbolischen es ist, die Vorbedingung für alles Erfassen von ‚Gegenständen' und ‚Sachverhalten' ist." (*LKW* S. 31; s. S. 34)[1] Die Begründung führt uns auf jenen Sachverhalt zurück, der den Grundpfeiler seiner Überlegungen bildet: Alles Sinnliche ist sinnhaft. In eher technischer Diktion lautet der Gedanke folgendermaßen: „Jeder noch so ‚elementare‘ sinnliche Inhalt ist schon von einer solchen Spannung [i. e. zwischen dem „Inhalt der Erscheinung als solchem und ihrer darstellenden Funktion", A. G.] erfüllt und gewissermaßen geladen. Er ist niemals einfach als isolierter Inhalt ‚da‘; sondern er weist in eben diesem Dasein über sich hinweg; er bildet eine konkrete Einheit von ‚Präsenz‘ und ‚Repräsentation‘." (*PSF* III, S. 149) Beide Formulierungen lassen sich in ihrem Verhältnis zueinander näherhin so charakterisieren, daß die letztere notwendige und hinreichende Bedingungen dafür nennt, daß etwas Sinnliches sinnhaft ist. Um diesen Punkt verständlich zu machen, muß man zeigen, wie Sinn-Momente im Sinnlichen vorkommen und was es heißt, über sich hinauszuweisen.

2. Symbolische Beziehung

Hier bieten sich Cassirer wohl zwei Wege an. Einer *(1)* führt über die Betrachtung der Wahrnehmung als Wahrnehmung, ein anderer *(2)* über die Betrachtung des Wahrgenommenen als Wahrgenommenen.

Zu *(1)*: Von der Wahrnehmungsseite her nimmt sich die Sache für Cassirer so aus, daß „die ‚bloße‘, die gewissermaßen nackte Wahrnehmung, die frei von jeder Zeichenfunktion wäre, kein Phänomen ist, das uns unmittelbar, in unserer ‚natürlichen Einstellung‘ gegeben wäre"; und er fährt fort: „Was wir hier erfahren und erleben – das ist kein Rohstoff einfacher Qualitäten, sondern es ist immer schon durchsetzt und gewissermaßen beseelt mit Akten der Sinngebung" (*WWS* S. 214). Dieser Gedanke ist verschlungen und nicht ganz klar. Denn Cassirer spricht weniger von Wahrnehmung als vom Wahrgenommenen; und es wird nicht deutlich, ob er das Risiko sah, das darin besteht, Wahrnehmung in Begriffen des Wahrgenommenen zu beschreiben und dabei Züge des Wahrgenommenen auf die Wahrnehmung selber zu übertragen. Der entscheidende Punkt tritt da hervor, wo Cassirer in terminologischer Anlehnung an Kant von einem „Ingrediens der Wahrnehmung" spricht. Dort denkt er an einen „Akt der ursprünglichen Formung", den er auch „Akt symbolischer Ideation" nennt (*PSF* III, S. 155). Derartige Akte – die Ausdrücke „Akte der Sinngebung", „Akte ursprünglicher Formung" und „Akte symbolischer Ideation" – wohl bedeutungsgleich gebraucht – sind als Vorgänge zu sehen, in denen Empfindungsmaterial gewissermaßen sinnhaft präpariert wird und damit Substrat einer Zeichenfunktion ist; und Akte dieser Art bringen auch das hervor, was als symbolische Prägnanz gilt. Wie dies geschieht, gehört wohl zu den problematischen Details des Cassirerschen Ansatzes. Hier scheinen die verschiedenen Beschreibungen doch unterschiedliche Sachverhalte anzugehen. So legt die bildhafte Rede von der Formung die Vorstellung nahe, daß vorhandener Stoff eine Prägung erfährt. Hingegen scheint die Rede von der begrifflichen Strukturierung eher für die Annahme zu sprechen, daß im Reservoir vorhandener Stoffe eine Selektion und Gruppierung bestimmter Art erfolgt.

Auch die Rede von Akten ist nicht glücklich. Denn von Vorgängen als Akten sprechen, heißt unterstellen, daß sich ein Subjekt bewußt betätigt, Wünsche hat, Absichten verfolgt usw. Davon kann hier keine Rede sein. Denn es geht um Vorgänge, die sich gewissermaßen unter der Oberfläche abspielen und genaugenommen nicht einmal als Funktion der Sicht beschrieben werden können, die ein Subjekt im Prozeß seiner Weltzuwendung hat und ausübt. Deshalb wurde die Rede von „Akten" bereits zu Husserls und Cassirers Zeiten als fragwürdig empfunden (S. 229). Doch läßt sich der Punkt klar bestimmen: Wenn eine Person ein Wahrnehmungserlebnis hat, so ist dies äquivalent mit dem Sachverhalt, daß in der Wahrnehmung eine stoffliche und eine formhafte Komponente zueinander in Beziehung gesetzt bzw. vereinigt werden.

Zu *(2)*: Von der Seite des Wahrgenommenen her betrachtet, stellt sich die Sache so dar, daß das Wahrgenommene als Wahrgenommenes, wie etwa die erwähnte Schönheitskurve (s. S. 31), als bestimmte Weise der Beziehung zwischen der stofflichen und der formhaften Komponente begriffen wird. Diese Beziehung nun versteht Cassirer im Anschluß an Theodor Lipps Untersuchungen über „Inhalt und Gegenstand. Psychologie und Logik" als symbolische Beziehung, und sie ist in seinen Augen das Paradigma symbolischer Beziehungen überhaupt (S. 370–371). So charakterisiert „symbolisch" im hier relevanten Sinne seiner Verwendung einen Zug oder bestimmten Charakter am Wahrnehmungsinhalt, der ihm selbst innerlich ist, dasjenige, was wir annehmen und voraussetzen müssen, soll sich dem Bewußtsein überhaupt etwas darstellen können.

Diese Überlegungen sind schwierig und irgendwie undurchsichtig. Das hat wohl weniger mit der Idee selber zu tun, die Cassirer vor Augen steht, als mit ihrer Begrifflichkeit. Der begriffliche Rahmen ist nämlich durch die Verwendung der Termini „Form" und „Stoff" bestimmt; und mit diesem Begriffspaar befinden wir uns auf metaphorischem Gelände. Welche Bedeutung könnten diese Termini in diesem Kontext ihrer Verwendung hier vernünftigerweise haben? Bezeichnen sie etwas? Entspricht ihnen etwas Reales? Stehen sie für Begriffe oder begriffliche Vorstellungen, die unser Nachdenken über bestimmte Phänomene leiten? Dieser Punkt wird in der Darstellung von *PSF* III nicht deutlich. Deutlich wird allerdings, daß Cassirer gewisse Skrupel hat, das Begriffspaar hier einzuführen und zu verwenden. So bezweifelt er, „daß ‚Stoff‘ und ‚Form‘ sich gegeneinander überhaupt als verschiedene ‚Schichten‘ abheben lassen" (S. 231); und er bezweifelt insbesondere die Tragfähigkeit dieser Unterscheidung, die im Denken Husserls soviel Gewicht hat, für seine spezielle Frage: „Diese Trennung mag im gewissen Sinn zum unentbehrlichen Rüstzeug unserer Analyse des Bewußtseins gehören. Aber dürfen wir diese analytische Scheidung, diese ‚distinctio rationis‘ nun in die Phänomene, in die reinen ‚Gegebenheiten‘ des Bewußtseins selbst hineinverlegen?" Cassirer schiebt diese Bedenken beiseite und macht geltend, „daß beide [i. e. das hyletische und das noetische Moment, A. G.], wenngleich niemals im absoluten Sinne voneinander trennbar, so doch im weiten Ausmaß voneinander unabhängig variabel sind. Immer muß freilich der ‚Stoff‘ in irgendeiner Form stehen: Aber er ist an keine einzelne Art der Sinn-

gebung gebunden, sondern kann von einer in die andere über-
gehen und gewissermaßen ‚umschlagen'." (S. 232)[1]

Den Gedanken, daß das hyletische und das noetische Moment relativ unabhängig voneinander seien, stützt Cassirer hier
auf die Beobachtung, daß ein und dieselbe Sache, z. B. der Linienzug, je nach Sicht, unterschiedlich verstanden und gedeutet
werde; und diesen Sachverhalt sieht er wiederum als Beleg dafür,
daß ein und dieselbe Empfindungsmaterie unterschiedlich aufgefaßt werde (s. S. 31). Daß dieser Gedanke gewisse Probleme
birgt, wurde bereits gesagt. Hinzu kommt, daß Cassirer nirgendwo deutlich macht, was unter Empfindungsmaterie oder
Eindrücken genauer zu verstehen sei. Dies hängt vermutlich damit zusammen, daß er die kausalen Faktoren, die zur Erklärung
von Wahrnehmung angenommen werden müssen, zugunsten
der ideellen Bedingungsgründe in den Hintergrund schiebt. Es
hängt aber auch damit zusammen, daß die Frage nach den kausalen Faktoren Probleme schaffen müßte. Denn über sie sprechen heißt, die Frage nach der Beziehung zwischen Bewußtsein
und einer (für Cassirer *ex hypothesi*) unbekannten Welt stellen.
Diese Frage kann Cassirer strategisch ein Stück weit neu-
tralisieren; und hierbei erweist sich die Versicherung als hilfreich,
daß Phänomene wie die symbolische Beziehung offensichtlich
keine naturalistische Erklärung gestatten. Doch holt ihn die
Frage ein. Denn sagen, daß z. B. alle Empfindungen an eine,
wenn auch nicht eine bestimmte Form gebunden seien, heißt
u. a. auch die Frage aufwerfen, ob sich jeder Stoff mit jeder Form
verbinden könne (s. S. 52). Spätestens hier stellt sich das Problem, wissen zu müssen, was Empfindungsmaterie an sich sei.

Nun mag man streiten, ob sich der hier zur Debatte stehende
Sachverhalt nur so und nicht auch anders verstehen lasse und ob
wir im ersteren Fall auch zu dem Schluß genötigt wären, daß es
hier um Vorkommnisse typen-identischer Empfindungsmaterie
gehe. Dies sind sicher schwierige Gedanken. Schwieriger aber
scheint die Vorstellung, (*i*) daß Form und Materie eine Einheit
bilden, und (*ii*) daß die Beziehung zwischen Form und Materie
nicht die der Identität ist. Nun ist (*i*) verlangt, um die anti-sen-
sualistische These von der sinnhaften Bestimmung des Sinnli-

chen überhaupt erst auf den Weg zu bringen. Und (ii) ist die Voraussetzung, die gegeben sein muß, damit der Gedanke der symbolischen Relation wahr sein kann. Doch scheinen (i) und (ii) unverträglich; und Cassirers Taktieren in *PSF* III könnte darauf hindeuten, daß er das Problem sah. In seiner Replik auf Konrad Marc-Wogau, der ihn in diesen und anderen Punkten hart bedrängt hatte und den Ausweg aus der Situation nur in einer dialektischen Interpretation der Pole von Stoff und Form erblickte,[2] scheint er diese Sache zumindest klarer zu fassen: „Ist es wirklich so, daß wir darum, weil wir die Wahrnehmung nicht in zwei Stücke zerbrechen, weil wir Stoff und Form an ihr nicht als reale *Teile* voneinander absondern können, auch außer Stande sind, an ihr zwei verschiedene *Momente* zu unterscheiden?" (*WWS* S. 210) In dieselbe Richtung weist sein Vorwurf, Marc-Wogaus Kritik basiere auf der Annahme einer eleatisierenden Identitäts-Logik.[3]

In der Sache scheint dieser Vorwurf darauf hinauszulaufen, daß sein Opponent die Termini „Stoff" und „Form" rein denotativ verstehe, sie also gewissermaßen als Namen für Dinge auffasse. Nun war es freilich Cassirer, der in *PSF* III zwischen Stoff bzw. Form als Sache und Terminus nicht unterschied und insofern Unklarheiten riskierte oder sogar Mißverständnisse provozierte. Freilich könnten (i) und (ii) verträglich sein, wenn „Stoff" und „Form" jeweils unterschiedlich aufgefaßt werden. So ließe sich geltend machen, (i*) daß sich „Stoff" und „Form" in (i) auf ein und dieselbe Sache beziehen, nämlich auf den Inhalt bzw. das Gegebene. Dieser Gedanke wäre keineswegs abwegig. Denn sowenig Stoff ohne Form vorkommt, sowenig kommt Form ohne Stoff vor: Stoff ist immer Stoff *für* oder *von* etwas und Form entsprechend Form *von* oder *an* etwas. Insofern hat Cassirers Rede von konkreter Einheit hier etwas für sich: Soll es sich bei diesem Gegebenen als Gegebenen nämlich um *eine* Sache handeln, so muß es auch als *eine* Sache identifizierbar sein. Des weiteren ließe sich sagen (ii*), daß „Stoff" und „Form" in (ii) unterschiedliche Arten des Gegebenseins der in (i) bezeichneten Sache markieren – sozusagen Aspekte charakterisieren, etwas von der Art, was Cassirer in seiner Replik auf

Marc-Wogau als „Momente" versus „Teile" verstanden wissen wollte. So scheinen diese Lesarten (*i**) und (*ii**) geeignet, sowohl der These des Anti-Sensualismus Raum zu schaffen als auch den Gedanken der Beziehungshaftigkeit zu stützen.

Doch ist der Gedanke der Beziehungshaftigkeit wenig artikuliert und kaum faßbar. Solange Cassirer die symbolische Beziehung als Spannung zwischen Präsenz und Repräsentation bzw. Darstellendem und Dargestelltem charakterisiert, tritt dies nicht kraß hervor. Sobald er diese Beziehung aber als solche zwischen Form und Materie analysiert, stellt sich die Frage, welcher Art die Beziehung sein könnte, die Stoff und Form zueinander eingehen. Cassirer muß sich diese Frage gestellt haben. Denn er gesteht zu, daß sich ‚Stoffe' und ‚Formen', ‚Erscheinungen' und ‚kategoriale Ordnungen' genaugenommen nicht „miteinander ‚verbinden'" (S. 237). Im gleichen Zusammenhang spricht er, ebenfalls in Anführungszeichen, von einer Teilhabe an einem Gefüge. Damit transportiert er die Aristotelische Stoff/Form-Metaphorik in die Platonische Teilhabe-Metaphorik; und es entgeht ihm in diesem Augenblick, daß Aristoteles mit seiner Konzeption von Stoff und Form die Aporien der Teilhabe-Problematik lösen wollte. Doch scheint Cassirers Rede von Teilhabe den rationalen Kern der Sache gut zu treffen: Die einzelnen Wahrnehmungsinhalte bilden eine Ordnung und exemplifizieren so das Prinzip, das seinerseits ja nicht selbst die Funktion und auch nicht Teil der Ordnung sein kann.

3. Sinn

Damit wird deutlich, daß die symbolische Beziehung innerlich an Strukturen gebunden ist, die mit der begrifflichen Ordnung der Elemente gegeben sind. Sie ist dasjenige, was Referenz stiftet und Gegenstandsbezug ermöglicht (vgl. *PSF* III, S. 274). Doch leistet sie das in der Weise, daß Gegenstände – „Gegenstand" hier im weiteren Sinne des Wortes verstanden – jeweils *als* etwas dargestellt bzw. intendiert werden (S. 229). Sie liefert also, mit anderen Worten, die Beschreibung mit, unter der der Gegenstand steht, und erfüllt in dieser Hinsicht jene Funktion, die *Sinne* bei Frege und *noemata* bei Husserl wahrnehmen.

Wollte man die Analogie zu diesen und anderen Theorien weitertreiben, so wäre es wohl richtig zu sagen, daß Cassirer der Auffassung nahesteht, daß Referenz nur durch die Vermittlung von Bedeutung möglich sei. Doch wäre es auch wichtig zu sehen, daß Bedeutung bzw. Sinn in seiner Sicht der Dinge der fundamentale Begriff ist.[1] Dies läßt sich zwar nicht gut nachweisen. Denn die Ausdrücke „Sinn" und „Bedeutung" haben – dies bringt die Optik seiner umgreifenden Frage nach der Bedingung der Möglichkeit von Bedeutung überhaupt mit sich – keinen präzis definierten Sinn und werden, wie auch bei Husserl, immer wieder als generische Termini verwendet. Doch wird diese Überlegung von der Systematik des Gedankens nahegelegt. Denn Cassirers Rekonstruktion geistiger Evolution setzt an einer Stelle ein, da bereits Sinn vorliegt, aber kaum Referenz.

Dies wirft die Frage auf, was Cassirer unter Sinn genauer verstehen könnte und welchen Status er solchen Gebilden einräumt. Der zweite Teil der Frage *(1)* läßt sich relativ leicht beantworten. Legen wir z.B. die Aussage in *PSF* III, S.149 zugrunde, so ist klar, daß „Sinn" keine besondere Art von Objekten neben oder über den Sinnträgern bezeichnen kann. Zwar scheinen Stellen wie *EM* S.32/*VM* S.58 in eine gegenteilige Richtung zu weisen. Denn dort ist von einer „human world of meaning" die Rede, welcher auch die Symbole zugehören; und von dieser Welt wird der Bereich physischer Gegenstände unterschieden, der seinerseits die Signale beherbergt. Doch braucht diese Trennung hier nicht mehr zu besagen, als daß sich Sinn („meaning") nicht auf physische Faktoren reduzieren lasse. Auch die These, daß Worte ihren Sinn darstellen (*PSF* III, S.118), mag auf den ersten Blick für die Annahme getrennter Bereiche sprechen. Doch würde dies, wie noch eigens zu sehen sein wird, der Cassirerschen Intention zuwiderlaufen. Was für „das Verhältnis des Wortes zu dem Sinn" gilt, „der durch dasselbe dargestellt wird", gilt auch für das „Verhältnis der ‚Erscheinungen' zu dem seelischen Gehalt, der sich in ihnen ausdrückt" oder schließlich für das Verhältnis, „in dem ein beliebiges abstraktes ‚Zeichen' zu dem Bedeutungsgehalt steht, auf den es hinweist". In all diesen Fällen sei das „Zeichen keine bloß zufällige Hülle des Gedankens, sondern ein notwendiges und wesentliches Organ" (*PSF* I, S. 18). Dies spricht klar gegen die Annahme irgendwie getrennter Bereiche. Vielmehr dürfte Sinn eine Funktion der symbolischen Beziehung sein. Dieser Punkt wird deutlicher, wenn wir uns dem zweiten Teil der Frage zuwenden.

(2) Eine generelle Einschätzung von Sinn findet sich in *PSF* III, S. 381 f. Hier heißt es von der Bedeutungsfunktion, daß sie sich, „ohne in sich selbst irgendwie gespalten zu sein, [. . .] doch aus prinzipiell verschiedenen Sinn-Momenten aufbaut. Denn kein echter Sinn ist als solcher schlechthin einfach, sondern er ist eins und doppelt – und diese Polarität, die in ihm liegt, zertrennt und zerstört ihn nicht, sondern stellt vielmehr erst seine eigentliche Erfüllung dar".

Hier wird also zweierlei behauptet: (*i*) daß Bedeutung aus verschiedenen Sinn-Momenten bestehe; (*ii*) daß Sinn sozusagen naturgemäß durch eine innere Doppeltheit charakterisiert sei. Offensichtlich soll (*ii*) eine Begründung für (*i*) liefern. Welcher Art diese Begründung sein könnte, wird nicht unmittelbar deutlich. Nun ist in (*ii*) mit dem Hinweis auf die Polarität ein grundsätzlicher Punkt angesprochen (vgl. S. 149; s. S. 147). Offensichtlich handelt es sich hier um ein Verhältnis, das analog der komplexen Grundbeziehung zwischen Materie und Form verstanden werden soll: „Denn so wenig das Darstellende und das Dargestellte, das Präsente und Repräsentierte miteinander identisch sind, so ergibt doch immer nur dieses in bezug auf jenes und jenes in bezug auf dieses einen verständlichen Sinn." (S. 381) So läßt sich sagen, daß dasjenige, was repräsentiert wird, als etwas zur Darstellung komme und an das gebunden sei, von dem es dargestellt wird, und entsprechend dasjenige, was etwas darstellt, an das gebunden sei, dessen Darstellung es gibt oder ist. Diese Überlegung macht wahrscheinlich, daß Cassirer Sinn als in sich relationales Gebilde verstanden wissen wollte: Der Sinn von X wäre jenes Y, welches von X dargestellt wird.

Überdies scheint Cassirer geneigt – dies geht aus dem Berkeley-Referat in der *Einleitung* zu *PSF* III hervor –, die in (*ii*) angedeutete Struktur als latent oder potentiell urteilshafte Beziehung zu verstehen: „Das einfache Dasein der Sinneseindrücke bleibt von jeder Möglichkeit der Täuschung frei. Ein Sinneseindruck kann bestehen oder nicht bestehen, kann gegeben oder nicht gegeben, aber kann nicht ‚wahr‘ oder ‚falsch‘ sein. In den Bereich dieses Gegensatzes gelangen wir vielmehr erst, wenn sich der unmittelbaren Gegenwart des Eindrucks ein anderes mittelbares Verhältnis, wenn sich der ‚Präsentation‘, dem direkten ‚Haben‘ einer Empfindung, eine repräsentative Bestimmung unterschiebt. Wo ein Inhalt des Bewußtseins nicht nur für sich selbst, sondern für einen anderen steht.“ (S. 5) Die letzten Zeilen spezifizieren die in Cassirers Augen überhaupt relevante Situation: Das Bewußtsein von X ist (oder involviert) ein Bewußtsein von Y, als welches X verstanden wird und von dem her X (s)einen Sinn gewinnt. Dies würde die Annahme, daß Cassirer Sinn als relationales Gebilde und als eine im Kern urteilshafte Angelegenheit auffaßt, noch besser verständlich machen. Gerade die letztere Annahme erlaubt wohl den weitergehenden Schluß, daß hier sowohl Referenz im Sinne von „Dies ist (. . .)“, „Es ist (. . .)“ im Spiele ist als auch Bedeutung im Sinne einer Beschreibung dessen, als *was* etwas erscheint oder wahrgenommen wird.

Die andere These (*i*) ist vielleicht schwieriger zu verstehen. Viel hängt davon ab, in welcher Weise (*ii*) eine Begründung für (*i*) liefern soll. Hier bieten sich wohl zwei Möglichkeiten an: (*a*) Wenn „prinzipiell verschiedene Sinn-Momente“ nur ein anderer Ausdruck für den Gedanken der Stoff/Form-Polarität ist, würden die in (*i*) bzw. (*ii*) behaupteten Gedanken im wesentlichen ein und denselben Sachverhalt angehen. Doch mag der Sachverhalt selbst zunächst verblüffen. Denn eine Entsprechung zwischen der Polarität und prinzipiell verschiedenen Sinn-Momenten annehmen, hieße zugestehen, daß stoffliche Momente ihrerseits Sinn-Momente sein können. Dies mag der Intuition zuwiderlaufen, daß Sinn spezifisch an Form gebunden sei und beide sogar koextensiv seien. Diese Intuition kann jedoch leicht über den entscheidenden Punkt hinwegtäuschen: Sinn manifestiert sich an Sinnlichem. Sinnliches ist jedoch ein Komplex von stofflichen und formhaften Momenten. Mithin ist Sinn in jedem Fall von beiden Momenten bestimmt. Dabei macht sich Cassirer nicht einmal des Vorwurfs einer äquivoken Verwendung von „sinnlich" schuldig. Denn die stoffliche Komponente eines Inhaltes ist *qua* Komponente *in* einer bestimmten Form und die formhafte Komponente ihrerseits *mit* oder *an* einem Stoff gegeben. Versteht man die Korrelativitätsthese in dieser Weise, so bietet der Sachverhalt keine besonderen Probleme. Dies gilt um so mehr, als auf dem Boden dieser Interpretation auch keine unstatthafte Übertragung einer Eigenschaft der Teile auf das Ganze angenommen werden müßte.

(*b*) Falls mit „prinzipiell verschiedene Sinn-Momente" mehr oder etwas anderes gemeint ist, so könnte (*ii*) wohl nur in der Weise eine Begründung für (*i*) liefern, daß Sinn, so oder so, eine komplexe Angelegenheit sei – etwa in der eben erläuterten Weise. Nun ist (*a*) sicher die natürliche Lesart. Für (*b*) könnte sprechen, daß Cassirer in dem, was dem Zitat vorausgeht, innerhalb der Form-Ebene unterschiedliche, ja kategorial verschiedene Möglichkeiten in Betracht zieht: „Das Einzelne, Diskrete besteht selbst nur im Hinblick auf den Zusammenhang, den es in irgendeiner Form des Allgemeinen, mag darunter nun auch die Allgemeinheit des ‚Begriffs' oder ‚Gegenstandes' verstanden werden, besitzt – und ebenso kann das Allgemeine sich nur am Besonderen manifestieren und sich nicht anders denn als Ordnung und Regel für das Besondere beglaubigen und bewähren." (S. 381) Dieser Punkt ist keineswegs trivial. Denn der Reichtum der reinen Bedeutungssphäre liegt darin beschlossen, daß sehr unterschiedliche und beliebig komplexe Ordnungen gebildet werden können. So betrachtet, schiene der Hinweis „prinzipiell verschiedene Sinn-Momente" gut verständlich. Doch scheint der Zusammenhang in erster Linie von der Spannung zu handeln, die zwischen der Bedeutungsfunktion auf der einen und ihren Werten auf der anderen Seite besteht. Dies würde den Ausschlag für (*a*) und gegen (*b*) geben müssen. Auch diese Spannung möchte Cassirer nämlich als Korrelation verstanden wissen.

Nun läßt sich das Verhältnis zwischen Einzelnem und Allgemeinem tatsächlich in ähnlicher Weise sehen wie die Beziehung zwischen Sinnlichem und Sinnhaftem, Materie und Form. Wie wir im Falle eines Darstellenden fragen können „Ein *was* Darstellendes?", so können wir im Blick auf Einzelnes und Besonderes fragen „Ein besonderes *Was*?", „Ein einzelnes *Was*?" und hinsichtlich Begriffen, Klassen und Genera entsprechend fragen „Ein Besonderes *wovon*?" Überlegungen dieser Art würden dafür sprechen, daß Sinn stets etwas Unselbständiges und Komplexes ist.

4. Symbol

Was für die generelle Einschätzung der Beziehung zwischen Darstellendem und Dargestelltem gilt, gilt auch für das Verständnis der Beziehung zwischen Symbol und Symbolisiertem. Hier wie dort besteht eine Einheit; dort wie hier geht es um eine Beziehung, die in Cassirers Terminologie als korrelatives Verhältnis anzusehen ist. Dieser Punkt erklärt eine Reihe von Äußerungen, die ansonsten unverständlich bleiben müßten. So etwa die Behauptung, (*i*) daß Symbole signifikative Zeichen seien (*PSF* III, S. 377), oder die These, (*ii*) daß Symbole keine zufälligen Hüllen für den Gedanken seien (*PSF* I, S. 18; III, S. 479), und die Versicherung, (*iii*) daß Symbole weder dem Diesseits noch dem Jenseits angehören (*PSF* III, S. 447, 450). All diese Überlegungen konvergieren in dem Gedanken, daß Symbole *qua* Symbole zwar über sich hinausweisen, dasjenige, worauf sie hinweisen, aber dem Symbol gleichsam angehöre und insofern auch keinen eigenen Gegenstandsbereich neben oder über dem Symbol begründe.[1]

Zu (*i*): Im Anschluß an Husserl (s. S. 37) spricht Cassirer von echt-symbolischen Zeichen als eigentlich signifikativen Zeichen (S. 377). „Signifikativ" heißt sicher soviel wie „bedeutend" und „bezeichnend" u. ä. Doch können solche Paraphrasen den Kern der Sache kaum markieren. Denn mit der Charakterisierung der Symbole als signifikative Zeichen beabsichtigt Cassirer eine

Abgrenzung gegenüber solchen Zeichen, die wie Rauch als Zeichen für Feuer ihre Zeichenfunktion erst auf dem Umweg über eine Interpretation der Dinge erlangen. Eben dies ist bei signifikativen Zeichen im hier relevanten Sinn nicht der Fall. Sie eröffnen den Blick auf die Welt, und der menschliche Geist schafft damit jenen Rahmen, in dem kausale und andere Beziehungen hergestellt werden können. Daß sie dies tun – und das ist wohl Cassirers zentraler Punkt –, liegt darin begründet, daß wir in der Wahrnehmung selber zugleich ein Bewußtsein dessen haben, was wir wahrnehmen bzw. wovon die Wahrnehmung Wahrnehmung ist. In diesem Bewußtsein ist, um beim obigen Beispiel zu bleiben, die Wahrnehmung von Feuer nicht eingeschlossen. So betrachtet, scheint die Zuschreibung des Prädikats „signifikativ" einer besonders starken Bedingung genügen zu müssen: X ist ein signifikatives Zeichen von Y (oder X bezeichnet Y in signifikativer Weise) genau dann, wenn die Wahrnehmung von X eine Wahrnehmung von Y ist oder involviert. Diese Bedingung ist im Falle der Rede von Rauch als Zeichen für Feuer in der Regel nicht erfüllt.

Diese Überlegung wirft zwei Fragen auf. Eine (a) berührt die Frage der Deutung konkreter Zeichen-Situationen; die andere (b) betrifft die philosophische Voraussetzung im Hintergrund dieser Deutung. (a) Es wäre denkbar, daß es Kulturen gibt, in denen die Auffassung von Rauch einen Bezug auf Feuer involviert und die Wahrnehmung von Rauch mit einer Art Wahrnehmung von Feuer verbunden ist. Hier würde Cassirer vielleicht geltend machen, daß „Wahrnehmung" in beiden Fällen offensichtlich verschieden verwendet werde und sein Punkt daher nicht berührt sei. Doch kann dieser Einwand wenig bestellen. Denn es bliebe zu klären, was eine Person, die, wie wir selbst, Rauch sieht und ihre Wahrnehmung beschreibt, meint, wenn sie sagt, „Ich nehme Feuer wahr".

Diese Überlegung führt uns zum zweiten Punkt. (b) Cassirers Unterscheidung trägt u. a. der Abgrenzung zweier Ebenen Rechnung, der Ebene des ursprünglichen Bedeutens und Verstehens auf der einen Seite und der Ebene dinglicher und kausaler Interpretationen auf der anderen Seite. Diese Abgrenzung ist für ihn in ähnlicher Weise kritisch, wie es die Unterscheidung zwischen ursprünglichem Verstehen im Modus der Zuhandenheit und abkünftigem Verstehen im Modus der Vorhandenheit für Heidegger in *Sein und Zeit* ist.[2] In beiden Fällen geht es nämlich um die problematische Demarkierung transzendentaler bzw. quasi-transzendentaler Züge gegenüber Zügen anderer Art. Problematisch ist weniger die Unterscheidung als solche, als vielmehr die Art der Grenzziehung und der eigentliche Grenzverlauf. Indem Cassirer signifikative Bedeutungsverhältnisse in jenem Bereich ansiedelt, der nicht „unter der Norm und Herrschaft des kausalen Denkens steht" (S. 377), meint er, die Akte ursprünglicher Formung, symbolischer Ideation und Sinngebung als freie, nicht-notwendige Leistungen der Subjektivität bewahrt zu haben. Sagen, daß diese signifikativen Akte Leistungen der Spontaneität seien und durch die Dinge und unsere Auffassungen von ihnen weder bestimmt noch verursacht werden, ist eine Sache. Eine andere ist es zu leugnen, daß die Wahrnehmung mit ihren signifikativen Prozessen ihrerseits in soziale Zusammenhänge und kulturelle Bedingungen eingebettet ist und somit auch andere Wurzeln hat.

Wie Cassirer diesen Punkt beurteilen würde, wäre wissenswert. Zwar scheint er intersubjektive Bedingungen im Bereich des mythischen Denkens generell in Betracht zu ziehen. Auch betont er ausdrücklich die Genese der Ausdrucks-Wahrnehmung im Rahmen der Ich/Du-Beziehung (S. 73 u. ö.), der er überdies einen faktischen und begrifflichen Primat vor der Ding-Wahrnehmung zuerkennt. Doch scheinen Überlegungen hinsichtlich Relevanz intersubjektiver Bedingungen im weiteren Verlauf seiner Erörterungen keine Rolle zu spielen. Vielleicht hängt dies damit zusammen, daß sich Cassirer in *PSF* III auf Schritt und Tritt mit sensualistischen und naturalistischen Ansätzen konfrontiert sieht. Dies würde erklären, weshalb er vornehmlich auf Argumente zurückgreift, die diese Positionen bedrohen und die Position des kritischen Idealismus als unausweichliche Antwort erscheinen lassen. Damit würde auch verständlich, daß er die Darstellung seiner Position nicht mit Momenten befrachtet, die neue Probleme einladen müßten. Vielleicht ist es aber auch so, daß

Cassirer dem Punkt über das Gesagte hinaus keine weitere Bedeutung beimaß. Die (oder eine) weitere Bedeutung würde darin liegen, daß Lebensformen – diesen Begriff verwendet Cassirer – ihrerseits die Art der Sicht bestimmen können und so auch die Art unserer Wahrnehmung beeinflussen.

Zu (*ii*): Eng damit verbunden ist die These, daß Symbole keine zufälligen Hüllen dessen seien, was sie symbolisieren. Ist einmal zugestanden, daß Bedeutsamkeit im starken Sinn von „signifikativ" eine innere Beziehung zwischen Wahrnehmung und Wahrgenommenem, Darstellendem und Dargestelltem angeht, so kann die Beziehung zwischen Symbol und Symbolisiertem nicht beliebiger Natur sein. Aber können sämtliche Beziehungen symbolischer Art überhaupt in dieser Weise gesehen werden?

(*a*) Daß auf der Ebene der Ausdrucksfunktion ein enges und im gewissen Sinne symbiotisches Verhältnis besteht, scheint unbestreitbar. Denn konstitutiv sind hier sowohl im „Bereich des Verhältnisses der Erscheinung zu ihrem seelischen Gehalt" (S. 110) als auch im Verhältnis von Sprache und Bedeutung mimisch-mimetische Züge.

(*b*) Bereits auf der Ebene der Darstellungsfunktion scheint sich der Sachverhalt etwas anders auszunehmen. Nicht jedes Wort läßt sich sozusagen als Eigenname seiner Bedeutung auffassen. Selbst wenn zugestanden wird, daß viele Ausdrücke einer Sprache nicht wirklich in Ausdrücke einer anderen Sprache übersetzt werden können, scheint es fragwürdig, zu meinen, der Sinn, den ein Wort darstelle, sei der Sinn nur dieses Wortes und könne nicht durch ein anderes Wort oder durch ein Wort einer anderen Sprache ausgedrückt und dargestellt werden. Mehr noch mag die Lockerung der engen signifikativen Beziehung daran erhellen, daß der Sinn von Aussage-Sätzen durch Sätze verschiedener Sprachen ausgedrückt werden kann. Nun bestehen derartige Bedeutungen nicht in dem Sinne als sprachunabhängige Gebilde, daß sie nicht linguistisch strukturiert oder strukturierbar wären. Insofern wäre das Bild des Zeichens als „Hülle des Gedankens" (S. 477), das sich übrigens bei Frege findet, hier sehr wohl am Platz: Gedanken bzw. Sinn sind uns nie anders als in sprachlichem Gewande zugänglich und faßbar. Doch bestehen sie unabhängig von einer bestimmten Sprache; und dies würde bedeuten, daß Hüllen vertauschbar und dem Sinn oder Symbolisierten gegenüber bis zu einem gewissen Grade äußerlich sind. Dies spricht zumindest gegen die Formulierung der These „Die ‚Philosophie der symbolischen Formen‘ hat uns durchgängig gezeigt, daß das ‚Zeichen‘ niemals eine bloß zufällige und äußerliche Hülle für den Gedanken ist" (S. 479). Nun muß Cassirers These gar nicht lauten, jeder Gedanke sei nur durch *einen* Satz ausdrückbar. Es genügt, wenn sie sagen will, daß Gedanken, Propositionen usw. an ein sprachliches Gewand gebunden seien. Nur so können sie in einen – um Charles Taylors Bild zu gebrauchen – öffentlichen Raum gestellt werden (s. S. 55); und nur so bleiben sie Teil einer menschlichen Welt der Bedeutung.

(c) Falls dies Cassirers Überlegungen treffen sollte, würde auch die Einschätzung des Verhältnisses, „in dem ein beliebiges abstraktes ‚Zeichen‘ zu dem Bedeutungsgehalt steht, auf den es hinweist" (S. 118), keine Probleme bereiten. Denn hier handelt es sich nur um einen Spezialfall des eben Gesagten. Zwar mag sich, angesichts des zugestandenermaßen abstrakten Charakters der Zeichen, die Frage regen, was genau „signifikativ" in Fällen dieser Art bedeuten kann. Lassen sich die ideellen Verhältnisse, die hier bezeichnet werden, und die sie bedeutenden Symbole bzw. Symbolsysteme als innere Einheit betrachten? Vielleicht wird der fragliche Punkt unter Hinweis auf Freges Idee einer Begriffsschrift deutlicher. Frege sprach nämlich von Gedanken-Malerei. Dabei wird – in der Vision Freges – ein notwendiger Zusammenhang zwischen Zeichen und Gedanke gestiftet, der in der natürlichen Sprache nicht existiert. So wäre zu verstehen, daß auch Cassirer hier kein Problem sieht. Im Gegenteil, die Grundbedingung der Zusammengehörigkeit ist klar erfüllt: „Wir können ‚Bedeutung‘ nie anders als durch Rückbeziehung auf die ‚Anschauung‘ erfassen – wie uns Anschauliches nie anders als im ‚Hinblick‘ auf Bedeutung ‚gegeben‘ sein kann." (S. 449) Genau dieser Punkt bestimmte ihn übrigens in der Ablehnung sowohl hyper-platonistischer Trennungs-Thesen als auch der Position David Hilberts: Wenn die Zeichen, die ja anschaulicher Natur sind, in der Tat „sonst keinerlei Bedeutung haben" (S. 448 Anm. 1), so nehmen wir ihnen „ihre signifikative Bedeutung" und lassen „gewissermaßen nur ihren sachlich-physischen Gehalt" übrig (S. 447–448).[3]

Zu (*iii*): Was eben im Zusammenhang der Behandlung abstrakter Zeichensysteme hervortrat, gilt für das Verhältnis von Symbol und Symbolisiertem überhaupt: „Immer wieder sind wir im Laufe unserer Untersuchungen zu der Einsicht geführt worden, daß der echte und wahre Begriff des ‚Symbolischen' sich den herkömmlichen metaphysischen Einteilungen und Dualismen nicht fügt, sondern daß er ihren Rahmen sprengt. Das Symbolische gehört niemals dem ‚Diesseits' oder ‚Jenseits', dem Gebiet der ‚Immanenz' oder ‚Transzendenz' an: sondern sein Wert besteht eben darin, daß es diese Gegensätze, die einer metaphysischen Zweiweltentheorie entstammen, überwindet. Es ist nicht das Eine oder das Andere, sondern es stellt das ‚Eine' im ‚Anderen' und das ‚Andere' im ‚Einen' dar." (S. 447) Von diesem Standpunkt der *PSF* aus erweisen sich Unterscheidungen – und hier befindet sich Cassirer auf den Spuren der besten Einsichten Hegels – wie die zwischen Transzendenz und Immanenz als Elemente bestimmter Konzeptualisierungen der Wirklichkeit, die ihrerseits Symbolisierungen sind oder auf solchen beruhen. Zwar haben auch diese Konzeptualisierungen eine bestimmte Funktion und einen Ort im Spektrum der geistigen Evolution (vgl. S. 111). Doch heißt dies nicht, daß sie außerhalb dieses klar definierten Ortes noch Bedeutung hätten oder gar (wie im Falle des Streites um die Art mathematischer Existenz) eine verbindliche Alternative der Beurteilung bereitstellen könnten: „Was uns diese Problemstellung gelehrt hat, ist eben dies, daß die Disjunktion, vor welcher wir hier stehen, nicht eindeutig und nicht vollständig ist." (S. 447) Verstehen wir diesen Punkt, so „entgehen wir damit der Gefahr, daß das Symbolische unserer Erkenntnis sich selber spaltet, daß es gewissermaßen in einen ‚immanenten' und einen ‚transzendenten' Anteil auseinanderbricht. Das Symbolische ist vielmehr Immanenz und Transzendenz in einem: sofern in ihm ein prinzipiell überanschaulicher Gehalt in anschaulicher Form sich äußert." (S. 449–450)

VII. Wahrheit, Wirklichkeit und Wissenschaft

1. Allgemeines

Die *Philosophie der symbolischen Formen* eröffnet ein weites Spektrum unterschiedlicher Weisen von Welterschließung. Dabei scheint Cassirers Denken von der Überzeugung bestimmt, daß alle Formen ihre Berechtigung haben. So ist es an der Kunst, tiefe Aspekte des Seins der Dinge und der menschlichen Existenz auszuloten, die sich einer wissenschaftlichen Begegnung mit der Welt nicht eröffnen können; umgekehrt ist es Sache der begrifflichen Erkenntnis, die Welt in Weisen verständlich werden zu lassen, die den Bedürfnissen wissenschaftlichen Denkens Rechnung tragen. Wissenschaftliche Erkenntnis „schließt eine besondere Fassung und Formung des Begriffs der Wirklichkeit in sich" (*ZMP* S. 108). Entsprechend gilt, daß die Technik neue Wirklichkeiten schafft und damit auch Weisen der Orientierung korrigiert; das Gleiche gilt für Sozialordnungen und moralische Strategien. Selbst der Mythos hat in Cassirers Augen eine „relative" Wahrheit.

Dies alles legt die Vermutung nahe, daß Cassirer solche Fragen wie ‚Was ist nun das wahre Wesen der Wirklichkeit?' als irreführende Fragen betrachten würde. Denn wer so fragt, läßt außer Betracht oder setzt sich über das hinweg, was die *Philosophie der symbolischen Formen* unabhängig von allen Thesen im einzelnen ins Zentrum des philosophischen Bewußtseins rückt und als Leitlinie allen Nachdenkens beobachtet wissen will: Fragen nach der Wirklichkeit und der Wahrheit überhaupt sind Fragen, die stets innerhalb bestimmter theoretischer Annahmen gestellt werden und entsprechend auch nur relativ zu bestimmten Annahmen beantwortet werden können: „Der Wahrheits- und Wirklichkeitsbegriff der Wissenschaft ist ein anderer, als es der der Religion oder der Kunst ist." (*PSF* I, S. 24)

Bereits in der „Einleitung" zu *EP* weist Cassirer darauf hin, „daß die Begriffe des ‚Subjekts' und ‚Objekts' selbst kein gegebener und selbstverständlicher Besitz des Denkens seien, sondern daß jede wahrhaft schöpferische Epoche sie erst erwerben und ihnen ihren Sinn aufprägen muß. Nicht derart schreitet der Prozeß des Wissens fort, daß der Geist, als ein fertiges Sein, die äußere, ihm entgegenstehende und gleichfalls in sich abgeschlossene Wirklichkeit nur in Besitz zu nehmen hätte; daß er sie Stück für Stück sich aneignete und zu sich hinüberzöge. Vielmehr gestaltet sich der Begriff des ‚Ich' sowohl wie der des Gegenstandes erst an dem Fortschritt der wissenschaftlichen Erfahrungen und unterliegt mit ihm den gleichen inneren Wandlungen. Nicht nur die Inhalte wechseln ihre Stelle, so daß das, was zuvor der objektiven Sphäre angehörte, in die subjektive hinüberrückt, sondern zugleich verschiebt sich die Bedeutung und Funktion der beiden Grundelemente" (I, S. 8–9). Diese Überlegungen sind sicher wichtig; und es ist interessant zu sehen, daß die für die traditionelle Erkenntnistheorie fast selbstverständliche Frage nach der Beziehung unserer inneren Wahrnehmungserfahrungen zur äußeren Welt vor wenigen Jahren von John R. Searle als schwer durchschaubar charakterisiert wurde: „(...) since the spatial metaphor for internal and external resists any clear interpretation."[1] Des weiteren betont Cassirer in *SuF,* daß „die Frage nach der Objektivität der Erfahrung überhaupt" auf einer logischen Illusion beruhe und auf derselben Stufe stehe „wie etwa die Frage nach dem absoluten Ort der Welt" (S. 369) und daß „jeder besonderen Erfahrung" das „volle Maß der ‚Objektivität'" zukomme, „solange sie nicht durch eine andere, die ihr gegenübertritt, verdrängt und berichtigt wird" (S. 370). Für den Begriff der Wirklichkeit bedeutet dies, daß es „die logische Differenzierung der Erfahrungsinhalte und ihre Einordnung in ein gegliedertes System von Abhängigkeiten" ist, „was den eigentlichen Kern des Wirklichkeitsbegriffes bildet" (S. 371).

Sicher erklären diese Überlegungen bis zu einem gewissen Grade, daß sich die Frage nach dem wahren Wesen der Wirklichkeit nicht außerhalb eines Kontextes verfolgen läßt, in dem sie sich stellt. Auch wird verständlich, daß einzelne symbolische Formen nicht eigentlich in Konkurrenz zueinander treten. Denn es handelt sich hier, wie Cassirer 1930 in seinem Essay „‚Geist‘ und ‚Leben‘ in der Philosophie der Gegenwart“ sagt, um ein Zwischenreich verschiedener Bild-Welten, „die der Mensch *zwischen* sich und die Wirklichkeit stellt, nicht um die letztere von sich zu entfernen und abzustoßen, sondern um sie in dieser Abrückung erst in das Blickfeld zu bekommen“ (*GuL* S. 51, vgl. *PSF* I, S. 48). Und bereits im Kontext der programmatischen Äußerungen seiner Schrift *Zur Einsteinschen Relativitätstheorie* betont Cassirer, daß sich jede besondere Form gegenüber den anderen relativiere und daß nur die „systematische Allheit“ der Formen „als Ausdruck der ‚Wahrheit‘ und ‚Wirklichkeit‘ zu gelten hätte“ (*ZMP* S. 100). So betrachtet, wäre die Gesamtheit der Bilder das Bild der Wirklichkeit überhaupt.

Nun spricht Cassirer offensichtlich nicht von einer bloßen Gesamtheit, sondern von einer systematischen Allheit. Dies wirft die Frage auf, welche besondere Bedingung mit der Forderung nach systematischer Allheit eigentlich ins Spiel gebracht wird. Dieser Gedanke ist nicht leicht zu verstehen. Da symbolische Formen *als* solche ausdrücklich dadurch definiert sind, daß sie eigengesetzliche Weltgestaltungen eröffnen, sind sie (d. h. ihre Gestaltungen) wohl kohärent. Aber eben dies scheint zugleich auszuschließen, daß sie durchgängig miteinander kohärieren und ihrerseits Elemente eines kohärenten Bildes sein könnten. Dies scheint Cassirer auch deutlich gesehen zu haben. Denn er charakterisiert das symbolische Universum des Menschen ja oft genug in Begriffen der widerstrebenden Harmonie Heraklits. Doch spricht Cassirer auch von einer Selbstoffenbarung des Geistes und charakterisiert die Kultur als den „Prozeß der fortschreitenden Selbstbefreiung des Menschen“ (*VM* S. 345), „the process of man’s progressive self-liberation“ (*EM* S. 228). Wie im Aufbau von *EM/VM* das Bild einer Stufenleiter erkennbar wird, auf der sukzessive das in den Blick gelangt, was es über die Wirklichkeit überhaupt zu wissen gibt, so kann sich die Rede vom Zwischenreich der Bildwelten eigentlich nicht in der Behauptung erschöpfen, daß es sich bei den verschiedenen symbolischen Formen – von außen her betrachtet – um so etwas wie auswechselbare Linsen handelt, die der Mensch in sein Brillengestell einsetzt. Vielmehr müßten diese Bildwelten ihrerseits Elemente *eines* Bildes sein. Tatsächlich sagt Cassirer dann auch: „Die Sprache und die Kunst, der Mythos und die theoretische Erkenntnis – sie alle arbeiten, eine jegliche nach eigenem inneren Gesetz, an diesem Prozeß der geistigen Distanzsetzung mit: sie sind die großen Etappen auf dem Weg, der von dem Greif- und Wirk-Raum, in dem das Tier lebt und in den es gleichsam gebannt bleibt, zum Anschauungs- und Denkraum, zum geistigen ‚Horizont‘ hinführt.“ (*GuL* S. 51)

Näherhin läßt sich dieser Gedanke wohl so verstehen, daß bei diesem Prozeß in allen Formen „eine ganz bestimmte Gestaltung nicht sowohl der Welt, als vielmehr eine Gestaltung zur Welt, *zu einem objektiven Sinnzusammenhang* und einem objektiven Anschauungsganzen sich vollzieht“ (*PSF* I, S. 11). Hier hat „Welt“ im Gegensatz zu „Wirklichkeit“ wohl keine ontologische, sondern eine erkenntnistheoretische Bedeutung. Legen diese Überlegungen nicht den Gedanken nahe, daß sich das menschliche Denken Schritt für Schritt auf *eine* verbindliche Erkenntnis hin bewegt? Und worin würde diese Verbindlichkeit gründen? Vielleicht geht es um nicht mehr und nicht weniger als um die Einsicht, daß das Universum, das der Mensch errichtet, so, wie es ist, auch Züge der Notwendigkeit hat: „Spontaneität und Produktivität machen den Kern menschlichen Handelns aus. Sie stellen das höchste Vermögen des Menschen dar und bezeichnen gleichzeitig die natürliche Grenze der menschlichen Welt. In Sprache, Religion, Kunst und Wissenschaft kann der Mensch nicht mehr tun, als sein eigenes Universum zu errichten – ein symbolisches Universum, das ihn befähigt, seine Erfahrungen zu verstehen und zu deuten, zu gliedern und zu ordnen, zu synthetisieren und zu verallgemeinern.“ (*VM* S. 335/*EM* S. 221) In diesem Sinn wäre mit dem Begriff systematischer Allheit wohl der Gedanke einer Kohärenz zweiter Stufe angedeutet.

2. Wahrheit

In seinen kritischen Notizen „‚Geist' und ‚Leben': Heidegger"
nimmt Cassirer an Heideggers These Anstoß, alle Wahrheit sei
gemäß deren wesenhafter daseinsmäßiger Seinsart *relativ auf*
das Sein des Daseins (*Sein und Zeit* S. 227).[1] Was Cassirer hier
moniert und als „bedenklich" ansieht, ist, daß es keine denkun-
abhängig existierenden, ewigen Wahrheiten gebe. Tatsächlich
läßt sich Heideggers Position als Gegenentwurf zu Auffassungen wie denen Freges deuten: Während Frege z. B. in seinem Aufsatz „Der Gedanke" dafür hält, daß Wahrheiten –
wahre Sachverhalte bzw. Gedanken, in seiner Terminologie –
zeitlos seien und unabhängig davon existieren, daß sie von jemandem entdeckt und gedacht werden, argumentiert Heidegger
in *Sein und Zeit* und in seiner Vorlesung *Grundprobleme der
Phänomenologie* für die Vorstellung, daß die Existenz von
Wahrheit und Wahrheiten an das Existieren erkennender Sub-
jekte (i. e. das Existieren von Dasein, in seiner Terminologie)
gebunden sei, welche etwas als wahr entdecken und das, was
sich ihnen zeigt, gegebenenfalls in einer Aussage zum Ausdruck
bringen.[2] Indem Cassirer diese Auffassung kritisiert und ver-
wirft, legt er sich seinerseits auf die Position fest, daß Wahrheiten schlechthin existieren.

Doch wie wäre diese Position zu verstehen? Sicher nicht in
dem Sinne, daß uns etwa die Logik mit einem Bestand von
ewigen Wahrheiten versieht. Denn diese Position, die Leibniz
und Russell vertraten, lehnt Cassirer in *SuF* ab (S. 413 ff.). Doch
kann er auch nicht gemeint haben, daß wir bereits über
schlechthin wahre, sachhaltige Erkenntnis verfügen, in deren
Lichte wir die Wirklichkeit aufzuschlüsseln suchen. So sagt
Cassirer um 1936 selber: „Wir können freilich für kein Er-
fahrungsurteil, wie hoch es in der Ordnung der empirischen
Erkenntnis auch stehen möge, den Charakter von Endgültigkeit
in Anspruch nehmen; wir müssen immer die Möglichkeit of-
fenhalten, daß der Fortschritt der Erkenntnis zu einer Er-
gänzung und Berichtigung derselben hinführen werde." (*ZMP*

S. 190–191) Somit läßt sich Cassirers Position eigentlich nur dahingehend verstehen, daß Erkenntnisse aller Art, und so insbesondere auch philosophische Erkenntnisse, auf Wahrheit hin angelegt seien und unter dem Wahrheitsanspruch stehen. Für wahre Aussagen freilich würde gelten, daß sie schlechthin wahr sind. Für dieses Verständnis spricht auch, daß Cassirer die Erkenntnis des Wesens der Dinge immer wieder als *terminus ad quem* bzw. als Aufgabe bezeichnet (*LKW* S. 30). Diese Auffassung kommt auch in seiner Göteborger Antrittsvorlesung „Der Begriff der Philosophie als Problem der Philosophie" zum Ausdruck. Offensichtlich mit Blick auf die Entwicklungen in Deutschland (*SCM* S. 61) stellt er die Frage nach der Existenz einer objektiven theoretischen Wahrheit; und er betont, daß ohne Anspruch auf eine unabhängige, objektive und autonome Wahrheit nicht nur die Philosophie, sondern jedes einzelne Gebiet des Wissens, Naturwissenschaften ebenso wie Geisteswissenschaften, ihre Sicherheit und ihre Bedeutung verlieren würden (S. 61).

Was aber versteht Cassirer unter „Wahrheit"? Und was wären die Träger von Wahrheitswerten? Wie kann Cassirer hier sozusagen außerhalb jeden Kontextes von Wahrheit sprechen? Ist es nicht so, daß die *Philosophie der symbolischen Formen* gerade jede einfache, undifferenzierte Rede von Wahrheit ausschließt? Dies ist sicher der Fall. Doch schwächt dies weder Cassirers These, daß die Idee der Erkenntnis an die Idee von Wahrheit gebunden sei, noch unterminiert es den Anspruch, die unsere alltägliche Verwendung dieser Ausdrücke bestimmt. Was die Betrachtungsweise der *Philosophie der symbolischen Formen* nahelegt, ist, daß das alltägliche, unproblematische Verständnis dieses Begriffes zu jeder Zeit von philosophischen Konzeptionen von Wahrheit begleitet wird.

Dieser Gesichtspunkt kommt in Cassirers Rektoratsrede „Formen und Formwandlungen des philosophischen Wahrheitsbegriffes" zur Sprache. Hier unterscheidet Cassirer „drei ihrem Wesen und ihrem Prinzip nach verschiedene Wahrheitsbegriffe", nämlich (*1*) den hierarchischen, (*2*) den rationalistischen und (*3*) den positivistischen Wahrheitsbegriff (*GuL*

S. 195). Mit dem Ausdruck *(1)* „hierarchischer Wahrheitsbegriff" bezeichnet Cassirer die Vorstellung, daß alles Wissen in einem „Über-Seienden" und „streng Transzendenten" fundiert sei, von dem her es seine „Bewährung" und „Erfüllung" erhalte (S. 196). Auffassungen dieser Art bestimmen vor allem den Neu-Platonismus und das Denken des christlichen Mittelalters. Sie alle konvergieren in der Annahme einer Abstufung von Wahrheit. Mit dem Ausdruck *(2)* „rationalistischer Wahrheitsbegriff" bezeichnet Cassirer die typisch neuzeitliche Vorstellung, daß Wahrheit vorzugsweise in den Gefilden sicheren, unumstößlichen Wissens angesiedelt sei. Paradigma dieses Denkens ist die Mathematik. So zeigt Cassirer in seinem Aufsatz „Wahrheitsbegriff und Wahrheitsproblem bei Galilei", wie nun auf Grund der Annahme einer absoluten Evidenz mathematischer Sätze auch die „Schranke zwischen dem endlichen und dem unendlichen Verstand" gefallen sei (*PEW* S. 109); und er zeigt am Beispiel einschlägiger Äußerungen Leonardo da Vincis, daß nicht das ‚Was' des Erkannten entscheidend sei, sondern das ‚Wie' der Erkenntnis (*GuL* S. 198, vgl. *EP* I, S. 325). Mit dem Ausdruck „positivistischer Wahrheitsbegriff" *(3)* schließlich bezeichnet Cassirer die, wie er meint, seit dem 19. Jahrhundert generell vorherrschende Tendenz, Zuflucht zu den Tatsachen zu suchen und alles Wissen in den Gefilden der Empirie zu fundieren (S. 200 f.).

Daß Cassirer in allen drei Fällen von „Wahrheitsbegriffen" spricht – er verwendet auch den Ausdruck „Wahrheitsideal" –, ist aus heutiger Sicht wohl anstößig. Doch berührt dies den Grundgedanken in keiner Weise. Dieser besteht in der Überlegung, daß die „drei Wahrheitsbegriffe, die wir einander gegenübergestellt haben (…), bei all ihrer inhaltlichen Abweichung, auf eine gemeinsame *formale* Voraussetzung" zurückgehen: „Sie postulieren die *Einheit* des Wissens." Aber diesem Gedanken schiebt sich immer wieder unvermerkt der andere Gedanke seiner *Einerleiheit* und *Einförmigkeit,* seiner durchgängigen Homogenität unter." (S. 208–209) Dabei kritisiert Cassirer offensichtlich nicht die Vorstellung, daß unser Wissen über die Wirklichkeit als systematischer Zusammenhang aufzufassen sei bzw. im Idealfall Züge solcher Art an den Tag legen würde. Was er moniert, ist, daß die Annahme eines solchen Zusammenhanges hier – in den fundamentalistischen Begründungsversuchen – um den Preis einer unstatthaften Nivellierung aller Unterschiede im Bereich der Gegenstände des Wissens erkauft werde. Dieser Punkt kommt besonders klar in seiner Kritik des Positivismus (3) zum Ausdruck: „Für den Wahrheitsbegriff des Positivismus endlich ist es der Rückgang auf die Elemente der Empfindung, der die Gleichförmigkeit allen Wissens gewährleistet – denn alles Wissen, das Wissen vom Körperlichen wie das vom Seelischen, das geisteswissenschaftliche wie das naturwissenschaftliche, löst sich zuletzt in eine Gesamtheit einfacher Sinneswahrnehmungen auf." (S. 209)

Diese Kritik ist berechtigt. Sie ist es um so mehr, als bestimmte Formen des naiven Naturalismus dahin tendierten, auch die Logik auf psychologische Sachverhalte zu reduzieren und damit Fragen logischer Geltung mit Fragen der Genese von Urteils-Akten zu vermischen. Hier hatten Gottlob Frege und Edmund Husserl mit ihren Überlegungen zur Eigenart des Logischen wichtige Argumente geliefert, die eine neue Orientierung nahelegten. Doch liefert Cassirer ein Argument, das insbesondere gegen die Fundierungs-Strategie des Logischen Positivismus ins Gewicht fällt. Es handelt sich um den Gesichtspunkt, daß die angenommenen Fundamente ihrerseits jeweils unter einer bestimmten Beschreibung stehen: „Es gibt keine nackte Materie des Tatsächlichen schlechthin." (S. 210) Vielmehr gilt: „Alles Faktische erhält seinen klar bestimmten Sinn erst durch die Bedeutungszusammenhänge, in denen es steht, und durch die Bedeutungs-Kategorien, die es formen."

Diese Überlegung, die dem Begründungsideal des Logischen Positivismus die Basis entzieht, ist auch in anderer Hinsicht bedeutsam. Denn Cassirers Kritik verbindet sich mit der richtigen Einsicht, daß einzelne Erkenntnisse – oder was wir dafür halten – nicht isoliert bestehen, sondern im Kontext eines größeren, weit gespannten Zusammenhangs beurteilt werden müssen: Der „Gehalt, den eine einzelne Erkenntnis besitzt, läßt sich nicht losgelöst von ihrer besonderen Stelle im Ganzen, von den spezifischen geistigen Funktionen, die sie aufbauen, bestimmen und aussprechen" (a.a.O.). Mit dieser Auffassung, die er im Anschluß an Duhem in *SuF* entwickelte und in *EP* IV, S.120 als Position mitteilt, bewegt sich Cassirer auf dem Boden jener Position, die 1951 Willard V.O.Quine in seinem Aufsatz „Zwei Dogmen des Empirismus"[4] dem Reduktionismus Rudolf Carnaps in *Der logische Aufbau der Welt* entgegenhielt: „Mein Gegenvorschlag, der wesentlich aus Carnaps Doktrin von der physikalischen Welt im *Aufbau* hervorgeht, besteht darin, daß unsere Aussagen über die Außenwelt nicht als einzelne Individuen [individually] sondern als ein Kollektiv vor das Tribunal der sinnlichen Erfahrung treten." (S.45, i.Orig. S.41). Bereits 1913 formulierte Cassirer: „Auch der einzelne ‚Satz‘ ist als einzelner nur ein fragmentarisches Datum, das uns die ‚Wahrheit‘ gleichsam nur gebrochen und zerstückelt darstellt. Er bedarf, damit sein Sinn vollkommen heraustritt, durchwegs einer näheren Bestimmung, durch welche er mit der Gesamtheit der übrigen Sätze in Beziehung gesetzt und in einen lückenlosen Zusammenhang mit ihr eingereiht wird." (*EBK* S.17)

Doch gibt es auch Unterschiede, die wohl nicht nur Nuancen betreffen. So ist Quines Holismus ausdrücklich dadurch gekennzeichnet, daß auch die Sätze der Logik nicht gegen Revisionen immun sind. Zwar teilt Cassirer die wichtige Überzeugung der frühen amerikanischen Pragmatisten, daß begriffliche Dualismen keineswegs sakrosankt seien. Doch hat er die Belange der Logik hier nicht ausdrücklich im Auge, es sei denn, man sieht Cassirers Plädoyer für die Ersetzung der ‚Identitäts-Logik‘ durch die ‚Relations-Logik‘ (*WWS* S.204ff.) als logische Revision. Tatsächlich ist Cassirers Plädoyer von pragmatischen Erwägungen bestimmt (s.S.147): Im Blick auf die Probleme, die gelöst werden sollen, scheint die Identitäts-Logik ein allzu enges und starres Schema darzustellen, „das der freien Bewegung des Gedankens nicht genügend Raum gewährt" (S.229). Allerdings gibt es wenigstens eine Stelle, die den Eindruck nahelegt, daß Cassirer mit Sätzen rechnet, „die sich als unveränderlich erweisen, welchen Bezugsrahmen auch immer wir wählen" (*GuL* S.307). Des weiteren wird bei Cassirer weit weniger als bei

Quine deutlich, daß die Frage der Beziehung zwischen Theorie und Wirklichkeit ein Problem besonderer Art darstellt. Je weniger Interesse Cassirer unter dem Eindruck der modernen Physik der traditionellen Korrespondenz-Theorie der Wahrheit abgewinnen kann – „was wir Wahrheit nennen: das begründet sich nicht und besteht nicht in einer solchen Wiedergabe, in einer bloßen Widerspiegelung, sei es der Natur des Objekts, sei es der Natur des Subjekts" (*GuL* S. 211) –, desto mehr sucht er nach einem „neuen Maß der Wahrheit". Dieses Maß findet er in dem, was er *(4)* „funktionales Wahrheitsideal" nennt (S. 212) und sinngemäß bereits in seiner Studie *Zur Einsteinschen Relativitätstheorie* angesprochen hatte: „Die ‚Wahrheit' der Erkenntnis wandelt sich aus einem bloßen Bildausdruck zum reinen Funktionsausdruck" (*ZMP* S. 94).

Bei der Beschreibung dieses Wahrheitsideals ist von Wirklichkeitsbezug oder empirischem Gehalt keine Rede mehr. Denn es definiert sich durch Begriffe wie Klarheit, Reinheit und Schärfe: „Nicht die Weite des Umfangs, sondern die Klarheit und die Reinheit, die Schärfe und die Strenge der Erkenntnis" bildet seine eigentliche „Grundnorm". Offensichtlich hat diese Charakterisierung den Vorteil, der Heterogenität allen Wissens Rechnung tragen zu können. Doch droht ein wesentliches Element des intuitiven Wahrheitsverständnisses hier verloren zu gehen, nämlich der Bezug auf Wirklichkeit. So, wie Cassirer hier argumentiert, scheint Wahrheit vor allem etwas mit den Bedürfnissen eines bestimmten Erkenntnisideals zu tun zu haben. Denn Cassirer sagt nicht, daß eine Aussage oder Theorie *ceteris paribus* dann als wahr ausgezeichnet werden darf, wenn sie den hier genannten Anforderungen genügt. Der Anspruch auf Wahrheit scheint bereits dann gerechtfertigt, wenn die hier relevanten Bedingungen erfüllt sind. „Denn die höchste objektive Wahrheit, die sich dem Geist erschließt, ist zuletzt die Form seines eigenen Tuns" (*PSF* I, S. 48). Diese Vorstellung läßt wohl den Schluß zu, daß Cassirer Wahrheit als Kohärenz dachte.

Freilich wäre dies in mehrfacher Hinsicht problematisch. Zwei Punkte – auf sie wies bereits Bertrand Russell hin[5] – betreffen die Kohärenz-Theorie im allgemeinen, ein dritter Cassirers Position im besonderen. Erstens sind verschiedene kohärente Systeme denkbar; und wir wären außerstande zu sagen, bei welchem davon es sich um das wahre System handelt. Zweitens wird mit dem Begriff der Kohärenz die Wahrheit der Gesetze der Logik vorausgesetzt, die sich nicht kohärentistisch begründen lassen. Drittens würde mit der Anerkennung der absoluten Geltung der Logik der Primat einer Disziplin wiederhergestellt, die Cassirer in und mit der *Philosophie der symbolischen Formen* eigentlich überwinden wollte. So gab er gegenüber dem Erkenntnisanspruch des Rationalismus Descartes' zu bedenken: „Damit ist die reine Form der Logik wieder zum Prototyp und Vorbild für jegliches geistige Sein und jegliche Form erhoben". Und wenig später tadelt er an Hegels „Forderung, das Ganze des Geistes als konkretes Ganze zu denken", daß es in der *Phänomenologie des Geistes* darum gehe, „nur der Logik den Boden und den Weg zu bereiten" (*PSF* I, S. 15). Daß Cassirer seinerseits den Primat der Logik stützen wollte, scheint undenkbar; und doch ist nicht klar, wie er dem von ihm erhobenen Vorwurf selbst entgehen kann.

3. Wirklichkeit

Die *Philosophie der symbolischen Formen* kennt keine privilegierte Art von Wirklichkeit. Weder hält sie dafür, daß Gebilde von der Art Platonischer Ideen die eigentliche Wirklichkeit ausmachen. Noch sind für sie physikalische Objekte das, was wirklich ‚wirklich' ist. Gerade weil Wirklichkeit uns nur in Bild-Welten zugänglich wird, die wir entwerfen – *„Durch* sie allein erblicken wir und *in ihnen* besitzen wir das, was wir ‚Wirklichkeit' nennen" (*PSF* I, S. 47) –, ist *wirklich sein* eine Eigenschaft dessen, was seinerseits Teil einer solchen Bild-Welt ist oder wird. In diesem Sinn ist es konsequent, daß Cassirer auch dem, was Kunst sagt oder bedeutet, Realität zuspricht: „Dies alles gibt uns nicht nur eine Reihe einzelner verschwebender Stimmungen, die vor uns auftauchen, um alsbald wieder zu verschwinden und sich ins Nichts zu verlieren. All dies ‚ist' und

‚besteht'; es erschließt uns eine Erkenntnis, die sich nicht in abstrakte Begriffe fassen läßt, die aber nichtsdestoweniger als Offenbarung eines Neuen, bisher nicht Gewußten und Gekannten, vor uns steht." (*LKW* S. 33) Sind also die kulturellen Setzungen – „cultural posits" in der Terminologie von Quines „Zwei Dogmen des Empirismus" – Teile der Wirklichkeit? Oder sind sie Teile *einer* Wirklichkeit, aber darum nicht auch schon Teile *der* Wirklichkeit überhaupt?

Hier nun ist es wichtig, daran zu erinnern, daß Cassirer keine Trennungen von der Art annimmt, wie sie durch die traditionellen metaphysischen Zwei-Welten-Theorien nahegelegt werden. Da Cassirer keine metaphysischen Segmentierungen in Betracht zieht, begibt er sich auch der Möglichkeit, unterschiedliche Weisen von *wirklich sein* etwa in Begriffen von Existenz und Subsistenz zu explizieren. Damit bleibt die Frage im Raum, wie sich die Bild-Welten zueinander verhalten und gegebenenfalls als Elemente eines Bildes verstanden werden können, welches *das* Bild von der Wirklichkeit überhaupt wäre. Daß dieser Idealfall für Cassirer tatsächlich eine Vision darstellt, zeigt sich bereits im Kontext der symbolischen Form ‚Erkenntnis' (s. S. 75). Cassirer stellte sein Projekt ausdrücklich unter die Auspizien des Hegelschen Dictums vom Wahren als Ganzem (*PSF* III, S. VI). Daß dieses Verständnis des Ganzen nicht nur ein philosophisches Ideal, sondern eine, wenn nicht *die* Aufgabe der Philosophie überhaupt ist, geht aus den Schlußpassagen der Studie *Zur Einsteinschen Relativitätstheorie* hervor. Hier, wo Cassirer die Konzeption einer Philosophie der symbolischen Formen im Ansatz skizziert, heißt es, daß nicht einzelne Formen, „sondern nur deren systematische Allheit als Ausdruck der ‚Wahrheit' und ‚Wirklichkeit' zu gelten hätte" (*ZMP* S. 110). Da, wo die entgegengesetzten Standpunkte der mathematisch-naturwissenschaftlichen Betrachtungsweise einerseits und der Psychologie andererseits miteinander konfrontiert werden, gibt Cassirer zu bedenken, daß ein Verzicht auf die Anschauung des Ganzen die Quelle gravierender Irrtümer sein könne: „Beide Gesichtspunkte lassen sich in ihrem Sinn und ihrer Notwendigkeit verstehen: keiner reicht für sich aus, das tatsächliche Ganze im idealistischen Sinne, als ‚Sein für uns‘ zu umfassen. Die Symbole, die der Mathematiker und Physiker in seiner Schau des Äußeren und der Psychologe in seiner Schau des Inneren zu Grunde legt, müssen sich beide als Symbole verstehen lernen. Solange dies nicht geschehen ist, ist die wahrhaft philosophische Anschauung des Ganzen nicht erreicht, sondern es ist nur eine bestimmte Teilerfahrung zum Ganzen hypostasiert." (*ZMP* S. 118–119)

Nun scheint auch der Beschluß, alles als Symbol anzusehen, nicht auszureichen, um Mißverständnisse zu vermeiden, geschweige denn auszuschließen. Dies zeigte sich bereits im Zusammenhang der Erörterung von Zeichensystemen auf der reinen Bedeutungsebene. Mit der These „die Welt der mathematischen Formen ist eine Welt von Ordnungsfunktionen, nicht von Dingformen" (*PSF* III, S. 447) wendet sich Cassirer sowohl gegen realistische als auch gegen nominalistische Interpretationen der Mathematik. Die Zeichen weisen nicht über sich hinaus, doch erschöpft sich der Gehalt der Mathematik auch nicht in den Zeichen. Diese Auffassung ist nicht leicht verständlich, doch dürfte sie selbst nur Symptom einer Schwierigkeit sein, die Cassirers Ansatz überhaupt charakterisiert. Sie rührt daher, daß Cassirer keine Unterscheidung von der Art geltend macht, wie sie Carnap in Gestalt seiner Unterscheidung zwischen internen und externen Fragen vornahm (s. S. 119). Hätte er diese Perspektiven unterschieden, so wäre deutlicher geworden, wann er innerhalb des theoretischen Rahmens einer Disziplin wie der Mathematik urteilt und wann außerhalb, d. h. vom Standpunkt der *Philosophie der symbolischen Formen* aus.

Doch würde eine Unterscheidung dieser Art auch die Beurteilung der Wirklichkeits-Problematik erleichtern. So spricht Cassirer von Welten und Welt; er spricht von Welt-Tagen und Bild-Welten usw. Daß die Rede von Welten in gewisser Hinsicht eine Form uneigentlicher Rede darstellt und an Sprachmißbrauch angrenzt, kann nicht darüber hinwegtäuschen, daß umgekehrt die Rede von *der* Welt ihrerseits philosophisch undurchdringlich ist und mehr Probleme schafft, als sie vermeidet. All dies wirft die Frage auf, ob Cassirers Position auch hier

Präzisierungen zuläßt. Dabei scheint es zweckmäßig, von Cassirers eigener Terminologie „kritischer Idealismus" und „kritischer Realismus" abzusehen und eher von einer einfachen Unterscheidung auszugehen, die durch Cassirers Äußerungen nahegelegt wird: (1) Wenn er von den Bildwelten spricht, die der Mensch zwischen sich und die Wirklichkeit schiebe, so scheint er die Position eines metaphysischen Realismus einzunehmen. Danach gibt es eine Wirklichkeit, die unabhängig von uns besteht. Ob der philosophische Intellekt je zu einer korrekten Beschreibung derselben vordringt bzw. vordringen könnte, ist eine offene Frage. Cassirer selbst verneint sie: „Auf die Frage aber, was das absolut Wirkliche außerhalb dieser Gesamtheit der geistigen Funktionen, was das ‚Ding an sich' in diesem Sinne sein möge – auf diese Frage erhält er freilich keine Antwort mehr, es sei denn, daß er sie mehr und mehr als ein falsch gestelltes Problem, ein Trugbild des Denkens erkennen lernt." (*PSF* I, S. 48) (2) Wenn Cassirer hingegen von Wirklichkeit spricht, der wir in den Bild-Welten begegnen, so scheint er von Welt-Versionen zu sprechen. Die Pointe dieser Art der Betrachtung ist, daß uns Wirklichkeit eben nur in Gestalt von Versionen entgegentritt. Entsprechend gilt, daß wir keinen Zugang zu einer fertigen und uninterpretierten Wirklichkeit haben; und es besteht auch keine Möglichkeit, die Version bzw. die Bild-Welt mit der Wirklichkeit selber zu vergleichen. Diese Position ist im Prinzip (*i*) antirealistisch und womöglich (*ii*) irrealistisch im Sinne der Position Nelson Goodmans in *Weisen der Welterzeugung*[1] und *Vom Denken und anderen Dingen.*[2]

Beide Positionen, (*i*) und (*ii*), unterscheiden sich nicht nur graduell. Zwar haben wir es in beiden Fällen mit einer Mehrzahl von Welt-Versionen zu tun. Doch gestattet (*i*), zumindest in der Sicht des sog. internen Realismus Hilary Putnams, die Annahme, daß es mehrere richtige Beschreibungen der Wirklichkeit gibt, während (*ii*) Welt und Version identifiziert und entsprechend eine Pluralität von Welten zuläßt. Dieser Gedanke verdichtete sich in Goodmans provokativer Behauptung, daß wir es seien, die Welten erzeugen. Vis-à-vis zahlreicher Kritiken erläuterte er diese Behauptung in seinem Aufsatz „On Star-

Making"[3] folgendermaßen: „Kurz, Sterne erzeugen wir nicht so, wie wir Ziegelsteine erzeugen; nicht bei jedem Erzeugen geht es darum, Schlamm zu formen. Die Welterzeugung, die hier hauptsächlich zur Debatte steht, ist ein Erzeugen nicht mit den Händen, sondern mit dem Denken oder vielmehr mit Sprachen oder anderen Symbolsystemen. Doch wenn ich sage, daß Welten erzeugt werden, meine ich es buchstäblich; und was ich meine, sollte aus dem Gesagten klar hervorgehen. Zweifellos erzeugen wir Versionen, und richtige Versionen erzeugen Welten. Und wie verschieden Welten auch von richtigen Versionen sein mögen, richtige Versionen erzeugen bedeutet, Welten zu erzeugen. Dies ist ein bemerkenswertes Beispiel dafür, wie sich die Rede von Welten und die Rede von Versionen verquicken." (*Vom Denken und anderen Dingen* S. 67).

Diese These hat einen idealistischen Klang und ist, wie Heideggers Behauptung „Welt ist nur, wenn und solange Dasein existiert", auf viel Unverständnis gestoßen. Dabei scheint sie klar und unabweisbar; und sie entspricht auch der Position der *Philosophie der symbolischen Formen*. Als *animal symbolicum* lebt der Mensch in einem symbolischen Universum (*EM* S. 24–25/*VM* S. 49–50). Doch wird bei Cassirer eben nicht deutlich, ob er die hier angezeigten Unterscheidungen zwischen (*1*) und (*2*) ähnlich scharf markieren würde. Daß er hier die Dinge etwas locker betrachtet, scheint daraus hervorzugehen, daß er den Schritt ins symbolische Universum als Schritt weg von der eigentlichen Wirklichkeit beschreibt: „Der Mensch kann der Wirklichkeit nicht mehr unmittelbar gegenübertreten; er kann sich nicht mehr als direktes Gegenüber betrachten. Die physische Realität scheint in dem Maß zurückzutreten, wie die Symbolisierungstätigkeit des Menschen Raum gewinnt." (*VM* S. 5/ *EM* S. 25) Wir gewinnen den Eindruck, daß Cassirer mit der Existenz einer uninterpretierten Außenwelt rechnet und insofern der These des metaphysischen Realismus zuneigt. Mit der These, daß der Mensch fortan in einem symbolischen Universum lebt und die ursprüngliche Enge der mythischen Welt über die jeweiligen Grenzen hinaus zu neuen Horizonten öffnet, steht die Annahme im Raum, daß der Mensch neue Versionen und in diesem Sinne auch neue Welten schafft. Doch handelt es sich nicht um eine Pluralität von Versionen, die nebeneinander bestehen. Vielmehr sind diese Versionen Bausteine eines Universums.[4]

4. Wissenschaft

Aus der Sicht der *Philosophie der symbolischen Formen* ist fraglos, daß wissenschaftliche Erkenntnis die reinste Ausprägung der Bedeutungsfunktion des Bewußtseins darstellt. Dies hebt sie aus dem Spektrum der symbolischen Formen heraus und verleiht ihr besonderen Rang: „Die Wissenschaft ist der letzte Schritt in der geistigen Entwicklung des Menschen, und man kann sie als die höchste und charakteristischste Errungenschaft menschlicher Kultur ansehen." (*VM* S.351/*EM* S.207) Diese These leitet das letzte Kapitel des Spätwerks ein und unterstreicht so die Rolle, die dem wissenschaftlichen Denken im Prozeß der Selbstbefreiung des Menschen zukommt. Der Gedanke wird noch verständlicher, wenn bedacht wird, daß Cassirer mit Max Planck „das charakteristische Merkmal der Entwicklung des Systems der theoretischen Physik" als eine fortschreitende Emanzipation von den anthropomorphen Elementen ansieht, „die die möglichst vollständige Trennung des Systems der Physik von der individuellen Persönlichkeit des Physikers zum Ziele hat" (*ZMP* S.107).

Somit hat der besondere Rang, der der Wissenschaft eingeräumt wird, damit zu tun, daß der Mensch hier wie sonst nirgendwo seinen persönlichen Standort hinter sich läßt und – was Cassirer allerdings nicht sagt und auch wohl nicht sagen kann – im Prinzip auch die artspezifischen Grenzen überwindet. Denn in der Wissenschaft gewinnt der Mensch eine Perspektive, die ihm ansonsten versagt bleiben müßte. Sie bildet auf der einen Seite den Gegenpol zur mythischen Weltsicht, die ganz wesentlich von anthropomorphen Elementen durchsetzt ist; sie steht aber auch im Gegensatz zur Erfahrung der Kunst, die die Erfahrung der Welt und des Seins des Menschen an die Innensicht des Lebens bindet und damit auch Dimensionen individueller Bedeutung schafft. Die Wissenschaft eröffnet eine objektive Perspektive und erfüllt damit ein besonderes Erkenntnisideal.

Soweit scheint sich Cassirers Einschätzung der Wissenschaft im Rahmen solcher Auffassungen zu halten, die allgemein akzeptiert werden und nicht spezifisch an seine *Philosophie der symbolischen Formen* gebunden sind. Dies könnte leicht darüber hinwegtäuschen, daß gerade die Bindung an die *Philosophie der symbolischen Formen* auch Probleme schafft. Denn als „letzter Schritt in der geistigen Entwicklung" (s. S. 174) überhaupt ist Wissenschaft somit Sache einer Symbolik, die von der Sphäre aller Anschaulichkeit weitgehend oder vollständig abgeschnitten ist. Was dies heißt, zeigte sich bereits im Zusammenhang der Frage, wie die Zeichen und Symbole der Mathematik zu interpretieren seien. Cassirer wendet sich dort gegen nominalistische und realistische Interpretationen (*PSF* III, S. 477). Diese Haltung fügt sich gut zu der früheren Ansicht, daß die Gebilde der Geometrie in der Welt des Daseins nirgendwo ein unmittelbares Korrelat besäßen: „Sie existieren so wenig physisch in den Dingen, als sie etwa psychisch in unserer ‚Vorstellung' existieren, sondern all ihr ‚Sein', d. h. ihr Geltungs- und Wahrheitswert geht in ihrer ideellen Bedeutung auf." (*ZMP* S. 93) Hier ließe sich geltend machen, daß Cassirer extern argumentiert und – was er in der *Vorrede* zu seinem Buch *Determinismus und Indeterminismus in der modernen Physik. Historische und Systematische Studien zum Kausalproblem* von sich weist – dazu neigt, die Wissenschaft „von außen her zu betrachten oder sie ‚von oben' her belehren zu wollen" (S. 131).

Nun stellen sich diese Probleme auch hinsichtlich der Physik. Nur ist die Situation hier interessanter und in anderer Weise komplizierter. Wenn Cassirer hier von einer reinen Bedeutungsebene spricht und die Situation der modernen Physik mit einer Platonischen Flucht in die *Logoi* vergleicht – „das Band zwischen ‚Begriff' und ‚Wirklichkeit' wird mit vollem Bewußtsein zerschnitten. Über die Wirklichkeit als einer Wirklichkeit der ‚Erscheinung' erhebt sich ein neues Reich: das Reich der ‚reinen' Bedeutung" (*PSF* III, S. 529) –, so scheint Cassirer auch das Band zwischen Theorie und Erfahrung zu kappen und die Physik zu entwurzeln.

Doch dürfte dieser Eindruck trügen. Denn Cassirer stellt ausdrücklich in Rechnung, daß die „Physik, auf Grund des neuen Tatsachenmaterials und der neuen theoretischen Aufgaben, vor die sie sich gestellt sah, ihren Begriffsapparat erweitert und umbildet" (*ZMP* S. 212). Hier scheint Cassirer den Gedanken des Wirklichkeitsbezugs sehr ernst zu nehmen. Auch mahnt er: „Wir müssen jeden Augenblick gewärtig sein, diese Form durch eine andere zu ersetzen, sobald das neu zuströmende ‚Material' es fordert." (*PSF* III, S. 475) Und in *An Essay on Man* erweckt Cassirer gelegentlich den Eindruck, als gehe es bei seinem Unternehmen ganz wesentlich darum, den Stand der Forschung in den Einzeldisziplinen zu berücksichtigen. Insofern wäre es sicher falsch, Cassirer ein Desinteresse an der Empirie vorzuwerfen. Dies gilt um so mehr, als Cassirer im Blick auf indeterministische Tendenzen ausdrücklich fordert, daß die Begriffe und Urteile irgendeine Deckung haben müssen: „Die Aussagen der Physik mögen einen rein-symbolischen Charakter tragen; aber immer wird man schließlich für das Ganze dieser Symbole irgendeine Anknüpfung an die ‚Wirklichkeit', irgendein *‚fundamentum in re'* verlangen müssen. Ohne die Befriedigung dieser Forderung wäre es um den Wahrheitswert der Physik geschehen." (*ZMP* S. 264)

Cassirer meint dann auch, daß physikalische Theorien zunehmend abstraktere Züge an den Tag legen. Für dieses Verständnis spricht ein Passus im nachgelassenen IV. Band von *EP*: „Die ältere Physik war zum größten Teil eine Physik der Bilder in *dem Sinne,* daß sie die Natur jeden Gegenstandes oder Vorgangs, den sie untersuchte, in einem ihm entsprechenden Modell zur Darstellung bringen wollte. Die einzelnen Züge dieses Modells gelten ihr als Wiedergabe der Bestimmungen und Eigenschaften des Gegenstandes. Die moderne Physik hat hierauf mehr und mehr Verzicht geleistet: aus einer Physik der Bilder ist sie zu einer Physik der Prinzipien geworden." (S. 117, vgl. *PSF* III, S. 539) Bei Überlegungen dieser Art steht Cassirer z. B. die Tatsache vor Augen, daß sich das Atom der modernen Physik wie Werner Heisenberg betonte, zunächst nur „durch eine partielle Differentialgleichung in einem abstrakten vierdimensionalen Raum" symbolisieren lasse und ihm unmittelbar „überhaupt keine materiellen Eigenschaften" zukommen (S. 123); und so gibt Cassirer zu verstehen, daß sich die „höchsten universellen Naturbegriffe" jetzt „jeder Möglichkeit einer direkten Veranschaulichung entziehen" (*PSF* III, S. 530).

Dieser Gedanke scheint unabweisbar. Doch sind damit wohl noch nicht alle Bedenken ausgeräumt. Denn sagen, daß die wissenschaftlichen Grundbegriffe keiner unmittelbaren Veranschaulichung fähig seien und *deshalb* den Charakter reiner Bedeutungen haben, heißt die Frage provozieren, wie es denn um den empirischen Gehalt dieser Disziplin bestellt sei und wie sich die Theorie auf die Wirklichkeit beziehe. Ist Physik nicht im besonderen Maße Erkenntnis von Wirklichkeit? Cassirer stellt dies gar nicht in Abrede. So weist er darauf hin, daß die Naturwissenschaft mit Galilei als Konzeption einer „strengen Wissenschaft der Natur" hervorgetreten sei (*PEW* S. 16). Er betont, daß das Verdienst dieser wissenschaftlichen Weltbetrachtung von Anfang an darin bestanden habe, die wahre Wirklichkeit hinter der vordergründigen Wirklichkeit ausmachen zu wollen. Aber er sagt auch, „daß wir das ‚Innere der Natur' nicht einsehen" und wir uns klar machen müssen, „daß es kein anderes ‚Innere' für uns gibt, als dasjenige, das sich uns durch Beobachtung und Zergliederung der Erscheinungen erschließt" (*ZMP* S. 283). Diese These – sie erinnert an die Überlegungen *Kraft und Verstand* in Hegels *Phänomenologie des Geistes* – erklärt sich auf dem Hintergrund der Annahme, daß das, was „in Wahrheit den Inhalt unseres empirischen Wissens ausmacht", vielmehr „der Inbegriff der Beobachtungen" sei, „die wir zu bestimmten Ordnungen zusammenfassen, und die wir, dieser Ordnung gemäß, durch theoretische Gesetzesbegriffe darstellen können. So weit die Herrschaft dieser Begriffe reicht, so weit reicht unser objektives Wissen. Es gibt ‚Gegenständlichkeit' oder ‚objektive Wirklichkeit', weil und sofern es Gesetzlichkeit gibt, nicht umgekehrt" (*ZMP* S. 279).

Diese Position ist anti-empiristisch und anti-realistisch. Anti-empiristisch ist sie insofern, als sie anders als der Positivismus (*ZMP* S. 210) den Rückgang auf so etwas wie harte Daten der Erfahrung für unmöglich erachtet. Diese Auffassung entspricht Cassirers erkenntnistheoretischer Grundhaltung. Danach ist das Verhältnis von Theorie und Erfahrung so bestimmt, daß Erfahrung nicht durch ihren Stoff, sondern durch ihre Form definiert ist (S. 210). Anti-realistisch im Sinne der heutigen Diskussion ist sie darin, daß die Objekte, mit denen eine Theorie rechnet, nicht *ipso facto* als Teile der Welt angesehen werden (*SuF* S. 423, vgl. *ZMP* S. 292–293, 303).[1]

Um diese Punkte besser zu verstehen, ist es wichtig, eine Reihe von Cassirers Auffassungen genauer zu kennzeichnen. Da ist zunächst die These (*1*), daß die Gegenstände der Physik in Cassirers Augen keinesfalls „mit dem zusammenfallen, was die naive Weltsicht als die Wirklichkeit ihrer Dinge, als die Wirklichkeit der sinnlichen Wahrnehmungsobjekte anzusehen pflegt. Denn von dieser Wirklichkeit sind die Objekte, von denen die wissenschaftliche Physik handelt, schon durch ihre Grundform geschieden" (*ZMP* S. 9). Dies zeigte sich an der Entwicklung des Atom-Begriffes: „Der Atombegriff wird aus einem einfachen Dingbegriff zu einem Relationsbegriff und Systembegriff." (S. 280) In der Sicht der modernen Physik handelt es sich bei diesen und anderen Gebilden, wie Masse, Kraft, Äther, Druck und auch bei Raum und Zeit, weder um Dinge im Sinne des naiven Realismus noch überhaupt um Dinge im relevanten Sinn des Wortes: „Die Bestimmung, keine Dingbegriffe, sondern reine Maßbegriffe zu sein, teilen Raum und Zeit mit allen anderen echten physikalischen Gegenstandsbegriffen." (S. 10) Entsprechend sind auch empirische Objekte als gesetzliche Inbegriffe von Beziehungen anzusehen (S. 41). Für diesen Punkt zitiert er beifällig Russells These: „Things are those series of aspects which obey the laws of Physics". Ferner ist Cassirer der Auffassung (*2*), daß die Erkenntnis sich nicht eigentlich auf die Gegenstände (*1*) richte: Das „wahrhaft Objektive" der Naturerkenntnis seien nicht „Dinge, als vielmehr Gesetze" (S. 45). Was aber versteht er unter „Gesetzen", und wo sind sie angesiedelt?

Cassirer spricht zunächst generell von physikalischen Aussagen. Doch ist dieser Begriff zu vage und bedarf offenbar weiterer Präzisierung. So unterscheidet Cassirer in Analogie zu Russells Beobachtung einer Hierarche von Ebenen zwischen (*i*) Maß-Aussagen, (*ii*) Gesetzes-Aussagen, (*iii*) Prinzipien-Aussagen und (*iv*) dem Kausal-Gesetz. (*i*), (*ii*) und (*iii*) haben in Cassirers Augen empirischen Gehalt, während (*iv*) jene Annahmen leitet, die in Erkenntnissen Ausdruck gewinnen. (*i*) Maß-Aussagen sind individuelle Aussagen und geben den „Grundstoff" ab, „aus denen der Physiker seine Welt aufbaut" (S. 165). In ihnen und durch sie werden physikalische Urteile und Begriffe auf Gegenstände angewendet (S. 210). (*ii*) Gesetzes-Aussagen haben generellen Charakter und weisen die Struktur von hypothetischen Urteilen auf: Wenn x, so y (S. 175). (*iii*) Prinzipien-Aussagen sind universell. Sie fungieren als Orientierungshilfen: „Die Prinzipien bilden die festen Standpunkte, deren wir bedürfen, wenn uns die Orientierung in der Welt der Phänomene gelingen soll. Sie sind nicht so sehr Aussagen über empirische Sachverhalte, als Maximen, nach denen wir diese Sachverhalte interpretieren, um sie damit zu einer vollständigen und lückenlosen Einheit zusammenschließen zu können." (*EP* IV, S. 117) Ein solches Prinzip ist z. B. das Prinzip der kleinsten Wirkung. Es spielte bereits in der antiken Naturforschung eine Rolle und hat im Verlaufe der Zeit unterschiedliche Anwendungen erfahren. Wie insbesondere Hermann von Helmholtz betonte, ist es in seinem Geltungsbereich über die Grenzen der Mechanik hinausgewachsen; und Max Planck sieht in ihm bereits das oberste physikalische Gesetz, eine „Krone des ganzen Systems der Physik" (*ZMP* S. 185). Prinzipien geben also unserem Suchen die Richtung. Sie sind aber auch Prämissen für Folgerungen: „Prinzipien sind stets derartige kühne Antizipationen, die sich an dem bewähren, was sie für den Aufbau und die innere Organisation des gesamten Wissenstoffes leisten. Sie beziehen sich nicht direkt auf die Phänomene, sondern auf die Form der Gesetze, nach denen wir diese Phänomene ordnen. Ein echtes Prinzip steht daher nicht einem Naturgesetz gleich; es ist vielmehr die Geburtsstätte für

Naturgesetze; es ist gleichsam eine Matrix, aus der sich immer wieder neue Naturgesetze gebären können." (S. 189)

Alle drei Stufen physikalischer Aussagen gehören zusammen und bilden in Cassirers Augen so etwas wie einen „logischen Rhythmus" im Prozeß der Erfahrung. Daneben nimmt sich das sog. Kausalgesetz (*iv*) wohl merkwürdig aus. Weder handelt es sich um ein Naturgesetz im hier gemeinten Sinn des Wortes, noch kann es uns besondere Einsichten liefern, die unsere Naturerkenntnis inhaltlich erweitern; und schließlich scheint es mit dem Aufkommen der Quanten-Physik weniger selbstverständlich denn je. So mag man sich fragen, weshalb Cassirer das Kausalprinzip hier überhaupt aufführt? Nun versteht Cassirer das Kausalprinzip nicht als metaphysischen Satz, der das Sein der Dinge anginge und irgendwelche Beschaffenheiten der Natur spezifizieren würde, sondern als „regulatives Prinzip unseres Denkens" (S. 200). Damit knüpft er an Kant an, dessen Analyse des Kausalbegriffes nicht unmittelbar das Sein und seine wechselseitige Abhängigkeit betrifft, sondern die Form der Erkenntnis der Dinge (vgl. S. 155–157). Diese Einschätzung ist für Cassirer auch deshalb relevant, weil sie offenbar einem „Grundzug" unseres Denkens gerecht wird, nämlich dem „Suchen nach immer allgemeineren Gesetzen": es ist nun einmal so, daß wir auf die „Begreiflichkeit der Naturerscheinungen" vertrauen und mit Regelmäßigkeiten rechnen.

Dieser Punkt hat für Cassirer wesentlich mehr Gewicht als die traditionell wichtige Vorstellung der Voraussagbarkeit zukünftiger Ereignisse, die gelegentlich als hinreichende Bedingung für das Vorliegen kausaler Verhältnisse angesehen wurde und namentlich unter dem Aspekt der technischen Naturbeherrschung als *das* wissenschaftliche Interesse schlechthin galt. Cassirer lehnt diese Vorstellung ab. Wie Max Planck und andere Denker plädiert er für eine Unterscheidung zwischen dem Kausalgesetz und seiner Anwendung (S. 203). Dieser Schritt ist in der Tat wichtig. Denn selbst innerhalb der klassischen Physik ist es nicht möglich, Ereignisse wirklich genau vorauszusagen. Des weiteren akzentuiert er nach dem Vorbild Hermann von Helmholtz' ein theoretisches, d. h. kontemplatives Wahrheits-

und Wissensideal, dem zufolge sich physikalisches Wissen zwar in der Voraussage „beweist und bewährt", dies aber ebensowenig wesentlicher Gehalt des Wissens ist wie die auf Prognosen aufbauende Naturbeherrschung.

Auch die Kritik der Vertreter der Indeterminismus-These ist in Cassirers Augen nicht stichhaltig. Denn richtig verstanden sei das Kausalprinzip nichts weiter als eine Art Landkarte – diesen Ausdruck übernimmt er von Ernst Schrödinger – oder ein Orientierungsnetz, das wir bei der Erforschung des Naturgeschehens so oder so benutzen, ohne daß wir von vornherein auch die Maschen des Netzes festlegen müßten (S. 319). Ist dies einmal verstanden, so verfehle die Kritik ihren Sinn. Davon unabhängig gelte es zu sehen, daß manche Kritiken formal unzulänglich sind. Cassirer bezieht sich hier auf Werner Heisenbergs Behauptung: „An der scharfen Formulierung des Kausalgesetzes ‚Wenn wir die Gegenwart genau kennen, können wir die Zukunft bestimmen‘ ist nicht der Nachsatz, sondern die Voraussetzung falsch. Wir können die Gegenwart in allen Bestimmungsstücken prinzipiell nicht kennen lernen."[2] Cassirer macht geltend, daß Heisenberg irrtümlich von der Falschheit des Vordersatzes auf die Falschheit des ‚Wenn-Dann‘-Satzes überhaupt schließe.[3]

Generell läßt sich sagen, daß die Entwicklung der Naturwissenschaft, die Cassirer sehr genau verfolgte,[4] den Gedanken seiner *Philosophie der symbolischen Formen* zu bestätigen schien: „Die Physik hat damit den Bereich der ‚Darstellung‘, ja der Darstellbarkeit überhaupt endgültig verlassen, um in ein abstrakteres Reich einzutreten. Der Schematismus der Bilder ist dem Symbolismus der Prinzipien gewichen. Der empirische Ursprung der modernen physikalischen Theorie ist durch diese Einsicht natürlich nicht im mindesten angetastet. Aber die Physik handelt jetzt nicht mehr unmittelbar von dem Daseienden als dem inhaltlich-Wirklichen, sondern sie handelt von dessen ‚Gefüge‘, von seiner formalen Verfassung. Die Tendenz zur Vereinheitlichung hat über die Tendenz zur Veranschaulichung den Sieg davongetragen." (*PSF* III, S. 547) Bedenkt man zudem, daß Cassirer jedes Verständnis von Wirklichkeit relativ auf Kontexte bezogen wissen will (*SuF* S. 371; s. S. 160), so wird nun auch deutlich, daß der Schnitt zwischen Begriff und Wirklichkeit (*PSF* III, S. 528; s. S. 175) keineswegs bedeutet, daß das physikalische Denken des 20. Jahrhunderts mit der Relativitätstheorie die physikalische Wirklichkeit hinter sich gelassen hätte: „Hier ist das physikalische Denken Schritt für Schritt zu immer höheren Kreisen emporgestiegen; aber es hat das Band mit der physikalischen ‚Wirklichkeit' nicht gelöst, sondern nur um so fester geknüpft. Jede neue Sicht, die dieses Denken erreicht, zeigt sich freilich als abhängig von dem spezifischen ‚Gesichtspunkt', von dem gedanklichen Horizont, von welchem aus sie gewonnen ist." (S. 558)

Diese Schritte charakterisiert Cassirer als Entfaltung einer spezifischen, nämlich der physikalischen Denkform; und offensichtlich sieht er die Entwicklung des physikalischen Denkens als kontinuierlich und zielgerichtet an. Natürlich würde dies zu Cassirers hegelianischen Gedanken vom Werden des Geistes passen. Konkret scheint sie aber durch die Lektüre von P. Duhems *La théorie physique, son objet et sa structure* (s. S. 11) nahegelegt worden zu sein. Duhem hatte wohl das Bild einer im wesentlichen kontinuierlich verlaufenden Entwicklung vor Augen, die auf eine „naturgemäße Klassifikation" zustrebt. Was darunter genau zu verstehen ist, ist wohl eine dornige Frage. Vielleicht empfiehlt es sich, „naturgemäße Klassifikation" im Sinn von „Optimierung der Eigenschaften von Theorien" zu verstehen.[5] Dieses Verständnis entspräche Cassirers Vorstellung von einer sich entfaltenden physikalischen Denkform. Von hier aus würde auch plausibel, weshalb Cassirer der Tatsache besonderes Gewicht beimaß (*ZMP* S. 30 f.), daß der Entscheid zwischen der Lorentzschen und der Einsteinschen Theorie zugunsten der letzteren ausfiel und dabei, wie Lorentz selber in seinen Haarlemer-Vorlesungen zu erwägen gab, vor allem erkenntnistheoretische Gründe in die Waagschale fielen. Wie sich Cassirer das Ziel der Entwicklung physikalischen Denkens konkret vorstellte, bleibt wohl im Dunkeln.

Ganz zum Schluß von *PSF* III spricht er in Anlehnung an Eddington von einem „Standpunkt von Niemand", von dem aus die Welt in unendlich-ferner Zeit in einer Weise beschrieben würde, die alles Zufällige und Subjektive beiseite ließe. Gleichzeitig denkt er, daß der Realitätsbegriff der Physik schließlich so gefaßt werden soll, „daß er die Totalität der Aspekte, wie sie sich für verschiedene Beobachter ergeben, vereint, und daß er sie erklärt und verständlich macht; aber in eben dieser Totalität ist die Besonderheit der Gesichtspunkte nicht ausgelöscht, sondern aufbehalten und ‚aufgehoben‘." (S. 560) Damit wäre die Hegelsche These vom Wahren als dem Ganzen zumindest in einem Bereich eingelöst. Nur meint Cassirer nicht, daß der Standpunkt von „Niemand" ein Standpunkt sei, der mit dem Subjektiven auch schon alles Menschliche hinter sich lassen könnte. Auch unterstellt er nicht, daß sich alle Beobachter schließlich auf ein und dieselbe Konzeption physikalischer Realität einigen.[6] Gegen die erste Annahme spricht, daß wir uns auch hier *ex hypothesi* in keinem symbolfreien Raum bewegen würden; und gegen die zweite Annahme würde sprechen, daß die Verschiedenheit der Aspekte, die die Sichtweisen der Beobachter bestimmen, offenbar in eigenem Recht bestehen bleiben. Was Cassirer somit vorgeschwebt haben müßte, wäre eine Ebene zweiter Ordnung, von der aus konkurrierende Theorien erster Ordnung verglichen und ineinander übersetzt werden könnten. Dies aber wäre wohl Sache jener Art philosophischer Reflexion, die er selbst insbesondere in *ZMP* anstellt und die heute auf dem Hintergrund der Diskussion der Inkommensurabilitätsthese Thomas Kuhns wieder wichtig geworden ist.

VIII. Rückblick

Die *Philosophie der symbolischen Formen* ist der Versuch, der
Vielfalt und Verschiedenartigkeit menschlicher Erfahrung gerecht zu werden und die Phänomene auf möglichst ökonomi-
sche Weise zu erklären. Dieser Versuch kann nicht vom externen
Standort eines kosmischen Exils aus unternommen werden.
Denn eine solche Beobachter-Position ist dem Intellekt *ex hypothesi* versagt. Er ist vielmehr in eben jener Erfahrung begründet, die es verständlich zu machen gilt, und steht mithin
unter Bedingungen, die die *Philosophie der symbolischen Formen* als Theorie der Erfahrung von innen her setzt.

Cassirer hat diesen Versuch nicht als System im herge-
brachten Sinne des Wortes verstanden wissen wollen, sondern
von Prolegomena gesprochen und damit eine Differenzierung
nahegelegt, die ihren Sinn von Kant her gewinnt. Wie Kant in
seinen *Prolegomena zu einer jeden zukünftigen Metaphysik*
jene Elemente und Bedingungen ausmachte, denen systematische Entwürfe zu genügen hätten, so hat auch Cassirer wenig
Zweifel, jene Elemente und Voraussetzungen namhaft gemacht
zu haben, die eine eigentliche Philosophie der Kultur begründen und aufbauen. Inwieweit dieser Versuch erfolgreich
ist, kann – zumindest aus der Sicht der *Philosophie der symbolischen Formen* – keine Frage sein, die sich in Begriffen von
‚wahr‘ und ‚falsch‘ absolut beantworten ließe. Es ist daher
fraglich, ob Cassirer seine Theorie als ‚wahre‘ Theorie anspre-
chen würde. Doch besteht kein Zweifel – und dies zeigt sich
insbesondere da, wo er unter dem Eindruck der Kritik Konrad
Marc-Wogaus phänomenologische Sachverhalte und empirische Befunde geltend macht –, daß Cassirer vom Standort
zweiter Ordnung her seine Theorie als die Theorie ansah, die
die Tatsachen als solche verständlich macht und erklärt. Und
in diesem Sinne ist die *Philosophie der symbolischen Formen*

tatsächlich eine ernstzunehmende und aussichtsreiche Hypothese.

Daß sie im Detail Probleme bietet, liegt wohl in der Natur der Sache. Dies gilt um so mehr, als Cassirer vergleichsweise komplexe Fragen angeht – Fragen, die in den heutigen Arbeiten zur Problematik der Welterschließung umgangen werden – und so vor allem bei der Beschreibung und Analyse sinnhafter Gebilde und Strukturen in ein Dickicht von Unterscheidungen gerät, die sich nicht leicht nachvollziehen lassen. Zwar handelt es sich in den wenigsten Fällen um Schwierigkeiten, die die Substanz der Sache gefährden. Aber man darf sie auch nicht unterschätzen. Denn ‚die Substanz der Sache‘ läßt sich im Kontext philosophischer Untersuchungen nicht gut von den Schwierigkeiten trennen, die in der Rede über die Sache auftreten. Wer also die Substanz der Sache für plausibel hält, muß sich mit diesen Schwierigkeiten auseinandersetzen. Und er muß insbesondere Gewicht und Tragweite jener begrifflichen Unterscheidungen bedenken, die für die Formulierung der Theorie bedeutsam sind.

Nach Cassirer lebt der Mensch in einem symbolischen Universum, das er selber geschaffen hat. Dieses Universum ist offensichtlich kein homogenes Gebilde. Denn es umfaßt verschiedenartige Regionen und ist ein Geflecht unterschiedlicher Formen, die in ihrer Beziehung zueinander widerspruchsvolle Züge aufweisen und doch irgendwie als Totalität gedacht werden müssen. Daß Cassirer diesen Sachverhalt gern durch Heraklits Gedanken der „widerstrebenden Harmonie" verdeutlicht, ist keine große Hilfe. Denn der Kosmos Heraklits ist eine Metapher für Inkommensurables, das Universum des Menschen hingegen reicht soweit wie die Wissenschaft, in der der Geist seine Vervollkommnung findet. Doch scheint Cassirer nicht mehr sagen zu wollen, als daß die unterschiedlichen symbolischen Formen nur miteinander bestehen können. Seine These, daß die Krise des menschlichen Selbstverständnisses nur über die Einsicht in die symbolhafte Struktur seines Tuns gemildert oder aufgehoben werden könne, fordert als Voraussetzung ja die Annahme, daß dieses Universum symbolischer

Formen Züge der Vernunft aufweist, so daß sich der Mensch in ihm wiedererkennen kann.

Hier wird etwas vom Erbe des Idealismus spürbar. Doch fehlt das sich vergottende Ich der Philosophie Fichtes oder das Absolute der Philosophie Hegels. Auch finden wir bei Cassirer wenig von dem, was man als ‚Tübinger Axiomatik‘ charakterisierte, nämlich das von Schiller und Herder inspirierte Programm der Versöhnung der Gegensätze. Vor allem aber fehlt bei Cassirer die idealistische Anmaßung: Der Mensch kann nicht Herr über seine symbolische Welt werden, es sei denn durch neue Symbole. Idealistisch im hier relevanten Sinne des Wortes ist Cassirers Position darin, daß nach ihr die Wirklichkeit so, wie sie sich darbietet, durch Strukturen der Wahrnehmung und des Denkens bestimmt ist und das Sein der Dinge im Rückgang auf das Tun des Geistes verstanden werden muß.

Im Lichte der heutigen philosophischen Diskussion bedeutet die Begrifflichkeit Cassirers keine geringe Hypothek: Zu unklar ist die Rede vom Geist, zu problematisch das „Tun", das Cassirer ihm zuschreibt. Insofern ist es auch nicht verwunderlich, daß zeitgenössische Denker derartige Begriffe eher in Anführungszeichen setzen und in ihrer Beschreibung antirealistischer Überzeugungen nüchterneres Vokabular vorziehen. Vermutlich könnte Cassirer derartigen terminologischen Vereinfachungen ein Stück weit zustimmen. So zeigt der *Essay on Man*, daß Cassirer neue und vor allem andersartige Kategoriensysteme und Terminologien da, wo sie nützlich erscheinen, aufnimmt und in den Dienst der Erläuterung seiner Gedanken stellt, gleichzeitig auf Elemente jener Begrifflichkeit verzichtet, die dem Verständnis des neuen Leserkreises womöglich im Wege stehen. Dies legt die Vermutung nahe, daß Cassirers Terminologie da, wo sie auf Ideen früherer Denker zurückweist, durchaus auch von der Bildungssprache seiner Zeit geprägt ist. Vielleicht ist sein Denken, systematisch betrachtet, nicht auf diese Konstellationen angewiesen und läßt sich ohne große Schwierigkeiten in das Idiom zeitgenössischer Begrifflichkeit übersetzen. Indes wären damit nicht alle Probleme ausgeräumt.

So ist es eine Sache, auf Ausdrücke wie „Tun des Geistes" zu verzichten und nach weniger anstößigen Beschreibungen zu suchen, eine andere aber, die sachliche Problematik zu bewältigen, die im Hintergrund der *Philosophie der symbolischen Formen* steht. Spätestens hier stellt sich die Frage, ob man diese Problematik für relevant genug hält, um sich mit ihr auseinanderzusetzen. Sicher bedeuten Cassirers Thesen (wie *mutatis mutandis* auch diejenigen Husserls) eine massive Herausforderung an die sog. Cognitive Science und insbesondere auch an jene Richtungen, die Bewußtseinsphänomene an sich leugneten.[1] Gerade weil sich der eigentliche Ertrag dieser Forschungsrichtungen wider Erwarten in Grenzen hält, scheint es wichtig, andere Ansätze zu stärken und Fragen wie die, welche die *Philosophie der symbolischen Formen* aufwirft, neu zu bedenken.

Nun ist es wiederum eine Sache, diese Fragen als klärungswürdig zu erachten, eine andere, sie einer Beantwortung näherzubringen. Läßt sich die Ursprungsfrage überhaupt so strikt stellen, wie Cassirer dies seinerzeit vorschwebte? Kann sie nicht auch sinnvollerweise in abgeschwächter Form verfolgt werden? Daß Cassirers transzendentaler Ansatz keine fraglosen Ergebnisse gezeitigt hat, sollte uns in der letzteren Annahme bestärken. Wie alle Erörterungen, die von interpretierbaren Zügen der Erfahrung ausgehen, haben Cassirers Thesen den Charakter von Hypothesen und sind als solche zu werten.

· In diesem Sinn scheint Cassirers philosophisches Projekt nach wie vor lohnend und wichtig, ja mehr denn je aktuell. Denn die Ausweitung der Bedeutungstheorie auf Bereiche nicht-beschreibender Sprachverwendung in der Analytischen Philosophie einerseits und das neu gewachsene Interesse am Verstehen von Bedeutung, auch im Bereich der Hermeneutischen Philosophie, andererseits zeigt, daß sich hier neue Problemfelder abzeichnen. Cassirers Ansatz – die Frage nach dem, was Bedeutungshaftigkeit überhaupt ausmacht – eröffnet hier wichtige Orientierungen. Dies gilt um so mehr, als die *Philosophie der symbolischen Formen* mehr als andere pluralistische Ansätze deutlich integrative Züge hat und humanistisch geprägt ist. Integrativ ist sie insofern, als sie verschiedene Kontexte weder nach der Art Wittgensteinscher Sprachspiele oder Carnapscher Rahmenwerke isoliert nebeneinander stehen läßt noch in Konkurrenz zueinander stehend versteht, geschweige denn sie wie Quine unter das Diktat einer bestimmten Ausrichtung stellt. Humanistisch ist sie darin, daß sämtliche Erkenntnisse und Wahrheiten letztlich als Momente menschlicher Erfahrung gedeutet werden. Dadurch erscheint auch die Aufgabe der Philosophie wieder in interessanterem Licht: So wenig sinnvoll es sein kann, bestimmte Züge menschlicher Erfahrung im Namen anderer Züge zu zensurieren, so wenig scheint es akzeptabel, reduktionistischen Tendenzen das Wort zu reden oder irgendwelche Verkürzungen der Sinn-Dimension zu akzeptieren.[2] Offensichtlich geht es darum, das *gesamte* Spektrum menschlicher Erfahrungen zu verstehen; und hier hat, wenn man von den Exponenten des Pragmatismus absieht, wohl niemand so viel geleistet wie Cassirer.

IX. Ausblick

Cassirer hat im philosophischen Denken der Nachkriegszeit keine Rolle gespielt.[1] Warum dies so war, läßt sich kaum bündig erklären. Was die englischsprachige Welt angeht, so liegt die Vermutung nahe, daß der Wissenschaftsphilosoph – der Autor von *Substanzbegriff und Funktionsbegriff* – eine Chance gehabt hätte, die sich dem Denker der *Philosophie der symbolischen Formen* in dieser Form damals kaum bot. Der Problem-Bestand, den Cassirer von den sog. Neu-Kantianern geerbt hatte, war in den USA damals kaum bekannt und die *Philosophie der symbolischen Formen* noch nicht übersetzt; und diejenigen Philosophen, die nur *An Essay on Man* kannten, hatten Mühe, hinter dem Reichtum der Themen und im Gewebe historischer Anspielungen kohärente systematische Positionen ausfindig zu machen.[2] Wenigstens ein Rezensent des Cassirer-Bandes in der *Library of Living Philosophers* bekundet sein Befremden darüber, daß die Beiträge offensichtlich kein einheitliches Cassirer-Bild zeichnen[3] – was den, der die Schriften des Philosophen liest, nicht wundert. Hinzu kommt, daß an den führenden Universitäten der USA der Logische Empirismus und die Begriffsanalyse dominierten. Dies bedeutete in der Regel Kleinarbeit und Detailanalyse und schien großzügigen Entwürfen wie denen Cassirers ebensowenig Raum zu bieten wie etwa der humanistisch orientierten Gedankenwelt eines William James, der seinerzeit der Kritik eines Bertrand Russell zum Opfer fiel und erst seit wenigen Jahren wieder mit neuem Interesse gelesen wird. Nun war zwar die Basis des positivistischen Begründungsideals schon aus den eigenen Reihen erschüttert worden; und mit der Attacke aus der Feder Willard V. O. Quines ("Two Dogmas of Empiricism", 1951) wurde auch die Berechtigung einer klaren Unterscheidung zwischen empirisch gehaltvollen Sätzen (i. e. synthetischen Urteilen) und Tautologien (i. e. analytischen Urteilen) fragwürdig. Doch änderte dies vorerst wenig am Gesamtbild, zumal sich hier fortan die Philosophische Logik und Formale Semantik als vorherrschende Disziplinen herauskristallisierten. Erst die späteren Arbeiten von Nelson Goodman und Hilary Putnam scheinen die akademische Philosophie in den USA in den Umkreis von Fragestellungen geführt zu haben, die Berührungen mit Gedanken Cassirers aufweisen. Insbesondere aber Richard Rortys Buch *Der Spiegel der Natur* eröffnete mit seiner Kritik der traditionellen Vorstellung, die Philosophie könne die Wirklichkeit in irgendeiner Form abbilden, ein Terrain von Themen, die Cassirer seinerzeit vor Augen gestanden hatten.

Daß Cassirers Denken im deutschsprachigen Raum keine Aufnahme fand, mag verschiedenartige Gründe haben. Anders als die führenden Denker des Instituts für Sozialforschung hatte Cassirer keine Gelegenheit, heimzukehren und schulbildend zu wirken. Ob dies gelungen wäre, ist jedoch fraglich. Zu diffus war die Situation im allgemeinen, zu polarisiert im besonderen. In dem Maße, wie Martin Heidegger trotz seines Lehrverbotes weithin als der führende Philosoph galt und sein Denken als *terminus a quo* angesehen wurde, mußten Denker vom Schlage eines Cassirer wohl als passé erscheinen. Die bloße Vorstellung, daß Cassirer dem Neukantianismus nahestand, mochte abschreckend wirken; seine Beeinflussung durch Hegel hätte jedoch eine günstigere Rezeption erwarten lassen. Doch fand Cassirer auch in solchen Zusammenhängen keine angemessene Erwähnung, die im besonderen Maße als seine Domäne angesehen werden könnten. So ist es mehr als erstaunlich, daß sein Name im Kontext der Diskussion hermeneutischer Fragestellungen so gut wie nicht erscheint. Auch in den inzwischen recht umfangreichen Publikationen zum Interpretationismus taucht sein Name nicht auf,[6] obwohl in den unmittelbar zurückliegenden Jahren Sammlungen wichtiger Aufsätze Cassirers erschienen und auch Bände mit Arbeiten zu Cassirer publiziert wurden. Offenbar gilt Cassirer als Geheimtip. Doch wird nicht recht deutlich, warum dies so ist und was man sich von einer Beschäftigung mit diesem Denker verspricht.

Generell gesehen scheint Cassirers Denken diesseits und jenseits des Atlantiks in unterschiedlicher Weise Boden gefaßt zu haben. Während in den USA einige Ansätze entstanden, die z. T. an Cassirer anknüpften, ist Cassirer im deutschsprachigen Raum, von historischen Untersuchungen im Umkreis des Neu-Kantianismus und der Phänomenologie einmal abgesehen, wohl vor allem auf dem Umweg über die Fragestellungen amerikanischer Philosophen wie Charles S. Peirce interessant geworden.

1942 veröffentlichte die New Yorkerin Susanne K. Langer ihre *Philosophy in a New Key,* die ihrem Lehrer Alfred North Whitehead gewidmet ist und weit mehr noch als Cassirers *An Essay on Man* die zeitgenössische Diskussion in und außerhalb der Philosophie einbezieht. Hier sind Charles S. Peirces Aufsätze zur Semiotik, Ludwig Wittgensteins *Tractatus* und Rudolf Carnaps neuere Veröffentlichungen zu Sprache, Semantik und logischer Syntax ebenso selbstverständliche Gesprächspartner wie Sigmund Freuds Gedanken und Jean Piagets strukturgenetische Ansätze. Frau Langer wird gelegentlich als Cassirer-Schülerin bezeichnet. Dies ist sicher zuviel gesagt. Insbesondere würde dies verdecken, daß sie eine absolut selbständige, vielseitige und höchst eigenwillige Denkerin mit besonderen Interessen war und einen eigenen Ansatz verfolgt. Ihr Vorhaben – „ein neuer Begriff des ‚Geistes', der geeignet sein kann, Licht auf die Probleme des Bewußtseins zu werfen, anstatt sie zu verdunkeln, wie dies durch die traditionellen wissenschaftlichen Methoden geschehen ist" (dt. Ausg. S. 32) – ist letztlich von der Idee bestimmt, die „festgefahrenen Antagonismen von Geist und Körper, Verstand und Trieb, Autonomie und Gesetz aufzulösen, und über die festgefahrenen Argumente der Vergangenheit hinwegzukommen, in dem sie [i. e. die Idee, A. G.] sich von ihrer Ausdrucksweise freimacht und das Entsprechende angemessener formuliert."

Solche Erwägungen verraten – zumindest aus heutiger Sicht – etwas vom Geist des Pragmatismus und weisen insbesondere keine Berührungen mit den transzendentalphilosophischen Interessen auf, die Cassirers Denken bestimmten. Im Gegenteil,

Frau Langer erachtet diese spezielle Art der Begründung einer Philosophie des Symbolismus für überflüssig und lehnt sogar ein „idealistisches Minimum" ab (S. 8). In ihren Augen handelt es sich bei der Bildung von Symbolen um „eine ebenso ursprüngliche Tätigkeit des Menschen wie Essen, Schauen oder Sichbewegen. Sie ist der fundamentale, niemals stillstehende Prozeß des Geistes" (S. 49). Und da sie den Menschen durchaus naturalistisch deutet – in ihm steckt „kein übernatürliches Wesen, keine ‚Seele' oder ‚Entelechie' oder ‚Geistsubstanz'. Er ist ein Organismus, seine Substanz ist chemisch" (S. 48) –, geht es ihr in erster Linie darum, die Eigenart menschlichen Lebens zu verstehen, „ein verwickeltes Gewebe aus Vernunft und Ritus, Wissen und Religion, Prosa und Poesie, Tatsache und Traum" (S. 53).

Symbole sind in Susanne Langers Sicht nicht etwa Stellvertreter von Gegenständen, „sondern Vehikel der Auffassung (*conception*; die deutsche Übersetzung gibt *Vorstellung*) von Gegenständen" (S. 69). Mit diesem Verständnis stellt sie sich in Gegensatz zu damals gemein akzeptierten Ansichten, die von Ideen der Semantik her bestimmt waren.[4] Eben dieses Diktat der Semantik erscheint Frau Langer fragwürdig, wenn nicht dümmlich (S. 94). Wer nämlich, wie die Exponenten der Semantik und Logik, die Bedeutungssphäre auf sprachliche Äußerungen eines bestimmten Typus verkürzt, legt sich auf die Meinung fest, daß „jeder artikulierte Symbolismus diskursiv sei" (S. 94). Demgegenüber argumentiert Frau Langer für ein weiteres Verständnis des Symbolischen und wirbt für die Anerkennung auch eines nicht-diskursiven, „präsentativen Symbolismus als eines normalen Bedeutungsvehikels von allgemeiner Gültigkeit" (S. 103). Mit dieser Ausweitung – „wo immer ein Symbol wirkt, gibt es Bedeutung" – trägt sie einerseits der Tatsache Rechnung, daß Bedeutung bzw. Bedeutungshaftigkeit ein alles durchdringender Zug der menschlichen Erfahrungswelt ist; auf der anderen Seite kommt sie ihrem Ziel näher, die ursprünglich engen Grenzen der Rationalität zu verschieben und die spezifische Logik der Symbole gleichermaßen in den Domänen des Gefühlslebens, Wissens, Weisheit und Kunst heimisch zu machen. Dabei kommt den künstlerischen Symbolen ein besonderer Status zu. Sie haben mehr als nur diskursive oder präsentative Bedeutung, nämlich eine besondere Art von impliziter Bedeutung – etwas, was vorstellungshaft *im* Kunstwerk erlebt wird (S. 257).

In ihrem späteren Buch *Feeling and Form* aus dem Jahre 1953, das dem Andenken Ernst Cassirers gewidmet ist, entwickelt Frau Langer nun eine eigentliche Philosophie der Kunst. Zentral ist hierbei die Vorstellung, daß Kunstwerke Gefühle ausdrücken und unsere Betrachtung darstellen, und zwar in Gestalt von Ideen von Gefühlen (S. 59). „Fühlen" *(feeling)* wird im Denken von Frau Langer mehr und mehr zu einem Schlüsselbegriff und fungiert als generische Bezeichnung der Grundlage jeglicher geistiger Erfahrung: Sinneswahrnehmung, Emotion, Vorstellung, Erinnerung und Nachdenken. Diese Auffassung, die in ihrem Buch *Philosophical Sketches* aus dem Jahr 1962 skizziert wird, bildet die Leitidee des dreibändigen Werkes *Mind: An Essay on Human Feeling*, dessen erster Band 1967 erschien.

Eine andere Form von Rezeption erfuhr Cassirers Denken in der philosophischen Arbeit Nelson Goodmans, der zu den großen und interessanten Gestalten der Gegenwart gehört.[5] In seinem Buch *Sprachen der Kunst* nimmt Goodman nur peripheren Bezug auf Cassirer. Dies ist insofern begreiflich, als Goodman hier eben jene Arbeit am Detail leistet, die Cassirer schuldig blieb und seinerzeit wohl auch nicht hätte leisten können. Tatsächlich handelt es sich bei Goodmans Untersuchung um ein Pionierwerk, das eine höchst technische, philosophisch überlegene Durchdringung unterschiedlicher Symbolfunktionen auf nominalistischer Basis bietet. Anders steht es mit der Arbeit „Words, Works, Worlds", die 1975 in der Zeitschrift *Erkenntnis* erschien. Diesen Text hatte Goodman anläßlich eines Cassirer-Gedenksymposiums an der Universität Hamburg vorgetragen, und hier verweist er auch auf gemeinsame Anliegen und Fragestellungen. Zwischen den Zeilen wird deutlich, daß Goodman glaubt, Cassirer aus den Fängen einer falschen, irrationalistischen Rezeption herauslösen zu müssen. Die Substanz der Arbeit hat einen starken Cassirerschen Ton: Die Unterscheidung von Welt und Version ist eine Unterscheidung, die letztlich ihren Sinn verliert. Mit diesen Überlegungen entfachte Goodman eine fulminante Kontroverse, an der sich namhafte Philosophen in den USA beteiligten. Dies dokumentiert ein Faszikel der Zeitschrift *Synthese* aus dem Jahre 1980. Goodman hat manche seiner Thesen ausgebaut – so in dem Buch *Weisen der Welterzeugung,* dessen erstes Kapitel der eben genannte Aufsatz bildet, sowie in der Aufsatz-Sammlung *Vom Denken und anderen Dingen* – und im Lichte der Auseinandersetzung um seine Thesen auch verfeinert und präzisiert.

Im deutschen Sprachraum stieß Cassirer wohl nur bei einem Philosophen auf Interesse, und auch hier nur *en passant.* In einer Reihe von Arbeiten, die bald auch in zwei Bänden unter dem Titel *Transformation der Philosophie* veröffentlicht wurden, bemühte sich Karl-Otto Apel um einen Brückenschlag zwischen den divergierenden Strängen der deutsch- und der englischsprachigen Philosophie. Dieser Versuch verdient schon deshalb besonderes Interesse, weil die vorwiegend hermeneutisch-geistesgeschichtliche Ausrichtung im deutschsprachigen Raum auf der einen Seite und die analytische Orientierung in der angloamerikanischen Universitätswelt auf der anderen Seite lange als Gegensätze empfunden wurden, wie sie krasser und lebhafter kaum vorstellbar sind. Doch ging der Brückenschlag noch weiter. Apel entwickelte nämlich ein neues Verständnis von Transzendentalphilosophie, das im Untertitel des zweiten Bandes passend zum Ausdruck kommt: „Das A priori der Kommunikationsgemeinschaft". Dieses Verständnis birgt zwar – dies ist die hegelianische Verpflichtung, die deutsche Philosophen kaum abstreifen – die wesentlichen Elemente der Tradition. Unter den Bausteinen des neuen Gebäudes finden sich auch Martin Heideggers Einlassungen zum *In-der-Welt-Sein* und Hans-Georg Gadamers Überlegungen zur *Vorurteilshaftigkeit,* doch ist Apels Konzeption ganz wesentlich von der Gedankenwelt Charles S. Peirces bestimmt, der als Begründer der modernen Semiotik gilt und zum *spiritus rector* jener Bewegung wurde, die als Pragmatismus bezeichnet wird. Die Einsicht, die Peirce für Apels philosophisches Projekt besonders interessant erscheinen ließ, ist der Gedanke, daß alle Erkenntnis durch Zeichen vermittelt sei und insofern nicht nach dem Modell der zweistelligen Subjekt/Objekt-Beziehung, sondern als dreistellige Relation verstanden werden müsse. Peirce seinerseits hatte, wie Apel in seiner Arbeit „Von Kant zu Peirce. Die semiotische Transformation der transzendentalen Logik" (II, S. 157–177, bes. S. 164) gut herausstellt, seine Gedanken von Anfang an – hier ist insbesondere an die Vorlesung „On a New List of Categories" vom 14. Mai 1867 zu erinnern – als kritische Rekonstruktion der *Kritik der reinen Vernunft* verstanden.

Nun hat zur Überwindung der offensichtlichen Engpässe – man denke hier an die „gleichsam nackte Vermittlung durch Begriffe im Sinne der *transzendentalen Synthesis der Apperzeption*" (II, S. 189) – in Apels Augen auch Cassirers „semiotische Transformation der Transzendentalphilosophie" beigetragen: „Im Ganzen scheint mir jedenfalls die von E. Cassirer wie auch von der angelsächsischen Sprachanalyse ausgehende Susanne Langer darin recht zu behalten, daß die Beschäftigung mit der symbolischen Vermittlung als Bedingung der Möglichkeit einer Weltordnung eine *‚Philosophy in a new Key'* heraufführen muß. Die Ontologie muß sich heute durch die Sprachphilosophie vermitteln." (I, S. 184) Insofern würdigt Apel Cassirers Sicht der Dinge. Doch moniert er, „daß sie trotz der semiotischen Verleiblichung der Vermittlung der Erkenntnis, hinsichtlich der so vermittelten Subjekt-Objekt-Relation die Kantische Voraussetzung eines transzendentalen Bewußtseinsidealismus stehen läßt" (II, S. 189). Hier wie an anderer Stelle (vgl. II, S. 353) ist Apels Vorbehalt nicht sehr spezifisch; und so ist nicht leicht zu sehen, in welchem Sinn Cassirers Auffassungen tatsächlich kritikwürdig sind. Auf der anderen Seite hat Apels Kritik wohl eine wichtige Funktion. Sie provoziert nämlich die Frage, wie stark der Rekurs auf transzendentale Strukturen sein muß, um die semiotischen Leistungen erklären zu können, die im Erkenntnisprozeß eine Rolle spielen, und wie schwach er sein darf, soll die Erklärung ihrerseits nicht unglaubhaft werden.[7]

Eine wichtige Rezeption findet die *Philosophie der symbolischen Formen* in der 1984 erschienenen Studie *Empfindung, Intention und Zeichen. Typologie des Sinntragens* des in Haifa lehrenden Philosophen Michael Strauss. Strauss beschäftigt sich seit geraumer Zeit mit dem Problem des Sinntragens – „Auf welche Weise oder Weisen wird Sinn getragen? Wie kann überhaupt Sinn an etwas haften, das nicht selbst Sinn ist?" (S. 15) – und liest die *PSF* als Beitrag zur Lösung dieses Problems. Dabei gelangt er zu dem Befund, daß Cassirer mit seiner These von der sinnhaften Konstitution des Sinnlichen sogar den entscheidenden Schritt zur Lösung anbiete. Doch bleibt Cassirer in seinen Augen drei Antworten schuldig: Erstens werde die Art der Identität zwischen Ausdruck und Ausgedrücktem nicht geklärt. Zweitens stehe die Dichotomie Rezeptivität-Spontaneität im Raum; und drittens sei unklar, „wie der Ausdruck eine Verbindung zwischen Symbol und Symbolisiertem und zwischen Zeichen und Bezeichnetem herstellen kann" (S. 30). Hier werden in der Tat Probleme benannt, die weiterer Diskussion bedürfen. Damit wird deutlich, daß Cassirers Überlegungen zum Phänomen der Bedeutungshaftigkeit einen systematischen Beitrag zu einer durchaus aktuellen Problematik bieten können.

Anhang

1. Anmerkungen

I. Einleitung

1. Leben und Werk

1 Vgl. „Ernst Cassirer: His Life and his Work", in: *PEC* S.25. (Gaw-
ronskys und Cassirers Wege kreuzten sich immer wieder, auch noch in
New York. Sehr eindrücklich sind die Bemerkungen von Frau Cassirer
in: *TC* S.120–121). Zur Sache vgl. die gelehrten Ausführungen von
E. W. Orth: „Zur Konzeption der Cassirerschen Philosophie der symbolischen Formen" im Anhang zu *STS* S.178 Anm.16 sowie ders.:
„Ernst Cassirers Philosophie der symbolischen Formen und ihre Bedeutung für unsere Gegenwart", in: *Deutsche Zeitschrift für Philosophie*
40 (1992) S.120 und „Cassirers Philosophie der Lebensordnungen", in:
GuL S.29 Anm.24.

2 Cassirer wurde (und wird) immer wieder als Neu-Kantianer angesprochen. Dabei ist die Verwendung dieses Terminus ähnlich wie der des
Ausdrucks „Positivist" mit einer abwertenden Konnotation behaftet.
Dies gilt um so mehr, als der Neu-Kantianismus während des Nazismus
als jüdische Philosophie denunziert wurde. Cassirer selber äußert sich zu
seiner neukantianischen Affiliation rückblickend (1939) folgendermaßen:
„Ich selbst bin oft als ‚Neu-Kantianer' bezeichnet worden und nehme
diese Bezeichnung in dem Sinne an, daß meine gesamte Arbeit im Gebiete
der theoretischen Philosophie die methodische Grundlage voraussetzt,
die Kant in der ‚Kritik der reinen Vernunft' gegeben hat. Aber viele der
Lehren, die in der philosophischen Literatur der Gegenwart dem Neu-
Kantianismus zugeschrieben werden, sind mir nicht nur fremd, sondern
meiner eigenen Auffassung diametral entgegengesetzt." (*EBK* S.202) –
Zum Neukantianismus siehe generell: K. Ch. Köhnke: *Entstehung und
Aufstieg des Neukantianismus*, Frankfurt a. M. 1986, sowie H.-L. Ollig
(Hrsg.): *Materialien zur Neukantianismus-Diskussion*, Darmstadt 1987.
Zur Einschätzung der Beziehung Cassirers zum Neukantianismus siehe
Dominique Bourel: „Ernst Cassirer et l' école de Marbourg", in: *Ernst*

Cassirer. De Marbourg à New York. L' itinéraire philosophique, hrsg. v. J. Seidengart, Paris 1990, S. 69–80.

3 Siehe die Monographie von E. H. Gombrich: *Aby Warburg: An Intellectual Biography,* London 1970. Die gedanklichen Beziehungen, die sich hier entwickeln sollten, untersuchte S. Ferretti: *Cassirer, Panofsky and Warburg. Symbol, Art and History,* New Haven, Conn. u. London 1989. Siehe auch Eveline Pinto: „Cassirer et Warburg: De l' histoire de l' art à la philosophie de la culture", in: *Ernst Cassirer. De Marbourg à New York. L'itinéraire philosophique* (s. Anm. 2), S. 261–275.

4 Heidegger hatte den II. Band der *PSF* rezensiert (*Deutsche Literaturzeitung,* NF 5, 21, 1928) und dabei recht deutlich werden lassen, daß das philosophische Projekt Cassirers ohne den fundamental-ontologischen Ansatz von *Sein und Zeit* (1927) im luftleeren Raum stehe. Die Tatsache, daß sich *PSF* II in Heideggers Augen auf eine nützliche Materialsammlung für Ethnologen reduziert, läßt etwas von dem unbändigen Ehrgeiz erahnen, von dem Heidegger beseelt war. Dies gilt um so mehr, wenn bedacht wird, daß Heideggers Kritik schon deshalb unverhältnismäßig anmuten muß, weil seine eigene Unterscheidung zwischen Vorhandenheit und Zuhandenheit offensichtlich ungeeignet ist, spezifisch mythische, religiöse und ästhetische Begegnungsweisen plausibel zu machen. – In anderer Weise scheint auch sein Buch *Kant und das Problem der Metaphysik* den Anspruch zu vermitteln, daß er, Heidegger, der einzige Philosoph sei, der Kants wirkliches Anliegen zu durchschauen und zu beurteilen vermöge. Ob dieses Buch gegen Cassirer geschrieben wurde – Cassirer hatte seiner 1912 erschienenen Kant-Ausgabe, die auch Heidegger verwendete, einen Ergänzungsband *Kants Leben und Lehre* beigegeben, in dem er sein Kant-Verständnis darlegte –, ist eine offene Frage.

5 Ein Transskript der Aussprache findet sich als ‚Anhang IV' im Band 3 der Gesamtausgabe von M. Heidegger: *Kant und das Problem der Metaphysik,* hrsg. von F.-W. von Herrmann, Frankfurt a. M. 1991, S. 274–296.

6 Vgl. K. Gründer: „Cassirer und Heidegger in Davos 1929", in: *Über Ernst Cassirers Philosophie der symbolischen Formen,* hrsg. von H. J. Braun, H. Holzhey u. E. W. Orth, Frankfurt a. M. 1988, S. 290–302. Diese Arbeit vermittelt vor allem etwas vom kulturellen Hintergrund dieser Hochschulkurse. Die gedanklichen Konstellationen werden ausgelotet von D. A. Lynch: „Ernst Cassirer and Martin Heidegger: The Davos Debate", in: *Kant-Studien* 81 (1990) S. 360–370; W. Cristaudo: „Heidegger and Cassirer: Being, Knowing, and Politics", in: *Kant-Studien* 82 (1991) S. 469–483, sowie von J. M. Krois: „Aufklärung und Metaphysik: Zur Philosophie Cassirers und der Davoser Debatte mit Heidegger", in: *Internationale Zeitschrift für Philosophie* 2 (1992), S. 273–289. Siehe daselbst auch die Diskussion „Philosophie und Politik. Die Davoser Disputation zwischen Ernst Cassirer und Martin Heidegger in der Retrospektive", a. a. O. S. 290–312.

7 Dt.: *Sprache, Wahrheit und Logik,* aus dem Englischen übers. u. hrsg. von H. Herring, Stuttgart 1970.

8 Siehe näher W. Ott: *Der Rechtspositivismus. Kritische Würdigung auf der Grundlage eines juristischen Pragmatismus,* Berlin 1976 (= *Erfahrung und Denken* Bd. 45), S. 67 ff.

2. Ansatz

1 So H.-G. Gadamer: *Wahrheit und Methode. Grundzüge einer philosophischen Hermeneutik,* Tübingen 1975 (4. Aufl., unv. Nachdr. d. 3. erweit. Aufl.), S. XVII ('Vorwort' zur 2. Aufl. 1965), bzw. ders.: *Hermeneutik II. Wahrheit und Methode. Ergänzungen. Register* (= *Gesammelte Werke* Bd. 2), Tübingen 1986, S. 439.

2 Vgl. J. M. Krois: „Ernst Cassirers Semiotik der symbolischen Formen", in: *Zeitschrift für Semiotik* 6 (1984), S. 436, ders.: „Aufklärung und Metaphysik. Zur Philosophie Cassirers und der Davoser Debatte mit Heidegger", in: *Internationale Zeitschrift für Philosophie* 2 (1992), S. 274.

3 Siehe das Protokoll der Davoser Disputation im ‚Anhang IV' von M. Heidegger: *Kant und das Problem der Metaphysik* (s. Anm. 5 Leben), S. 266.

4 Vgl. „Der Symbolbegriff in der Philosophie Ernst Cassirers", in: *Theoria* 2 (1936), S. 320.

5 Der Ausdruck „Prägnanz" verweist auf die sog. Gestalttheorie. J. M. Krois: „Problematik, Eigenart und Aktualität der Cassirerschen Philosophie der symbolischen Formen", in: *Über Ernst Cassirers Philosophie der symbolischen Formen* (s. Anm. 6 Leben), S. 25 weist darauf hin, daß sich Cassirer im Nachlaß genauer über die Beziehung seines Verständnisses dieses Begriffs zum Standpunkt der Gestaltpsychologie äußert.

6 *System des transzendentalen Idealismus,* hrsg. von Ruth-Eva Schulz, Hamburg 1957 (= *Philosophische Bibliothek* Bd. 254), S. 289.

7 *Vorlesungen über die Ästhetik* I, hrsg. v. Eva Moldenhauer u. K. M. Michel, Frankfurt a. M. 1970 (= *Theorie Werkausgabe* Bd. 13), S. 21.

8 Vgl. *Wissenschaft der Logik* I, hrsg. v. Eva Moldenhauer u. K. M. Michel, Frankfurt a. M. 1970 (= *Theorie Werkausgabe* Bd. 5), S. 248: „In Symbolen ist die Wahrheit durch das sinnliche Element noch *getrübt* und *verhüllt.*"

9 Hrsg. von R. Vischer, 2. Aufl. Stuttgart 1922/1923. Nachdruck: Hamburg 1975, Bd. II, S. 495.

10 „Kritik meiner Ästhetik", in: *Kritische Gänge* 1860–1866, neu hrsg. von R. Vischer, München 1922/1923, Bd. IV, S. 324.

11 „Das Symbol", in: *Kritische Gänge,* Bd. IV, S. 431 f. Ursprünglich erschien diese Arbeit in: *Philosophische Aufsätze Eduard Zeller gewidmet,* Leipzig 1887, S. 153–193. – Auf diesen Aufsatz bezieht sich Cassirer in *WWS* S. 175 und *STS* S. 1.

12 *Gesammelte Schriften,* hrsg. v. d. Preußischen Akademie der Wissenschaften in 17 Bänden, Berlin 1903–1936, Bd. II, S. 46 (= *Schriften zur
Sprachphilosophie;* Bd. III der Werke in 5 Bänden, hrsg. v. A. Fletner u.
K. Giel, Darmstadt 1963, S. 418). Diese Äußerung Humboldts, die allerdings allein steht und keine wirklichen Parallelen hat, sollte große Wirkung entfalten. – Skeptisch gegenüber dem tatsächlichen Stellenwert
dieser These äußert sich T. Borsche: *Sprachansichten. Der Begriff der
menschlichen Rede in der Sprachphilosophie Wilhelm von Humboldts,*
Stuttgart 1981 (= *Deutscher Idealismus. Philosophie und Wirkungsge-
schichte,* Bd. 1), S. 287. – Wie J. M. Krois: „Ernst Cassirers Semiotik der
symbolischen Formen" (s. Anm. 2 Ansatz), S. 440, macht H. Paetzold:
Cassirer zur Einführung, Hamburg 1993, S. 45 darauf aufmerksam, daß
die Unterscheidung zwischen Sprache als *„ergon"* und Sprache als
„energeia" jene Differenz meint, „die uns in der Linguistik de Saussures
als die zwischen ‚langue' und ‚parole' sowie bei Chomsky als die von
‚competence' und ‚performance' begegnet. Man will der Unterscheidung
von Sprache im Sinn eines fertigen Systems einerseits und von Sprache
als lebendigem Reden andererseits Rechnung tragen". Entsprechende
Unterscheidungen werden auch in der zeitgenössischen Sprachphilosophie beobachtet, so etwa in Gestalt der Unterscheidung zwischen
‚Satzbedeutung' und ‚Äußerungsbedeutung' bei J. Searle: *Ausdruck und
Bedeutung. Untersuchungen zur Sprechakttheorie,* übers. v. A. Kemmerling, Frankfurt a. M. 1982, S. 99 (*Expression and Meaning. Studies in
Theory of Speech Acts,* Cambridge 1979, S. 77) oder der Unterscheidung
„zwischen dem, was Wörter bedeuten, und dem, wozu sie verwendet
werden" bei D. Davidson: *Wahrheit und Interpretation,* übers. v.
J. Schulte, Frankfurt a. M. 1986, S. 345 (*Inquiries into Truth and Interpretation,* Oxford 1984, S. 247).
13 Wie G. Seebaß: *Das Problem von Sprache und Denken,* Frankfurt a. M.
1981, S. 50–51, Anm. 33 bin ich der Meinung, daß Cassirers Deutung des
humboldtschen Verständnisses von „genetisch" im Sinne von „trans-
zendental" kaum haltbar ist (vgl. „Die Kantischen Elemente in Wilhelm
von Humboldts Sprachphilosophie", in: *Festschrift P. Hensel,* Göttingen
1923, S. 26; *GuL* S. 253).
14 K. Marc-Wogau, „Der Symbolbegriff in der Philosophie Ernst Cassirers" (s. Anm. 4), S. 287.
15 Besonders hilfreich sind hier die subtilen Beobachtungen von R. L. Fetz:
„Ernst Cassirer und der strukturgenetische Ansatz", in: *Über Ernst Cassirers Philosophie der symbolischen Formen* (s. Anm. 6 Leben), S. 183–185.
16 *Magic, Science and Religion,* Garden City, N. J. 1948, S. 26. – Auf diesen
Punkt machte auch D. Ph. Verene aufmerksam: „Cassirer's View of Myth
and Symbol", in: *The Monist* 50 (1960), S. 561.
17 Vgl. *Frontiers of Science,* hrsg. v. R. C. Colodny, Pittsburgh 1962; der
Essay bildet auch das erste Kapitel in Sellars Buch *Perception and Reality,* London 1963.

18 *Perception and Reality* (s. Anm. 17), S. 1 bzw. *Frontiers of Science* (s. Anm. 17), S. 46.

19 *The Journal of Philosophy* 39 (1942), S. 309. Eine Rückübersetzung aus dem Englischen findet sich in *GuL* S. 287–316.

3. Vorgehen

1 In anderem Zusammenhang moniert T. Göller: *Ernst Cassirers kritische Sprachphilosophie. Darstellung, Kritik, Aktualität,* Würzburg 1986, S. 124: „Überhaupt ist zu sagen, daß bei Cassirer transzendentale und faktische Momente oft relativ ungeschieden nebeneinander stehen. Es ist nicht immer deutlich, an welchen Stellen Cassirer von der einen zur anderen Ebene wechselt."

2 Siehe hier näher W. Marx: „Cassirers Philosophie – ein Abschied von der kantianisierenden Letztbegründung", in: *Über Ernst Cassirers Philosophie der symbolischen Formen* (s. Anm. 6 Leben), S. 75–88.

3 Hier gilt es freilich zu bedenken, was T. Knoppe: *Die theoretische Philosophie Ernst Cassirers. Zu den Grundlagen transzendentaler Wissenschafts- und Kulturtheorie,* Hamburg 1992, S. 183 geltend macht: „Gleichwohl muß gegenüber diesen Überlegungen festgehalten werden, daß Cassirer die Pluralität der sich in ihrer spezifischen Weise, die Welt zu repräsentieren, gegeneinander abhebenden Symbolsysteme als Faktum hingenommen hat, ohne sich jemals weder um die Deduktion ihres Zusammenhangs, noch um ihre Funktion im Rahmen einer Theorie des reinen Denkens ernsthaft Gedanken gemacht zu haben."

II. Grundlegende Formen

1. Allgemeines

1 Die Stelle ist nicht sonderlich klar. Siehe jedoch J. M. Krois: „Problematik, Eigenart und Aktualität der Cassirer'schen Philosophie der symbolischen Formen", in: *Über Ernst Cassirers Philosophie der symbolischen Formen* (s. Anm. 6 Leben), S. 19.

2 Dies moniert H.-G. Gadamer: *Hermeneutik* 2, Tübingen 1986 (= *Gesammelte Werke* Bd. 2), S. 111. – Vielleicht ist das auch ein Grund dafür, daß Cassirers Auffassungen zur weltbildenden Funktion der Sprache im Hauptwerk (*Wahrheit und Methode,* 1960) keine Erwähnung finden. Doch scheint mir die Ausblendung Cassirers gänzlich ungerechtfertigt, die Einschätzung der Rolle von Sprache im Denken Cassirers wenig differenziert. Siehe hingegen T. Göller: „Zur Frage nach der Auszeichnung der Sprache in Cassirers *Philosophie der symbolischen Formen*", in: *Über*

Ernst Cassirers Philosophie der symbolischen Formen (s. Anm. 6 Leben), S. 137–155.

3 Siehe die Hinweise von O. Schwemmer: „Der Werkbegriff in der Metaphysik der symbolischen Formen", in: *Internationale Zeitschrift für Philosophie* 2 (1992), S. 241.

2. Sprache

1 Siehe „Theories of Meaning", in: ders.: *Human Agency and Language,* Cambridge 1985 (= *Philosophical Papers* Bd. 1), S. 263 ff.

2 Es ist wichtig zu sehen, daß diese Unterscheidung, deren Ort in *PSF* I, S. 139 vielleicht deutlich wird, die symbolische Form überhaupt angeht (hier also Sprache überhaupt) und nicht etwa, was E. W. Orth: „Operative Begriffe in Ernst Cassirers Philosophie der symbolischen Formen", in: *Über Ernst Cassirers Philosophie der symbolischen Formen* (s. Anm. 6 Leben), S. 61 nahelegen könnte, die erste Phase. Daß dies nicht der Fall sein kann, zeigt *WWS* S. 178–182.

3 Vgl. Platon: *Phaidon* 65 b.

4 Diese Überlegungen erscheinen um so glaubhafter, als die Erörterungen der frühen griechischen Philosophen um das Unbegrenzte *(Apeiron)* und die Grenze *(Peras)* kreisten und der Pythagoreer Philolaos – unter dem Einfluß des Eleatismus – die Meinung vertrat, daß den Gegenständen möglicher Erkenntnis Grenzen eignen müssen.

5 *Sprache, Wahrheit und Logik* (s. Anm. 7 Leben), S. 52–53.

3. Mythos

1 Siehe *Deutsche Literaturzeitung* NF 5, Heft 21 (26. Mai 1928), S. 1008.

2 Eine harte philosophische Kritik hatte K. Hübner formuliert: Die Wahrheit des Mythos, München 1985, S. 86 f. – Dazu siehe H. Holzhey: „Cassirers Kritik des mythischen Bewußtseins", in: *Über Ernst Cassirers Philosophie der symbolischen Formen* (s. Anm. 6 Leben), S. 191–205.

3 Siehe *Hamburger Universitätsreden,* gehalten beim Rektoratswechsel 1929, Hamburg 1931, S. 33.

4 Siehe seine Aufsatzsammlung *Dichte Beschreibung. Beiträge zum Verstehen kultureller Systeme,* Frankfurt a. M. 1987. Den Begriff der dichten Beschreibung hat Geertz von Gilbert Ryle (*Collected Papers* Bd. 2, Cambridge 1971, S. 465 ff.) übernommen.

5 Siehe *Kultur, soziale Praxis, Text. Die Krise der ethnographischen Präsentation,* hrsg. von E. Berg u. M. Fuchs, Frankfurt a. M. 1993, sowie *Grundfragen der Ethnologie. Beiträge zur gegenwärtigen Theorie-Diskussion,* hrsg. von W. Schmied-Kowarzik u. J. Stagl, Berlin 1993.

6 Sie gelten als ‚Lehnstuhl-Ethnologen', d. h. als Forscher, die entweder über keine oder keine nennenswerten Feld-Erfahrungen verfügten.

7 Siehe auch Abschnitte III 2, 3 sowie generell M. Tripp: „Mythe, technique et l' état moderne selon Ernst Cassirer", in: *Ernst Cassirer. De Marbourg à New York. L'itinéraire philosophique* (s. Anm. 2 Leben), S. 293–303, der u. a. auch einen Vergleich mit den Theorien Hannah Arendts und F. Neumanns anstellt.

8 Siehe in einem anderen Zusammenhang C. Hallpike: *Die Grundlagen primitiven Denkens*, München 1986, S. 190.

4. Erkenntnis

1 Siehe die wichtige Monographie von K. R. Westphal: *Hegel's Epistemological Realism. A Study of the Aim and Method of Hegel's* ‚Phenomenology of Spirit', Dordrecht, Boston u. London 1989 (= *Philosophical Studies Series*, Bd. 43).

2 Offenbar hat Cassirer u. a. auch eine Auseinandersetzung mit Heideggers *Sein und Zeit* vorgeschwebt – in *PSF* III finden sich einige Fußnoten, in denen Cassirer auf Heidegger eingeht. Aus der Zeit um 1928 stammt ein Fragment, das J. M. Krois unter dem Titel „Ernst Cassirer: ‚Geist' und ‚Leben': Heidegger", in: *Philosophy and Rhetoric* 16 (1983), S. 164–166 veröffentlichte.

3 Siehe dazu meine Studie „Zu Hegels Portrait der sinnlichen Gewißheit", in: *Freiburger Zeitschrift für Philosophie und Theologie* 34 (1987), S. 114–133.

4 Siehe dazu im Detail meine Ausführungen in: „Das hermeneutische ‚als': Heidegger über Verstehen und Auslegung", in: *Zeitschrift für philosophische Forschung* 47 (1993), S. 559–572. – Sicher bleibt die Frage im Raum, ob es sich bei dem sog. ursprünglichen Verstehen überhaupt um ein *Verstehen* im signifikanten Sinne des Wortes handeln kann.

5 „Zur Cassirerschen Reform der Begriffslehre", in: *Kant-Studien* 33 (1928), S. 127. In seiner Replik „Zur Theorie des Begriffs", in: *Kant-Studien* 33 (1928), S. 129–137 (*EBK* S. 155–164) räumt Cassirer ein, daß Heymans die generelle Haltung von *SuF* wohl zu Recht kritisiere: „Denn keineswegs darf jetzt mehr von der besonderen Form der mathematischen und mathematisch-physikalischen Form-Begriffe ein Rückschluß auf die allgemeine Form des ‚Begriffs überhaupt' versucht werden." (S. 130/*EBK* S. 156)

6 a. a. O. S. 126. Ähnliche Vorbehalte formulierte W. S. Swabey: „Cassirer and Metaphysics", in: *PEC* S. 129: „a principle of serial order is not a concept at all; it is a proposition." Cassirer ist auf diesen Aspekt der Kritik m. W. niemals eingegangen.

7 Eine Reihe von Fragen habe ich in meiner Arbeit „Sinne, Beleuchtungen und Färbungen. Vier Bemerkungen zu Frege", die voraussichtlich 1995 in *Allgemeine Zeitschrift für Philosophie* erscheinen wird, erörtert.

8 Vgl. G. Frege: *Grundlagen der Arithmetik. Eine logisch-mathematische Untersuchung über den Begriff der Zahl*, Breslau 1984, hier in dem von

C. Thiel auf der Grundlage der Centenarausgabe besorgten Text der *Philosophischen Bibliothek* Bd. 366, Hamburg 1988, S. 66.

9 Die mit dieser Diskussion verbundenen Problematiken werden in O. Beckers klassischem Buch *Grundlagen der Mathematik in geschichtlicher Entwicklung*, Freiburg i. Br. u. München 1964 (= *Orbis Academicus*), S. 317 ff. dargestellt.

10 Offensichtlich urgiert Cassirer hier sein Verständnis des Symbolischen, und zwar von einem externen Standpunkt. Zur Frage der mathematischen Existenz siehe die Sammlung klassischer Beiträge (u. a. von P. Bernays): *Philosophy of Mathematics. Selected Readings*, hrsg. v. P. Benaceraff und H. Putnam, Cambridge 1993 (1. Aufl. 1964) mit der wichtigen Einleitung der Herausgeber, sowie die Arbeiten von C. Chihara, *Constructibility and Mathematical Existence*, Oxford 1990 und Penelope Maddy, *Mathematical Existence*, Oxford 1990.

III. Andere Formen

1. Kunst

1 Vom 13. Mai an Paul Schilpp, den Herausgeber der *Library of Living Philosophers*. Der relevante Auszug wird von D. Ph. Verene in seiner *Introduction* zu *SMC* gegeben (S. 225 Anm. 24). Dieser Band enthält u. a. drei Beiträge, die Cassirer für Unterrichts- und Vortragszwecke konzipierte, aber nicht veröffentlichte: „Language and Art I" (1942), „Language and Art II" (1942) und „The Educational Value of Art" (1943). – Mit A. Poma: „Ernst Cassirer: Von der Kulturphilosophie zur Phänomenologie der Erkenntnis", in: *Über Ernst Cassirers Philosophie der symbolischen Formen* (s. Anm. 6 Leben), S. 107 Anm. 17 ist anzunehmen, daß das Fehlen eines Bandes über die Kunst innerhalb der *PSF* kein Zufall ist. Sicher gibt es hier unterschiedliche Erklärungsmöglichkeiten.

2 Siehe meine Erörterungen „Einige Probleme der Ästhetik", in: *Studia Philosophica* 39 (1980), S. 57–82.

3 Siehe generell R. Patterson: *Image and Reality in Plato's Metaphysics*, Indianapolis 1985.

4 Vgl. Katherine Gilbert, „Cassirer's Placement of Art", in: *PEC* S. 614–615.

5 Vgl. Katherine Gilbert, a. a. O. S. 616.

6 Cassirers Beobachtungen zu Goethe werden von H. Slochower, „Ernst Cassirer's Functional Approach to Art and Literature", in: *PEC* S. 647 ff. kommentiert; siehe jedoch auch Katherine Gilbert, a. a. O. S. 622 mit dem besonderen Hinweis auf Cassirers Beschäftigung mit der *Pandora*.

2. Technik

1 Zur Diskussion siehe F. Rapp: *Analytische Technikphilosophie,* Freiburg
  i. Br. u. München 1978, H. Sachsse: *Anthropologie der Technik,* Braun-
  schweig 1978 und H. Lenk: *Zur Sozialphilosophie der Technik,* Frankfurt
  a. M. 1982.
2 Cassirer erwähnt, daß Spengler kein Anhänger der Nazi-Bewegung war;
  er erwähnt nicht, daß Heidegger zumindest eine Zeitlang im Dienste der
  Bewegung stand. Zu dieser Art der Differenzierung siehe H. Lübbe: *Cassirer und die Mythen des 20. Jahrhunderts,* Göttingen 1975 (= *Veröffentlichungen der Joachim Jungius-Gesellschaft der Wissenschaften*), S. 13.
3 Die Labilität der akademischen Philosophen diskutiert H. Sluga in seinem
  Buch *Heidegger's Crisis. Philosophy and Politics in Nazi Germany,* Cambridge, Mass. 1993.

3. Moral und Recht

1 J. M. Krois entwickelt in seinem Buch *Cassirer, Symbolic Forms and
  History,* New Haven, Conn. 1987, S. 144–171 eine Struktur der mut-
  maßlichen Entwicklung. Ich denke, daß diese Darstellung klarer ist als die
  Äußerungen Cassirers.
2 *Göteborgs Högskolas Arsskrift* 47 (1941), S. 3–31.
3 *Zeitschrift für Rechtsphilosophie in Theorie und Praxis* 6 (1932/1934), S. 1–
  17.
4 *Süddeutsche Juristen Zeitung* 1 (1946), abgedruckt in ders.: *Der Mensch
  im Recht,* Göttingen 1957. – Mit Radbruchs Thesen, die offensichtlich
  auch in der angelsächsischen Welt auf Interesse stießen, setzt sich
  H. L. Hart auseinander: „Der Positivismus und die Trennung von Recht
  und Moral", in: ders.: *Recht und Moral. Drei Aufsätze,* aus dem Engl.
  übers. mit einer Einl. hrsg. von N. Hörster, Göttingen 1961, S. 39–46. Hart
  bemängelt an Radbruchs Vorschlägen insbesondere, daß im konkreten
  Fall einer rückwirkenden Verurteilung das Prinzip *‚nulla poena sine lege'*
  verletzt werden müßte.
5 Hier ist namentlich M. Kriele zu nennen und stellvertretend seine Veröffentlichung *Recht und praktische Vernunft,* Göttingen 1979.
6 Hier sei, ebenfalls stellvertretend, auf N. Hörsters Abhandlung *Verteidi-
  gung des Rechtspositivismus,* Frankfurt a. M. 1989 (= *Würzburger Vorträge zur Rechtsphilosophie, Rechtstheorie und Rechtssoziologie,* Heft 11)
  hingewiesen.

IV. Der Status der Geisteswissenschaften

1. Allgemeines

1 Diltheys weitere Beiträge, die allerdings z.T. erst posthum bekannt wurden, vermitteln sicher ein differenzierteres Bild. Siehe generell K. Acham: „Diltheys Beitrag zur Theorie der Kultur- und Sozialwissenschaften", in: *Dilthey Jahrbuch für Philosophie und Geschichte der Geisteswissenschaften* 3 (1985), S. 9–50.

2 *Geschichte und Naturwissenschaft,* Straßburg 1984, zum größten Teil abgedruckt in *NK,* S. 164–173.

3 *Kulturwissenschaft und Naturwissenschaft,* Tübingen 1897; Neudruck hrsg. m. Nachw. von F. Vollhardt, Stuttgart 1986.

4 Zu den hier involvierten Problematiken vgl. M. White, *Foundations of Historical Knowledge,* New York 1984.

5 Zur Frage der Terminologie („Geisteswissenschaften"/„Naturwissenschaften"/„Kulturwissenschaften") vgl. R. A. Makreel: „Wilhelm Dilthey and the Neo-Kantians: The Distinctions between the Geisteswissenschaften and the Kulturwissenschaften", in: *The Journal of the History of Philosophy* 7 (1969), S. 423–440. – Die Beobachtung hinsichtlich der Verwendung von „Geisteswissenschaft" im Singular (d. h. die Marburger Herkunft dieser Verwendung) geht wohl auf M. Ferrari zurück: „Das Problem der Geisteswissenschaften in den Schriften Cassirers für die Bibliothek Warburg (1921–1923). Ein Beitrag zur Entstehungsgeschichte der *Philosophie der symbolischen Formen*", in: *Über Ernst Cassireres Philosophie der symbolischen Formen* (s. Anm. 6 Leben), S. 126 Anm. 39.

2. Ausdruckswahrnehmung und Dingwahrnehmung

1 Siehe *Über das Leben, die Seele und den Tod,* aus dem Amerikanischen von K. E. Prankel u. K. Stöcker, Königstein 1984, S. 215–233 (Originaltitel: *Mortal Questions,* Cambridge 1979, Kpt. XIV).

2 „Understanding in the Human Sciences", in: *The Review of Metaphysics* 34 (1980), S. 25–38.

3 *Sprachen der Kunst. Ein Ansatz zu einer Symboltheorie.* Aus dem Englischen von J. Schlaeger, Frankfurt a. M. 1973 (Originaltitel: *Languages of Art. An Approach to a Theory of Symbols,* Indianapolis u. New York 1968). Eine neue, weiterführende Studie hat O. R. Scholz vorgelegt: *Bild, Darstellung, Zeichen,* Freiburg i. Br. u. München 1991; vgl. auch die Rezension von K. Petrus, in: *Dialectica* 47 (1993), S. 75–79.

4 Ursprünglich erschienen in: *Revue internationale de philosophie* 11 (1950), S. 20–40, abgedruckt u. a. in: *Semantics and the Philosophy of*

Language. A Collection of Readings, hrsg. v. L. Linsky, Chicago 1952, S. 208–228. – Eine Rückübersetzung ins Deutsche findet sich in dem Sammelband *Das Universalien-Problem,* hrsg. v. W. Stegmüller, Darmstadt 1978 (= *Wege der Forschung* Bd. LXXXIII), S. 338–361.
5 Ursprünglich erschienen 1928, vierte unv. Aufl. Frankfurt a. M. 1974.

3. Kulturbegriffe

1 Im Detail bietet H.-G. Gadamers Theorie allerdings Probleme. Siehe dazu meine Arbeit „Über ‚Sinn‘ und ‚Bedeutung‘ bei Gadamer", in: *Zeitschrift für philosophische Forschung* 38 (1984), S. 436–445. Eine grundsätzliche Kritik an Gadamers Gebrauch historistischer Gedanken habe ich in „Does Hermeneutic Philosophy rest upon a Mistake?", in: *Zeitschrift für allgemeine Wissenschaftstheorie,* voraussichtlich 1995, formuliert.

V. Die Theorie des Begriffs

1. Allgemeines

1 Dieser Punkt wird sowohl von M. Ferrari: „Das Problem der Geisteswissenschaften in den Schriften Cassirers für die Bibliothek Warburg (1921–1923). Ein Beitrag zur Entstehungsgeschichte der Philosophie der symbolischen Formen", in: *Über Ernst Cassirers Philosophie der symbolischen Formen* (s. Anm. 6 Leben), S. 124 als auch von T. Göller: „Zur Frage nach der Auszeichnung der Sprache in Cassirers Philosophie der symbolischen Formen", a. a. O. S. 151, Anm. 21 betont.
2 *Kant-Studien* 12 (1907), S. 1–49.

2. Probleme mit der traditionellen Auffassung

1 Vis-à-vis realistischer Deutungen logischer Verhältnisse macht Cassirer gelegentlich (wie Aristoteles gegen Platon) auf die Gefahr aufmerksam, daß der Begriff verdinglicht und ihm eine selbständige Wirklichkeit neben den Dingen zugewiesen werde (*SuF* S. 34, 420 u. ö.). Dabei scheint er an G. Frege und B. Russell zu denken. Daß sich Frege, wie kaum ein Denker sonst, bemüht hat, auf den kategorialen Unterschied zwischen Begriff und Gegenstand hinzuweisen, erwähnt Cassirer nicht. Jedenfalls zitiert er den hier wichtigen Beitrag Freges „Über Begriff und Gegenstand" (1892) nie (vgl. J. M. Krois, *Cassirer. Symbolic Forms and History,* s. Anm. 1 Moral u. Recht, S. 227, Anm. 43).
2 Dieser Aspekt wurde von K.-N. Ihmig detailliert untersucht: „Cassirers Begriff von Objektivität im Lichte der Wissenschaftsauffassungen des

ausgehenden 19. Jahrhunderts", in: *Philosophia Naturalis* 30 (1993) S. 29–62, bes. S. 48. Hier zeigt der Autor, daß Cassirers Gedanke, Objektivität beruhe primär auf Beziehungen und nicht auf den Relata, von Henri Poincaré beeinflußt ist (vgl. *Der Wert der Wissenschaft*, Leipzig u. Berlin 1919, 1. Aufl. 1906, franz. Orig. 1905: „Die Wissenschaft ist, mit anderen Worten, ein System von Beziehungen. Wir haben es ausgesprochen, nur in den Beziehungen muß die Objektivität gesucht werden; es wäre vergeblich, sie in den Dingen selbst, ganz ohne Beziehung zu einander, suchen zu wollen" [S. 200] – „Diese Verbindung [i. e. von Empfindungen, A. G.] ist es, und nur sie, was an ihnen Objekt ist, und dies ist eine Beziehung" [a. a. O.]); und er zeigt ferner, daß Cassirer Kants Bestimmung der reinen Verstandesbegriffe als „Regeln der Synthesis des Mannigfaltigen" (*Kritik der reinen Vernunft* A 109, A 126) mit Ideen von Rudolf Hermann Lotze, *Logik. Erstes Buch. Vom Denken*, Hamburg 1989 (2. Aufl. 1880) verbindet (a. a. O. S. 51).

3. Wahrnehmung und Begriff

1 Vgl. T. A. Ryckman: „Conditio sine qua non? *Zuordnung* in the early epistemologies of Cassirer and Schlick", in: *Synthese* 88 (1991), S. 63.
2 Vgl. K.-N. Ihmig: „Cassirers Begriff von Objektivität im Lichte der Wissenschaftsauffassungen des ausgehenden 19. Jahrhunderts" (siehe Anm. 2, Probleme), S. 55.
3 Richtig sagt V. Schürmann in seiner Arbeit „Die Substanz der Relation", in: *Zeitschrift für philosophische Forschung* 49 (1994), S. 109: „Doch dieses Problem des Systemabschlusses macht Cassirer nicht wirklich zum Gegenstand der Analyse; gleichwohl ‹arbeitet› es in seinem Text."
4 Dies betont auch J. M. Krois, *Cassirer: Symbolic Forms and History* (s. Anm. 2 Probleme..), S. 50.
5 *Philosophy and Phenomenological Research* 5 (1944–1945); diese Arbeit erschien ursprünglich in: *Journal de Psychologie* 35 (1938) S. 368–414.
6 O. Becker, *Die Grundlagen der Mathematik* (s. Anm. 9 Erkenntnis), S. 197.
7 Siehe insbesondere E. Glas: „From Form to Function. A Reassessment of Felix Klein's Unified Programme of Mathematical Research, Education and Development", in: *Studies in the History and Philosophy of Science* 24 (1993), S. 611–631 bes. S. 617.

VI. Das Symbolische

1. Allgemeines

1 Diesem Punkt wird von vielen Kritikern Cassirers nicht die nötige Aufmerksamkeit geschenkt.

2. Symbolische Beziehung

1 Cassirers Rekurs auf die *distinctio rationis* scheint nicht besonders hilfreich. Erstens hat der Ausdruck eine lange und undurchschaubare Tradition mit recht verschiedenartigen Verwendungen; zweitens stellt sich auch
hier unweigerlich die Frage, welche realen Züge eine solche *distinctio* gegebenenfalls wahr machen würden.

2 „Der Symbolbegriff in der Philosophie Ernst Cassirers" (s. Anm. 4 Ansatz), S. 315 ff.

3 Cassirers Plädoyer für die Ersetzung dieser „absolutistischen" (*WWS*
S. 221) Identitäts-Logik durch das, was er Relations-Logik nennt, gepaart
mit der Aufforderung, die Korrelation zwischen Form und Materie nach
dem Vorbild impliziter Definitionen zu verstehen (S. 226), zeigt sehr
wohl, daß er wie die Pragmatisten generell bereit war, die Instrumente zu
verändern, um ein Problem behandeln zu können und nicht etwa umgekehrt Probleme im Namen von Instrumenten unterdrückt. Doch scheint
fraglich, ob Cassirer die eigentlich begriffliche Seite des Problems damit
eliminiert. C. H. Hamburgs Darlegungen (*Symbol and Reality. Studies in
the Philosophy of Ernst Cassirer,* Den Haag 1971, 1. Aufl. 1956, S. 75 ff.)
scheinen mir in diesem Punkt zu wenig kritisch.

3. Sinn

1 Die intrikaten Probleme bezüglich des konstitutiven Charakters von Referenz werden (u. a. im Rückgriff auf Humboldt) sehr interessant von
Cristina Lafont dargestellt: „Welterschließung und Referenz", in: *Deutsche Zeitschrift für Philosophie* 41 (1993), S. 491–508.

4. Symbol

1 Diese Punkte bergen schwierige Probleme. Und so ist auch gut verständlich, daß selbst eine sympathetische Interpretin wie Susanne K. Langer (s.
IX. Ausblick) rückblickend feststellt, Cassirers Symbol-Begriff entziehe
sich einer Definition durch Begriffe wie „denotation, signification, formal
assignment or reference. The proof of the pudding is in the eating, and I
submit that Cassirer's pudding is good; but the recipe is not on the box"
(*Philosophical Sketches,* New York 1962, S. 56).

2 An dieser Stelle ist vielleicht ein Hinweis darauf angebracht, daß Cassirer
und Heidegger punktuell an den gleichen Problemen arbeiten; die Frage
des ursprünglichen Verstehens scheint mir bei Cassirer besser gelöst als in
Heideggers Konzeption des hermeneutischen ‚als' (siehe meine Arbeit
„Das hermeneutische ‚als'. Heidegger über Verstehen und Auslegung",

s. Anm. 4 Erkenntnis, und weitergehend meine Monographie *Philosophie in, ‚Sein und Zeit'. Kritische Erwägungen zu Heidegger,* Sankt Augustin 1994).

3 Vgl. auch J.-J. Szczeciniarz: „Les difficultés d'une philosophie des mathématiques chez E. Cassirer", in: *Ernst Cassirer. De Marbourg à New York. L'itinéraire philosophique* (s. Anm. 2 Leben), S. 155.

VII. Wahrheit, Wirklichkeit und Wissenschaft

1. Allgemeines

1 *Intentionality. An Essay in the Philosophy of Mind,* Cambridge 1993 (1. Aufl. 1983), S. 37; vgl. S. 74.

2. Wahrheit

.1 *Philosophy and Rhetoric* 16 (1983), S. 164–166.

2 Ursprünglich erschienen in: *Beiträge zur Philosophie des deutschen Idealismus* 2 (1918–1919), S. 58–77, abgedruckt in: *Gottlob Frege. Logische Untersuchungen,* hrsg. v. G. Patzig, Göttingen 1966, 3. durchg. u. bibliogr. erw. Ausgabe 1986, S. 30–50.

3 Zur Kritik dieser Auffassungen siehe meinen Beitrag „Heidegger's Re-Interpretation of Being True and Truth", in: *L'art, la science et la métaphysique,* Bern 1993, S. 201–211.

4 In: *Von einem logischen Standpunkt, Neun logisch-philosophische Essays,* übertr. von P. Bosch, Frankfurt a. M. 1979 (Amerik. Ausgabe: *From a Logical Point of View,* Cambridge, Mass. 1953), S. 27–50. – An dieser Stelle ist der Hinweis angezeigt, daß die im Blick auf den Holismus heute übliche Rede von ‚der Duhem/Quine-These' der Modifikation bedarf, zumal hier, wie M. Flügel in seiner Arbeit „Duhems Holismus" (1994, MS) zeigt, wichtige Unterschiede bestehen. Überdies hat die Holismus-Diskussion durch die Einbeziehung normativer Sätze eine wichtige neue Richtung genommen. Siehe M. White: „Normative Ethics, Normative Epistemology, and Quine's Holism", in: *The Philosophy of W. V. Quine,* hrsg. v. L. E. Hahn u. P. A. Schilpp, La Salle, Ill. 1986 *(=The Library of Living Philosophers* Bd. 18), S. 649–662.

5 Vgl. *The Problems of Philosophy,* Oxford 1970 (1. Aufl. 1912), S. 70–71. Zur heutigen Diskussion siehe die ausgezeichnete Exposition von P. Bieri (Hrsg.), *Analytische Philosophie der Erkenntnis,* Königstein 1983, S. 183 ff. (= *Philosophie. Analyse und Grundlegung* Bd. 13).

3. Wirklichkeit

1 *Ways of Worldmaking*, Indianapolis 1978, dt. *Weisen der Welterzeugung*, übers. v. M. Looser, Frankfurt a. M. 1984.
2 *On Mind and other Matters*, Cambridge 1984, dt. *Vom Denken und anderen Dingen*, übers. v. B. Philippi, Frankfurt a. M. 1987.
3 *Synthese* 45 (1980), S. 211–215, auch in: *Vom Denken und anderen Dingen*, S. 65–71.
4 In diesem Punkt besteht ein wichtiger Unterschied zur Position N. Goodmans. Siehe auch R. Nadeau: „Cassirer et le programme d'une épistémologie comparée: trois critiques", in: *Ernst Cassirer. De Marbourg à New York. L'itinéraire philosophique* (s. Anm. 2 Leben), S. 210, mit dem Hinweis, daß Goodman Cassirers These vom Mythos als Wiege aller übrigen Versionen nicht folgt.

4. Wissenschaft

1 Zu dieser Problematik siehe B. C. van Fraassen: *The Scientific Image*, Oxford 1980 (= *Clarendon Library of Logic and Philosophy*, hrsg. v. L. J. Cohen). – Eine sehr klare, gut lesbare Einführung in diese Diskussion findet man bei P. Hoyningen-Huene: „Zur Bedeutung der Semiotik in der Naturwissenschaft", in: *Welt der Zeichen – Welt der Wirklichkeit*, hrsg. v. P. Rusterholz u. Maja Svilar, Bern 1993 (= *Berner Universitätsschriften* Bd. 38), S. 225–231. Siehe im einzelnen die Beiträge von R. Boyd, L. Laudan, I. Hacking in dem Sammelband *The Philosophy of Science*, hrsg. v. R. Boyd, P. Glaser, J. D. Tront, Cambridge, Mass. 1993 (1. Aufl. 1991).
2 „Über den anschaulichen Gehalt der quantentheoretischen Kinematik und Mechanik", in: *Zeitschrift für Physik* 43 (1927), S. 197.
3 Cassirers Kritik ist stichhaltig. Denn modern gesprochen ist die Implikation „Wenn P, dann Q" nur dann falsch, wenn P wahr und Q falsch ist.
4 Siehe die Würdigung eines der seinerzeit einflußreichen Autoren wie H. Margenau im „Nachwort" zu *ZMP*, sowie J. Seidengart: „Théorie de la connaissance et épistémologie de la physique selon Cassirer", in: *Ernst Cassirer. De Marbourg à New York. L'itinéraire philosophique* (s. Anm. 2 Leben), S. 159–176. – Zur heutigen Diskussion aus philosophischer Sicht siehe D. Z. Albert, *Quantum Mechanics and Experience*, Cambridge, Mass. 1992. Die Frage nach der Art der Mathematik, die für die Formulierung der Quanten-Mechanik benötigt wird, erörtert Steven Adler in einem Buch, das 1995 von der Oxford University Press publiziert werden wird.

5 Dies ist eine Deutung, die K. Petrus vorgeschlagen hat: „Naturgemäße Klassifikation und Kontinuität. Wissenschaft und Geschichte" in: *Zeitschrift für allgemeine Wissenschaftstheorie,* voraussichtlich 1994.

6 Diese Auffassung hat H. Paetzold vertreten: „Das Problem der Realität in der semiotischen Erkenntnistheorie von Ernst Cassirer", in: *Zeichen und Realität,* Bd. 1, hrsg. v. K. Oehler, Tübingen 1984, S. 378.

VIII. Rückblick

1 Siehe die Weiterführung phänomenologischer Ansätze gegenüber den Thesen der ‚Cognitive Science' bei E. Marbach, *Mental Representation and Consciousness,* Dordrecht u. London 1993. – Zur Diskussion in den kognitiven Wissenschaften siehe den Sammelband *Readings in Philosophy and Cognitive Science,* hrsg. v. A. I. Goldman, Cambridge, Mass. 1993.

2 Siehe meine Arbeit „Analytic Philosophy and Hermeneutic Philosophy. Towards Reunion in Philosophy?", in: *Grazer Philosophische Studien* 44 (1993), S. 175–188.

IX. Ausblick

1 Erstaunlicherweise spielt Cassirer auch in H. Schnädelbachs Darstellung *Philosophie in Deutschland* 1831–1933, Frankfurt a. M. 1983, keine Rolle.

2 Vgl. z. B. B. Blanshard, in: *The Philosophical Review* 54 (1945), S. 510.

3 Vgl. I. Jenkins, in: *The Journal of Philosophy* 47 (1950), S. 47.

4 Siehe E. Nagels Rezension ihres Buches in: *The Journal of Philosophy* 40 (1943), S. 323–329, und vgl. Ch. Morris' Erwägungen gegenüber Frau Langers Ansatz in: *Signs, Language and Behavior,* New York 1955, S. 50–52.

5 Über seine philosophischen Grundsätze informieren gut die Beiträge zur Sondernummer „Nelson Goodman", in: *Revue internationale de philosophie* 46, 2–3 (1993). Hier weist auch R. Nadeau in seiner Arbeit „Sur la pluralité des mondes", S. 205, Anm. 5 auf Berührungspunkte mit Cassirer hin (s. auch Anm. 4 Wirklichkeit).

6 Vgl. etwa H. Lenk, *Philosophie und Interpretation. Vorlesungen zur Entwicklung konstruktivistischer Interpretationsansätze,* überarb. u. Mitw. v. Ekaterini Kaleri, Frankfurt a. M. 1993, oder G. Abel, *Interpretationswelten. Gegenwartsphilosophie jenseits von Essentialismus und Relativismus,* Frankfurt a. M. 1993.

7 Einige wichtige Punkte diskutiert H. Paetzold: „Ernst Cassirer und die Idee einer transformierten Transzendentalphilosophie", in: *Kommunikation und Reflexion: Zur Diskussion der Transzendentalpragmatik. Antworten auf Karl-Otto Apel,* Frankfurt a. M. 1982, S. 124–156.

2. Zeittafel

1874, 28. Juli	Geburt von Ernst Cassirer in Breslau
1892	Immatrikulation an der Berliner Universität
1899	Promotion an der Universität Marburg mit der Dissertation *Descartes' Kritik der mathematischen und naturwissenschaftlichen Erkenntnis*
1902	*Leibniz' System in seinen wissenschaftlichen Grundlagen.* Arbeiten an einer Leibniz-Ausgabe, die 1904 erscheint
1906	Privatdozent an der Berliner Universität, *Das Erkenntnisproblem in der Philosophie und Wissenschaft der neueren Zeit* Bd. I
1910	*Substanzbegriff und Funktionsbegriff. Untersuchungen über die Grundfragen der Erkenntniskritik*
1916	*Freiheit und Form. Studien zur deutschen Geistesgeschichte*
1919	Professor an der Universität Hamburg
1921	*Zur Einsteinschen Relativitätstheorie* und *Idee und Gestalt*
1923	*Philosophie der symbolischen Formen* Bd. 1
1925	*Philosophie der symbolischen Formen* Bd. 2
1927	*Individuum und Kosmos in der Philosophie der Renaissance*
1929	Disputation mit Martin Heidegger im Rahmen der Davoser Hochschulkurse *Philosophie der symbolischen Formen* Bd. 3
1929/1930	Rektor der Universität Hamburg
1932	*Die Philosophie der Aufklärung* und *Die Platonische Renaissance in England und die Schule von Cambridge*
1933	Emigration nach Oxford
1934	Vorträge in Uppsala
1935	Professor an der Universität Göteborg
1936	*Determinismus und Indeterminismus in der modernen Physik*
1941	Gastprofessor an der Yale University, New Haven, Connecticut, USA
1944	*An Essay on Man.* Gastprofessor an der Columbia University, New York
1945	Cassirer stirbt am 13. April auf dem Gelände der Columbia University, New York, an Herzversagen
1946	Posthum erscheint *The Myth of The State*

3. Literatur

A. Werke

1. Bibliographien der Veröffentlichungen Cassirers

Hamburg, C.H. und Solmnitz, W.M.: „Bibliography of the Writings of Ernst Cassirer to 1946", in: P.A.Schilpp (Hrsg.), The Philosophy of Ernst Cassirer, La Salle, Ill. 1973 (1.Aufl. 1949), S.885–909.

Klibansky, R. und Solmnitz, W.M.: „Bibliography of Ernst Cassirers Writings" [1963]. In: R.Klibansky und H.-J.Paton, Philosophy and History. Essays presented to Ernst Cassirer, Gloucester, Mass. 1973 (2.Aufl. 1963), S.339–351.

Klibansky, R.: „Bibliografia di Ernst Cassirer", in: Ernst Cassirer, Filosofia delle forme simboliche. 3. Fenomenologica della conoscenza, Bd.2, Florenz 1982, S.335–378.

2. Bücher und Abhandlungen Cassirers

Descartes' Kritik der mathematischen und naturwissenschaftlichen Erkenntnis, Marburg 1899.

Leibniz' System in seinen wissenschaftlichen Grundlagen, Marburg 1902.

G.W.Leibniz. Philosophische Werke, übers. v. A.Buchenau. Durchgesehen und mit Einleitungen und Erläuterungen hrsg. von E.Cassirer, Bd.1 Leipzig 1904; Bd.2 Leipzig 1906.

„Der kritische Idealismus und die Philosophie des gesunden Menschenverstandes." In: H.Cohen und P.Natorp (Hrsg.): Philosophische Arbeiten, 1, 1, Gießen 1906.

Das Erkenntnisproblem in der Philosophie und Wissenschaft der neueren Zeit, Bd.1, Berlin 1906.

Das Erkenntnisproblem in der Philosophie und Wissenschaft der neueren Zeit, Bd.2, Berlin 1907.

„Kant und die moderne Mathematik. Mit Beziehung auf Bertrand Russells und Louis Couturats Werke über die Prinzipien der Mathematik", in: Kant-Studien 30 (1907), S.1–40.

„Zur Frage der Methode der Erkenntniskritik. Eine Entgegnung", in: Vierteljahrsschrift für wissenschaftliche Philosophie und Soziologie 31 (1907), S.441–465.

Rezension von: Hönigswald, R.: Beiträge zur Erkenntnistheorie und Methodenlehre. In: Kant-Studien 14 (1909), S.91–98.

Substanzbegriff und Funktionsbegriff. Untersuchungen über die Grundfragen der Erkenntniskritik, Berlin 1910.

Rezension von: Cohn, J.: Voraussetzungen und Ziele des Erkennens. In: Deutsche Literaturzeitung 31, 39 (1910).

„Leibniz", in: Encyclopaedia of the Social Sciences 9, New York 1911, S. 400–402.

„Aristoteles und Kant. Zu Görlands Buch: Aristoteles und Kant", in: Kant-Studien 16 (1911), S. 431–447.

Immanuel Kants Werke. Gesamtausgabe in 10 Bänden. In Gemeinschaft mit Hermann Cohen, Arthur Buchenau, Otto Buek, Albert Görland, B. Kellermann, Otto Schöndörfer, hrsg. von Ernst Cassirer, Bd. 1–10, Berlin 1912.

„Hermann Cohen und die Erneuerung der Kantischen Philosophie", in: Kant-Studien 17 (1912), S. 252–273.

„Das Problem des Unendlichen und Renouviers ‚Gesetz der Zahl' ", in: Philosophische Abhandlungen, Hermann Cohen zum 70. Geburtstag dargebracht, Berlin 1912, S. 85–98.

„Erkenntnistheorie nebst den Grenzfragen der Logik", in: Jahrbücher der Philosophie 1 (1913), S. 1–59.

„Die Grundprobleme der Kantischen Methodik und ihr Verhältnis zur nachkantischen Spekulation", in: Die Geisteswissenschaften 1 (1914), S. 784–787, 812–815.

G. W. Leibniz. Philosophische Werke. Neue Abhandlungen über den menschlichen Verstand, übersetzt, eingeleitet und erläutert von E. Cassirer, Philosophische Bibliothek, Bd. 69, Leipzig 1915.

Freiheit und Form. Studien zur deutschen Geistesgeschichte, Berlin 1916.

„Hölderlin und der deutsche Idealismus", in: Logos 7 (1917), S. 262–282 und 8 (1918), S. 30–49.

„Kants Leben und Lehre", Bd. 11 von: E. Cassirer, H. Cohen u. a. (Hrsg.): Immanuel Kants Werke, Berlin 1918.

„Goethes Pandora", in: Zeitschrift für Ästhetik und allgemeine Kunstwissenschaft 13 (1918), S. 113–134.

„Hermann Cohen. Worte gesprochen an seinem Grabe", in: Neue Jüdische Monatshefte 15–16 (1918).

„Heinrich von Kleist und die Kantische Philosophie", in: Philosophische Vorträge der Kant-Gesellschaft 22, Berlin 1919.

Das Erkenntnisproblem in der Philosophie und Wissenschaft der neueren Zeit, Bd. 3, Berlin 1920.

„Hermann Cohen", in: Korrespondenzblatt des Vereins zur Gründung und Erhaltung einer Akademie des Judentums 1, Frankfurt 1920.

„Philosophische Probleme der Relativitätstheorie", in: Die Neue Rundschau 31 (1920), S. 1337–1357.

Zur Einsteinschen Relativitätstheorie. Erkenntnistheoretische Betrachtungen, Berlin 1921.

Idee und Gestalt. Fünf Aufsätze, Berlin 1921.

„Goethe und Platon", in: Sokrates 48, Berlin 1922.

„Die Begriffsform im mythischen Denken", in: Studien der Bibliothek Warburg 1, Leipzig 1922.

Philosophie der symbolischen Formen, Teil 1: Die Sprache, Berlin 1923.

„Der Begriff der symbolischen Form im Aufbau der Geisteswissenschaft", in: Vorträge der Bibliothek Warburg 1, Leipzig 1923, S. 11–39.

„Die Kantischen Elemente in Wilhelm von Humboldts Sprachphilosophie", in: Festschrift für Paul Hensel, Greiz i. V. 1923, S. 105–127.

„Zur ‚Philosophie der Mythologie‘", in: Festschrift für Paul Natorp, zum 70. Geburtstage, Berlin 1924, S. 23–54.

„Eidos und Eidolon. Das Problem des Schönen und der Kunst in Platons Dialogen", in: Vorträge der Bibliothek Warburg 2, Leipzig 1924, S. 1–27.

Philosophie der symbolischen Formen, Teil 2: Das mythische Denken, Berlin 1925.

„Sprache und Mythos. Ein Beitrag zum Problem der Götternamen", in: Studien der Bibliothek Warburg 6, Leipzig 1925.

Die Philosophie der Griechen von den Anfängen bis Platon, Bd. 1 von: Dessoir, M. (Hrsg.): Die Geschichte der Philosophie, Berlin 1925.

„Paul Natorp", in: Kant-Studien 30 (1925), S. 273–298.

„Individuum und Kosmos in der Philosophie der Renaissance", in: Studien der Bibliothek Warburg 10, Leipzig 1927.

„Erkenntnistheorie nebst den Grenzfragen der Logik und Denkpsychologie", in: Jahrbücher der Philosophie 3 (1927), S. 31–92.

„Das Symbolproblem und seine Stellung im System der Philosophie", in: Zeitschrift für Ästhetik und allgemeine Kunstwissenschaft 21 (1927), S. 191–208.

„Die Bedeutung des Sprachproblems für die Entstehung der neueren Philosophie", in: Festschrift für Carl Meienhof, 1927, S. 507–514.

„Die Idee der Republikanischen Verfassung: Rede zur Verfassungsfeier am 11. August 1928", Hamburg 1929.

Hermann Cohen's Schriften zur Philosophie und Zeitgeschichte, herausgegeben von Albert Görland und Ernst Cassirer, 2 Bde, Veröffentlichungen der Hermann Cohen Stiftung bei der Akademie für die Wissenschaft des Judentums, Berlin 1928.

„Zur Theorie des Begriffs. Bemerkungen zu dem Aufsatz von G. Heymans", in: Kant-Studien 33 (1928), S. 129–136.

„Neo-Kantianism", „Rationalism", „Substance", „Transcendentalism"; „Truth", Artikel in: Encyclopaedia Britannica, 14. Aufl., 1928.

Philosophie der symbolischen Formen, Teil 3: Phänomenologie der Erkenntnis, Berlin 1929.

„Formen und Formwandlungen des philosophischen Wahrheitsbegriffs", in: Hamburgische Universität. Reden, gehalten bei der Feier des Rektorwechsels am 7. Nov. 1929, Hamburg 1929, S. 17–36.

„Leibniz und Jungius", in: Beiträge zur Jungiusforschung. Festschrift der Hamburgischen Universität, Hamburg 1929, S. 21–26.

„Die Idee der Religion bei Lessing und Mendelssohn", in: Festgabe zum 10 jährigen Bestehen der Akademie für die Wissenschaft des Judentums, Berlin 1929, S. 22–41.

„Die Philosophie Moses Mendelssohns", in: Moses Mendelssohn. Zur 200 jährigen Wiederkehr seines Geburtstages, Berlin 1929, S. 40–60.

„Worte zum Gedächtnis von Professor Dr. Aby Warburg", in: Aby Warburg zum Gedächtnis, Hamburg 1929, Nachdruck in: Hamburgische Universität. Reden, gehalten bei der Feier des Rektorwechsels am 7. Nov. 1929, Hamburg 1929, S. 48–56.

„‚Geist' und Leben' in der Philosophie der Gegenwart", in: Die Neue Rundschau 41 (1930), S. 244–264.

„Keplers Stellung in der Geschichte der europäischen Geistesgeschichte", in: Verhandlungen des naturwissenschaftlichen Vereins zu Hamburg 1, 3–4, Hamburg 1930, S. 135–147.

Philosophie der symbolischen Formen, Index, hrsg. v. H. Noack, Berlin 1931.

„Mythischer, ästhetischer und theoretischer Raum", in: H. Noack (Hrsg.): Vierter Kongreß für Ästhetik und allgemeine Kunstwissenschaft, Stuttgart 1931, S. 21–36.

„Enlightenment", in: Encyclopaedia of the Social Sciences 5, New York 1931, S. 547–552.

„Deutschland und Westeuropa im Spiegel der Geistesgeschichte", in: Inter-Nationes. Zeitschrift für die kulturellen Beziehungen Deutschlands zum Ausland 1, 3–4, Berlin 1931.

„Kant und das Problem der Metaphysik. Bemerkungen zu Martin Heidegger's Kantinterpretation", in: Kant-Studien 36 (1931), S. 1–26.

„Die platonische Renaissance in England und die Schule von Cambridge", in: Studien der Bibliothek Warburg 24, Leipzig 1932.

Die Philosophie der Aufklärung, Tübingen 1932.

Goethe und die geschichtliche Welt, Berlin 1932.

„Goethe und das 18. Jahrhundert", in: Zeitschrift für Ästhetik und allgemeine Kunstwissenschaft 26 (1932), S. 113–148.

„Goethes Idee der Bildung und Erziehung", in: Pädagogisches Zentralblatt 12 (1932), S. 340–358.

„Der Naturforscher Goethe", in: Hamburger Fremdenblatt, 19. März 1932.

„Die Sprache und der Aufbau der Gegenstandswelt", in: Bericht über den 12. Kongreß der deutschen Gesellschaft für Psychologie in Hamburg 1931, Jena 1932.

„Vom Wesen und Werden des Naturrechts", in: Zeitschrift für Rechtsphilosophie 6 (1932), S. 1–27.

„Die Antike und die Entstehung der exakten Wissenschaft", in: Die Antike 8 (1932), S. 276–300.

„Spinoza's Stellung in der allgemeinen Geistesgeschichte", in: Der Morgen 8 (1932), S. 325–348.

„Shaftesbury und die Renaissance des Platonismus in England", in: Vorträge der Bibliothek Warburg 9, Leipzig 1930–31, S. 136–155.

„Das Problem J.-J. Rousseau", in: Archiv für Geschichte der Philosophie 41 (1932), S. 177–213; 479–513.

„Kant", in: Encyclopaedia of the Social Sciences 8, New York 1932, S. 538–542.

„L'unité dans l'œuvre de J.-J. Rousseau", in: Bulletin de la Société Française de Philosophie 32 (1933), S. 45–85.

„Henri Bergson's Ethik und Religionsphilosophie", in: Der Morgen 9 (1933), S. 20–29.

„Schiller und Shaftesbury", in: Publications of the English Goethe Society. New Series 11, Cambridge 1935, S. 37–59.

„Determinismus und Indeterminismus in der modernen Physik. Historische und systematische Studien zum Kausalproblem", in: Göteborgs Högskolas Arsskrift 42, 3 (1936).

„Inhalt und Umfang des Begriffs. Bemerkungen zu Konrad Marc-Wogaus gleichnamiger Schrift", in: Theoria 2 (1936), S. 207–232.

„Descartes et l'idée de l'unité de la science", in: Revue de Synthèse 14 (1937), S. 7–28, (deutscher Nachdruck in: Descartes, Stockholm 1939).

„Descartes' Wahrheitsbegriff", in: Theoria 3 (1937), S. 161–187.

„Wahrheitsbegriff und Wahrheitsproblem bei Galilei", in: Scientia 62 (1937), S. 185–193.

„Zur Logik des Symbolbegriffs", in: Theoria 4 (1938), S. 145–175.

„Le concept de groupe et la théorie de la perception", in: Journal de Psychologie 35 (1938), S. 368–414.

„Rezension von: Benjamin, A.C.: An Introduction to the Philosophy of Science", in: Lychnos, Uppsala 1938, S. 456–461.

„Über Bedeutung und Abfassungszeit von Descartes' ‚Recherche de la vérité par la lumière naturelle'. Eine kritische Betrachtung", in: Theoria 4 (1938), S. 193–234.

„Descartes' Dialog ‚Recherche de la vérité par la lumière naturelle' und seine Stellung im Ganzen der Cartesischen Philosophie. Ein Interpretationsversuch", in: Lychnos, Uppsala 1938, S. 139–179.

Rezension von: Roustan, D. und Schrecker, P. (Hrsg.): Œuvres complètes de Malebranche, in: Theoria 4 (1938), S. 287–300.

Descartes. Lehre – Persönlichkeit – Wirkung, Stockholm 1939.

„Axel Hägerström. Eine Studie zur schwedischen Philosophie der Gegenwart", in: Göteborgs Högskolas Arsskrift 45, 1 (1939).

„Naturalistische und humanistische Begründung der Kultur-Philosophie", in: Göteborgs Kungl. Vetenskaps- och Vitterhets-Samhälles Handlingar. 5. följden, Ser. A, Bd. 7, 3, Göteborg 1939, S. 1–28 (deutscher Nachdruck in: Der Bogen 2, Wiesbaden 1947).

Die Philosophie im 17. und 18. Jahrhundert, Paris 1939.

„Was ist ‚Subjektivismus'?", in: Theoria 5 (1939), S. 111–140.

„Mathematische Mystik und mathematische Naturwissenschaft. Betrachtung zur Entstehungsgeschichte der exakten Wissenschaft", in: Lychnos, Uppsala 1940, S. 248–265.

„Neuere Kant-Literatur", in: Theoria 6 (1940), S. 87–100.

„William Stern. Zur Wiederkehr seines Todestages", in: Acta Psychologica 5, S. 1–15.

„Logos, Dike, Kosmos in der Entwicklung der griechischen Philosophie", in: Göteborgs Högskolas Arsskrift 47, 6 (1941), S. 1–31.

„Thorilds Stellung in der Geistesgeschichte des 18. Jahrhunderts", in: Göteborgs Kungl. Vitterhets Historie och Antikvitets Academiens Handlingar 51, 1, Stockholm 1941.

„Thorild und Herder", in: Theoria 7 (1941), S. 75–92.

„Zur Logik der Kulturwissenschaften", in: Göteborgs Högskolas Arsskrift 47, 1 (1942).

„The Influence of Language upon the Development of Scientific Thought", in: The Journal of Philosophy 39 (1942), S. 309–327.

„Giovanni Pico della Mirandola. A Study in the History of Renaissance Ideas", in: Journal of the History of Ideas 3 (1942), S. 123–144, 319–346.

„Galileo: A New Science and a New Spirit", in: American Scholar 12 (1943), S. 5–19.

„Some Remarks on the Question of the Originality of the Renaissance", in: Journal of the History of Ideas 4 (1943), S. 49–56.

„The Place of Velasius in the Culture of the Renaissance", in: The Yale Journal of Biology and Medicine 16, 2 (1942), S. 109–119.

„Newton and Leibniz", in: The Philosophical Review 52 (1943), S. 366–391.

„Hermann Cohen, 1842–1918", in: Social Research 10 (1942), S. 219–232.

An Essay on Man: An Introduction to a Philosophy of Human Culture, New Haven, Conn. 1944.

„Force and Freedom: Remarks on the English Edition of Jacob Burckhardt's ‚Reflection on History' ", in: American Scholar 13 (1944), S. 407–417.

„The Myth of the State", in: Fortune 29 (1944), S. 165–167, 198, 201, 202, 204, 206.

„Judaism and the Modern Political Myths", in: Contemporary Jewish Report 7 (1944), S. 115–126.

„The Concept of Group and the Theory of Perception", in: Philosophy and Phenomenological Research 5 (1944–45), S. 1–35.

„Rousseau, Kant, Goethe", in: Journal of the Philosophy of Ideas, Series 1, Princeton 1945.

„Ficino's Place in Intellectual History", Review of P. O. Kristeller: The Philosophy of Marsilio Ficino, in: Journal of the History of Ideas 6 (1945), S. 483–501.

„Thomas Manns Goethe-Bild. Eine Studie über ‚Lotte in Weimar' ", in: Germanic Review 20, 3 (1945), S. 166–194.

The Myth of the State, New Haven, Conn. 1946.

„Galileo's Platonism", in: Studies and Essays in the History of Science, Offered in homage to George Sarton, hrsg. v. M. F. Ashley Montague, New York 1946, S. 276–297.

„Albert Schweitzer as Critic of Nineteenth-Century Ethics", in: A. A. Roback (Hrsg.): The Albert Schweitzer Jubilee Book, Cambridge, Mass. 1946, S. 239–258.

„Structuralism in Modern Linguistics", in: Word. Journal of the Linguistic Circle of New York 1, 11 (1946), S. 99–120.

Das Erkenntnisproblem in der Philosophie und Wissenschaft der neueren Zeit, Bd. 4, Stuttgart 1957.

3. Aufsatzsammlungen

Ernst Cassirer, Wesen und Wirkung des Symbolbegriffs, Darmstadt 1956.

Ernst Cassirer, Zum Wesen der modernen Physik, Darmstadt 1957.

Ernst Cassirer, Philosophie und exakte Wissenschaft. Kleinere Schriften, eingel. u. erl. v. W. Krampf, Frankfurt a. M. 1969 (= Quellen der Philosophie. Texte und Probleme, hrsg. von R. Berlinger).

Symbol, Myth, and Culture: Essays and Lectures of Ernst Cassirer, 1935–1945, hrsg. v. D. Ph. Verene, New Haven, Conn. 1979.

Ernst Cassirer, Symbol Technik Sprache: Aufsätze aus den Jahren 1927–1933, hrsg. v. E.-W. Orth u. J. M. Krois, Hamburg 1985 (= Philosophische Bibliothek Bd. 372).

Ernst Cassirer, Rousseau, Kant, Goethe, hrsg. v. R. A. Bast, Hamburg 1991 (= Philosophische Bibliothek Bd. 440).

Ernst Cassirer, Geist und Leben. Schriften zu den Lebensordnungen von Natur und Kunst, Geschichte und Sprache, hrsg. v. E.-W. Orth, Leipzig 1993 (Reclam Bibliothek 1463).

Ernst Cassirer, Erkenntnis, Begriff, Kultur, hrsg. v. R. A. Bast, Hamburg 1993 (= Philosophische Bibliothek Bd. 456).

B. Sekundärliteratur

1. Bibliographien

Verene, D. Ph.: „Ernst Cassirer: A Bibliography", in: Bulletin of Bibliography and Magazine Notes 23–25, 5 (1965), S. 103, 104–106.

Verene, D. Ph.: „Ernst Cassirer: Critical Works, 1964–1970", in: Bulletin of Bibliography and Magazine Notes 29, 1 (1972), S. 21–23, 24.

Nadeau, R.: „Bibliographie des textes sur Ernst Cassirer", in: Revue internationale de philosophie 28 (1974), S. 492–510.

Estimer, S. W.: „Ernst Cassirer: Critical Works and Translations, 1969–1979", in: Bulletin of Bibliography 40, 1 (1982), S. 40–44.

Eggers, W. u. Mayer, Sigrid: Ernst Cassirer. An Annotated Bibliography, New York u. London 1988.

Nadeau, R.: „Repertoire bibliographique des ouvrages et des articles de revues portant sur l'œuvre d'Ernst Cassirer (Septembre 1988)", in: Ernst Cassirer. De Marbourg à New York. L'itinéraire philosophique. Actes du colloque de Nanterre 12.–14. Octobre 1988, hrsg. von J. Seidengart, Paris 1990, S. 325–359.

2. Bücher und Abhandlungen (Auswahl)

Bolognini, B.: L'oggetività institutionale. Critica della cultura e critica del significare on Ernst Cassirer, Florenz 1980.

Breckon, G.: „Cassirer's Genealogy of the ‚I'", in: Idealistic Studies 1 (1971), S. 278–291.

Campell, Harry M.: „The Philosophy of Ernst Cassirer and Fictional Religion", in: The Thomist 33 (1969), S. 737–754.

Colson, D. D.: „Goodman, Cassirer, and the World", in: Kinesis. Graduate Journal in Philosophy 1 (1981), S. 1–14.

Cristaudo, W.: „Heidegger and Cassirer: Being, Knowing and Politics", in: Kant-Studien 82 (1991), S. 469–483.

Erickson, S. A.: „Cassirer's Dialectic: A Critical Discussion", in: Idealistic Studies 4 (1974), S. 251–266.

Ferrari, M.: Il giovane di Cassirer e la scuola di Marburgo, Mailand 1988.

Ferretti, S.: Cassirer, Panofsky and Warburg. Symbol, Art and History, New Haven, Conn. u. London 1989.

Fetz, R. L.: „Genetische Semiologie? Symboltheorie im Ausgang von Ernst Cassirer und Jean Piaget", in: Freiburger Zeitschrift für Philosophie und Theologie 28 (1981), S. 434–470.

Gadol, E.: „The Idealistic Foundations of Cultural Anthropology", in: Journal of the History of Philosophy 12 (1974), S. 207–225.

Göller, T.: Ernst Cassirers Kritische Sprachphilosophie. Darstellung, Kritik, Aktualität, Würzburg 1986.

–: „Ernst Cassirer über Geschichte und Geschichtswissenschaft", in: Zeitschrift für Philosophische Forschung 45 (1991), S. 224–248.

Goodman, N.: „Words, Works, Worlds", in: Erkenntnis 9 (1975), S. 53–73.

Hamburg, C. H.: Symbol and Reality. Studies in the Philosophy of Ernst Cassirer, Den Haag 1970 (1. Aufl. 1957).

Heymans, G.: „Zur Cassirerschen Reform der Begriffslehre", in: Kant-Studien 33 (1928), S. 109–128.

Ihmig, K.-N.: „Cassirers Begriff von Objektivität im Lichte der Wissenschaftsauffassungen des ausgehenden 19. Jahrhunderts", in: Philosophia Naturalis 30 (1993), S. 29–62.

Itzkoff, S. W.: Ernst Cassirer: Scientific Knowledge and the Concept of Man, Notre Dame, Ind. 1971.

–: Ernst Cassirer: Philosopher of Culture, Boston, Mass., 1977.

Jenkins, I.: „Logical Positivism, Critical Idealism, and the Concept of Man",
in: The Journal of Philosophy 47 (1950), S. 677–695.

Kajon, Irène: Il concetto dell' unità della cultura e il problema della tras-
cendenza nella filosofia di Ernst Cassirer, Rom 1984.

Kniesche, H.: „Ernst Cassirer (1874–1945)", in: Sprachphilosophie. Ein in-
ternationales Handbuch zeitgenössischer Forschung, hrsg. v. M. Dascal,
D. Gerhardus, K. Lorenz, G. Meggle, Bd. 1/1, Berlin u. New York 1993,
S. 524–550 (= Handbücher zur Sprach- und Kommunikationswissen-
schaft, hrsg. v. H. Steger, H. Wiegand Bd. 7.1).

Knoppe, T.: Die theoretische Philosophie Ernst Cassirers. Zu den Grundlagen transzendentaler Wissenschafts- und Kulturtheorie, Hamburg 1992.

Krois, J. M.: „Ernst Cassirers Theorie der Technik und ihre Bedeutung für
die Sozialphilosophie", in: Phänomenologische Forschungen 15 (1983),
S. 68–93.

–: „Ernst Cassirers Semiotik der symbolischen Formen", in: Zeitschrift für
Semiotik 6 (1984), S. 433–444.

–: Cassirer: Symbolic Forms and History, New Haven, Conn., u. London
1987.

Lancellotti, M.: Funzione, simbolo e struttura. Saggio su Ernst Cassirer,
Rom 1974.

Lindgren, J. R.: „Cassirer's Theory of Concept Formation", in: New Scho-
lasticism 42 (1968), S. 91–102.

Lipton, D. R.: Ernst Cassirer: The dilemma of a liberal intellectual in Germany, 1914–1933, Toronto, Buffalo u. London 1978.

Lübbe, H.: Cassirer und die Mythen des 20. Jahrhunderts, Göttingen 1975
(Veröffentlichung der Joachim Jungius – Gesellschaft der Wissenschaften).

Lugarini, L.: Critica della raggione e universo della cultura. Gli orizzonti
cassireriani della filosofia trascendentale, Rom 1983.

Lynch, D. A.: „Ernst Cassirer and Heidegger: The Davos-Debate", in: Kant-
Studien 81 (1990), S. 360–370.

Marc-Wogau, K.: „Der Symbolbegriff in der Philosophie Ernst Cassirers",
in: Theoria 2 (1936), S. 270–332.

Marx, W.: „Cassirers Symboltheorie als Entwicklung und Kritik der Neukantianischen Grundlagen einer Theorie des Denkens und Erkennens.
Überlegungen zur Struktur transzendentaler Logik als Wissenschaftstheorie", in: Archiv für Geschichte der Philosophie 57 (1975), S. 187–206,
304–339.

Menzel, L.: „Ordnungsrelationen und Mundus Sensibilis. Eine Auseinandersetzung mit Ernst Cassirer", in: Kant-Studien 59 (1968), S. 230–239.

Neumann, K.: „Ernst Cassirer: Das Symbol", in: Grundprobleme der großen Philosophen. Philosophie der Gegenwart, hrsg. v. J. Speck, Bd. 2,
Göttingen 1973, S. 102–145.

Orth, E. W.: „Zum Zeitbegriff Ernst Cassirers", in: Phänomenologische
Forschungen 13 (1982), S. 65–89.

–: „Zum Begriff der Technik bei Ernst Cassirer und Martin Heidegger", in: Phänomenologische Forschungen 20 (1987), S. 91–122.

–: „Einheit und Vielheit in der Sicht Edmund Husserls und Ernst Cassirers", in: Phänomenologie und Widerstreit. Zum 50. Geburtstag Edmund Husserls, hrsg. v. Chr. Jamme u. O. Pöggeler, Frankfurt a. M. 1989, S. 332–351.

–: „Der Begriff der Kulturphilosophie bei Ernst Cassirer", in: Kultur. Bestimmungen im 20. Jahrhundert, hrsg. v. H. Brackert u. F. Wefelmeyer, Frankfurt a. M. 1990, S. 156–191.

–: „Philosophische Anthropologie als Erste Philosophie. Ein Vergleich zwischen Ernst Cassirer und Helmuth Plessner", in: Dilthey-Jahrbuch für Philosophie und Geschichte der Geisteswissenschaften 7 (1990/91), S. 250–274.

–: „Die Anthropologische Wende im Neukantianismus. Ernst Cassirer und Richard Höningswald", in: Il Cannocchiale. Rivista di studi filosofici 1 (1991), S. 261–287.

–: „Georg Simmel als Kulturphilosoph zwischen Lebensphilosophie und Neukantianismus", in: Jagiellonian University Reports on Philosophy 14 (1991), S. 105–120.

–: „Ernst Cassirers Philosophie der symbolischen Formen und ihre Bedeutung für unsere Gegenwart", in: Deutsche Zeitschrift für Philosophie 40 (1992), S. 119–136.

–: „Interkulturalität und Inter-Intentionalität", in: Zeitschrift für philosophische Forschung 47 (1993), S. 333–351.

Paetzold, H.: „Sprache als symbolische Form. Zur Sprachphilosophie Ernst Cassirers", in: Philosophisches Jahrbuch 88 (1981), S. 301–315.

–: „Ernst Cassirers ‚Philosophie der symbolischen Formen' und die neuere Entwicklung der Semiotik", in: Zeichenkonstitution, hrsg. v. Annemarie Lange-Seidl, Berlin 1981, S. 90–100.

–: „Ernst Cassirer und die Idee einer transformierten Transzendentalphilosophie", in: Kommunikation und Reflexion: Zur Diskussion der Transzendentalpragmatik. Antworten auf Karl-Otto Apel, Frankfurt a. M. 1982, S. 124–156.

–: „Mythos als symbolische Form. Zu Ernst Cassirers philosophischer Interpretation des Mythos", in: Neue Zeitschrift für Systematische Theologie und Religionsphilosophie 25 (1983), S. 224–243.

–: „Das Problem der Realität in der semiotischen Erkenntnistheorie von Ernst Cassirer, in: Zeichen und Realität, Bd. 1, hrsg. v. K. Oehler, Tübingen 1984, S. 369–381 (= Probleme der Semiotik, Bd. 1/1, hrsg. v. R. Posner).

–: „Ernst Cassirers ‚The Myth of the State' und die ‚Dialektik der Aufklärung' von Max Horkheimer und Theodor W. Adorno, in: Semiotik: Interdisziplinäre und historische Aspekte, Hbd. 2, hrsg. v. U. L. Figge, Bochum 1989, S. 301–349.

–: Ernst Cassirer zur Einführung, Hamburg 1993.

Perpet, W.: „Ernst Cassirers Kulturphilosophie", in: Zeitschrift für philosophische Forschung 36 (1982), S. 252–261.

Peters, J.-P.: Cassirer, Kant und Sprache. Ernst Cassirers ‚Philosophie der symbolischen Formen‘, Bern u. New York 1983 (= Europäische Hochschulschriften. Philosophie Bd. 121).

Poma, A.: Il mito nella Filosofia delle forme simboliche di Ernst Cassirer, Turin 1981.

Rajan Sundura, R.: „Cassirer and Wittgenstein", in: International Philosophical Quarterly 7 (1967), S. 591–610.

Regelmann, J.-P.: „Energie bei Ernst Cassirer – Wissenschaftshistorische, wissenschaftstheoretische und philosophische Aspekte", in: Philosophia Naturalis 20 (1983), S. 160–172.

Rosenstein, L.: „Some Metaphysical Problems of Cassirer's Symbolic Forms", in: Man and World 6 (1973), S. 304–320.

Rotenstreich, N.: „Cassirer's Philosophy of Symbolic Forms and the Problem of History", in: Theoria 18 (1952), S. 155–173.

Ryckman, Th.: „Conditio sine qua non? Zuordnung in the Early Epistemologies of Cassirer and Schlick", in: Synthese 88 (1991), S. 57–95.

Schürmann, V.: „Die Substanz der Relation. Notizen zu Ernst Cassirer", in: Zeitschrift für philosophische Forschung 48 (1994), S. 104–116.

Silverstone, R.: „Ernst Cassirer and Claude Lévi-Strauss: Two Approaches to the Study of Myth", in: Archives des Sciences Sociales des Religions 21 (1976), S. 25–36.

Smart, H.: „Cassirer versus Russell", in: Philosophy of Science 10 (1943), S. 167–175.

Strenski, I. T.: „Ernst Cassirer's ‚Mythical Thought‘ in Weimar Culture", in: History of European Ideas 5 (1984), S. 363–384.

Sundaram, K.: „Kant or Cassirer: A Study in Complementarity", in: Zeitschrift für allgemeine Wissenschaftstheorie 3 (1972), S. 40–48.

Van Roo, W. A.: „Symbol according to Cassirer and Langer, Part I: Cassirer's Philosophy of Symbolic Forms", in: Gregorianum 53 (1972), S. 487–534.

Verene, D. Ph.: „Cassirer's View of Symbol and Myth", in: The Monist 50 (1966), S. 553–564.

–: „Kant, Hegel, and Cassirer: The Origin of the Philosophy of Symbolic Forms", in: Journal of the History of Ideas 30 (1969), S. 33–46.

–: „Cassirer's Concept of Form and Human Creativity", in: Idealistic Studies 8 (1978), S. 14–32.

–: „Cassirer's Philosophy of Culture", in: International Philosophical Quarterly 22 (1982), S. 133–144.

–: „Cassirers Kulturphilosophie", in: Allgemeine Zeitschrift für Philosophie 2 (1984), S. 1–18.

–: „Vicos Influence on Cassirer", in: New Vico Studies 3 (1985), S. 105–112.

Wolandt, G.: „Cassirers Symbolbegriff und die Grundlegungsproblematik der Geisteswissenschaften", in: Zeitschrift für philosophische Forschung 18 (1964), S. 614–626.

Woltersdorf, N.: „Art in an Idealist Perspective", in: Idealistic Studies 15 (1985), S. 87–99.

3. Sammelbände, Sonderhefte, Periodika

Schilpp, P. A. (Hrsg.): The Philosophy of Ernst Cassirer, La Salle, Ill., 1973 (1. Aufl. 1949) (= The Library of Living Philosophers), dt.: Ernst Cassirer, Stuttgart, Berlin, Köln, Mainz 1966.
Braun, H.-J., Holzhey, H., Orth, E.-W. (Hrsg.): Über Ernst Cassirers Philosophie der symbolischen Formen, Frankfurt a. M. 1988.
Seidengart, J. (Hrsg.): Ernst Cassirer. De Marbourg à New York: L'itinéraire philosophique. Actes du colloque de Nanterre 12.–14. Octobre 1988, Paris 1990.
Figal, G. u. Rudolph, E. (Hrsg.): „Schwerpunkt: Cassirer", in: Internationale Zeitschrift für Philosophie 2 (1992).
Ricœur, P. (Hrsg.): „Cassirer", in: Revue de Métaphysique et de Morale 96, 4 (1992).

4. Anderes

Albert, D. Z.: Quantum Mechanics and Experience, Cambridge, Mass. 1992.
Apel, K.-O.: Transformation der Philosophie, 2 Bde., Frankfurt a. M. 1976.
Benaceraff, P. u. Putnam, H. (Hrsg.): Philosophy of Mathematics. Selected Readings, Cambridge 1993 (1. Aufl. 1964).
Blasche, S. u. a. (Hrsg.): Realismus und Anti-Realismus, Frankfurt a. M. 1992.
Bühler, A.: Bedeutung, Gegenstandsbezug, Skepsis. Sprachphilosophische Argumente zum Erkenntnisanspruch der Geistes- und Sozialwissenschaften, Tübingen 1987.
Cassirer, Toni: Mein Leben mit Ernst Cassirer, Hildesheim 1981.
Chihara, C.: Constructibility and Mathematical Existence, Oxford 1990.
Cook, Patricia (Hrsg.): Philosophical Imagination and Cultural Meaning, Appropriating Historical Traditions, Durham u. London 1993.
Flach, W. u. Holzhey, H. (Hrsg.): Erkenntnistheorie und Logik im Neukantianismus, mit e. Einltg., Hildesheim 1980.
Goodman, N.: Weisen der Welterzeugung, übers. v. M. Looser, Frankfurt a. M. 1984.
–: Vom Denken und anderen Dingen, übers. v. B. Philippi, Frankfurt a. M. 1987.
Goodman, N. u. Elgin, Catherine Z.: Revisionen. Philosophie und andere Künste und Wissenschaften, übers. v. B. Philippi, Frankfurt a. M. 1988.
Hallpike, C. R.: Die Grundlagen primitiven Denkens, aus d. Engl. übers. v. L. Bernard, München 1990.
Heelan, P. A.: Space – Perception and the Philosophy of Science, Berkeley u. Los Angeles 1982.

–: „Perception as a Hermeneutical Act", in: The Review of Metaphysics 37 (1983), S. 61–75.

Holzhey, H.: Cohen und Natorp, Basel 1986.

Hübner, K.: Die Wahrheit des Mythos, München 1983.

Jánoska, G.: „Begriffliche und symbolische Bedeutung", in: Gestalt und Wirklichkeit, hrsg. von R. Müller u. J. Fisch, Berlin 1967, S. 79–102.

Jung, Th. u. Müller-Doom, S. (Hrsg.): ‚Wirklichkeit' im Deutungsprozeß. Verstehen und Methoden in den Kultur- und Sozialwissenschaften, Frankfurt a. M. 1993.

Kitcher, P.: The Advancement of Science. Science without Legend, Objectivity without Illusion, New York u. Oxford 1993.

Koppe, T. (Hrsg.): Perspektiven der Kunstphilosophie. Texte und Diskussionen, Frankfurt a. M. 1991.

Kuhn, T. S.: Die Struktur wissenschaftlicher Revolutionen, übers. v. K. Simon, 2. rev. u. d. d. Postskr. v. 1960 erg. Aufl., Übers. rev. v. H. Vetter, Frankfurt a. M. 1976.

–: Die Entstehung des Neuen. Studien zur Struktur der Wissenschaftsgeschichte, hrsg. v. L. Krüger, übers. v. H. Vetter, Frankfurt a. M. 1992 (1. Aufl. 1978).

Kulenkampff, J.: „Mehr als eine Welt?", in: Zeichen und Realität, hrsg. v. K. Oehler, Tübingen 1984, Bd. 1, S. 131–139.

Lafont, Cristina: „Welterschließung und Referenz", in: Deutsche Zeitschrift für Philosophie 41 (1993), S. 491–508.

Langer, Susanne K.: Philosophie auf neuem Wege. Das Symbol im Denken, im Ritus und in der Kunst, aus dem Amerik. übers. v. Ada Löwith, Frankfurt a. M. 1984.

–: Feeling and Form. A theory of art developed from Philosophy in a new Key, New York 1953.

Maddy, Penelope: Mathematical Existence, Oxford 1990.

Marbach, E.: Mental Representation and Consciousness, Dordrecht u. London 1993.

Merleau-Ponty, M.: Phänomenologie der Wahrnehmung, aus dem Französischen übers. u. eingef. d. eine Vorrede v. R. Boehm, Berlin 1966.

Millikan, Ruth G.: Language, Thought, and other Biological Categories. New Foundations for Realism, Cambridge, Mass., 1984.

Morick, H. (Hrsg.): Challenges to Empiricism, Indianapolis u. Cambridge 1980.

Morris, Ch. W.: Zeichen, Sprache und Verhalten, m. e. Einf. v. K.-O. Apel, übers. v. A. Eschbach u. G. Kopsch, Frankfurt a. M., Berlin, Wien 1981 (Orig.: Signs, Language, and Behaviour, New York 1955).

Nagel, T.: Über das Leben, die Seele und den Tod, aus d. Amerik. v. K. R. Prankl u. K. Stecker, Königstein 1984.

–: Die Grenzen der Objektivität. Philosophische Vorlesungen, übers. u. hrsg. v. M. Gebauer, Stuttgart 1991.

–: Der Blick vom Nirgendwo, übers. v. M. Gebauer, Frankfurt a. M. 1992.

Nozick, R.: The Nature of Rationality, Princeton, N.J. 1993.

Peacocke, C.: Sense and Content, Oxford 1983.

–: Thought. A Study in Content, Oxford 1986.

–: A Study of Concepts, Cambridge, Mass., 1992.

Peirce, Ch. S.: Phänomen und Logik der Zeichen, hrsg. u. übers. v. H. Pape, Frankfurt a. M. 1983.

Petrus, K.: „Positionen der Realismus-Debatte im Kubismus", in: Zeitschrift für Ästhetik und allgemeine Kunstwissenschaft 37 (1992), S. 153–180.

Pinker, S.: The Language Instinct. How the Mind creates Language, New York 1994.

Poschat, G.: Der Symbolbegriff der Ästhetik und Kunstwissenschaft, Köln 1983.

Puntel, L. B.: Wahrheitstheorien in der neueren Philosophie. Eine kritisch-systematische Darstellung, 3., um einen ausführlichen Nachtrag erweiterte Auflage, Darmstadt 1993 (1. Aufl. 1978).

Putnam, H.: Renewing Philosophy, Cambridge, Mass., 1992.

–: Von einem realistischen Standpunkt. Schriften zu Sprache und Wirklichkeit, hrsg., eingel. u. übers. v. V. C. Müller, Hamburg 1993.

Ricœur, P.: Die Interpretation. Ein Versuch über Freud, dt. v. Eva Moldenhauer, Frankfurt a. M. 1969.

Röd, W.: Erfahrung und Reflexion. Theorien der Erfahrung in transzendentalphilosophischer Sicht, München 1991.

Rorty, R.: Der Spiegel der Natur: Eine Kritik der Philosophie, übers. v. M. Gebauer, Frankfurt a. M. 1981.

Sauer, W.: „On the Kantian Background of Neopositivism", in: Topoi 8 (1989), S. 111–119.

Searle, J. R.: Intentionalität. Eine Abhandlung zur Philosophie des Geistes, übers. v. A. Kemmerling, Frankfurt a. M. 1987.

–: Die Wiederentdeckung des Geistes, a. d. Amer. übers. v. H. P. Gavagai, Zürich u. München 1993.

Seebaß, G.: Das Problem von Sprache und Denken, Frankfurt a. M. 1981.

Strauss, M.: Empfindung, Intention und Zeichen. Typologie des Sinntragens, Freiburg i. Br. 1984.

Taylor, Ch.: Erklärung und Interpretation in den Wissenschaften vom Menschen. Aufsätze, aus dem Amerik. v. N. T. Lindquist, Frankfurt a. M. 1975.

–: Human Agency and Language (Philosophical Papers Bd. 1), Cambridge 1985.

–: Philosophy and the Human Sciences (Philosophical Papers Bd. 2), Cambridge 1985.

Whorf, B. L.: Sprache – Denken – Wirklichkeit. Beiträge zur Metalinguistik und Sprachphilosophie, hrsg. u. übers. v. P. Krausser, Hamburg 1984.

Zweig, A.: Symbolforschung und Naturwissenschaft, Bern, Frankfurt a. M., New York 1987 (Schriften zur Symbolforschung Bd. 4).

4. Bildnachweise

Abb. 1, 2:   Archiv Henning Ritter.
Abb. 3, 4:   Toni Cassirer, Mein Leben mit Ernst Cassirer, Gerstenberg Verlag, Hildesheim 1981 (Abb. 3: Photo Georg Cassirer). Mit freundlicher Genehmigung des Verlages.
Abb. 5:   Historia-Photo, Hamburg.

5. Personenregister

6. Sachregister
(in Auswahl)

Beck'sche Reihe
„Denker"

Herausgegeben von Otfried Höffe

Weitere Bände in Vorbereitung

Philosophie in der Beck'schen Reihe

Günther Anders
Philosophische Stenogramme
2., unveränderte Auflage. 1993. 150 Seiten. Paperback
Beck'sche Reihe Band 36

Günther Anders
Die Antiquiertheit des Menschen
Band 1: Über die Seele im Zeitalter der zweiten industriellen Revolution
Nachdruck der 7., unveränderten Auflage der Originalausgabe 1994.
IX, 353 Seiten. Paperback
Beck'sche Reihe Band 319

Band 2: Über die Zerstörung des Lebens im Zeitalter
der dritten industriellen Revolution
Nachdruck der 4. Auflage. 1992. 465 Seiten. Paperback
Beck'sche Reihe Band 320

Günther Anders
Mariechen
Eine Gutenachtgeschichte für Liebende, Philosophen und Angehörige
anderer Berufsgruppen
2., unveränderte Auflage. 1994. 86 Seiten. Paperback
Beck'sche Reihe Band 1013

Otto A. Böhmer
Sternstunden der Philosophie
Schlüsselerlebnisse großer Denker von Augustinus bis Popper
2., unveränderte Auflage. 1994. 215 Seiten. Paperback
Beck'sche Reihe Band 1030

Vittorio Hösle
Praktische Philosophie in der modernen Welt
1992. 214 Seiten. Paperback
Beck'sche Reihe Band 482

Verlag C. H. Beck München

Wege in die Philosophie

Rafael Ferber
Philosophische Grundbegriffe
Eine Einführung
1994. 184 Seiten. Paperback
Beck'sche Reihe Band 1054

Otfried Höffe (Hrsg.)
Lexikon der Ethik
4., neubearbeitete Auflage. 1992. 332 Seiten. Paperback
Beck'sche Reihe Band 152

Wolfhart Henckmann
Konrad Lotter (Hrsg.)
Lexikon der Ästhetik

1992. 280 Seiten. Paperback
Beck'sche Reihe Band 466

Helmut Seiffert
Einführung in die Wissenschaftstheorie
Band 1: Sprachanalyse – Deduktion –
Induktion in Natur- und Sozialwissenschaften
11. Auflage. 1991. 277 Seiten. Paperback
Beck'sche Reihe Band 60

Band 2: Geisteswissenschaftliche Methoden:
Phänomenologie – Hermeneutik und historische Methode – Dialektik
9., überarbeitete und erweiterte Auflage. 1991. 367 Seiten. Paperback
Beck'sche Reihe Band 61

Band 3: Handlungstheorie, Modallogik, Ethik, Systemtheorie
2., überarbeitete Auflage. 1992. 233 Seiten. Paperback
Beck'sche Reihe Band 270

Wolfgang Röd
Der Weg der Philosophie

Von den Anfängen bis ins 20. Jahrhundert
Band 1: Altertum, Mittelalter, Renaissance
1994. 525 Seiten. Leinen

Verlag C. H. Beck München